災害〈後〉を生きる

──慰霊と回復の災害人文学

李善姫・高倉浩樹 編

新泉社

カバー表

「千分の一羽鶴　東松島　2020」
野老朝雄，鶴岡信太郎，小平裕子

東松島市震災復興伝承館

ONE IN A 1000 CRANES HIGASHI MATSUSHIMA 2020
Asao Tokolo, Shintaro Tsuruoka, Yuko Odaira

3.11 Disaster Recovery Memorial Museum of Higashi-Matsushima City

カバー写真撮影：Alyne Elizabeth Delaney

はじめに

東日本大震災は、日本において「災害人類学」という学問領域を確立させたといっても過言ではあるまい。それ以前にも欧米人類学に災害人類学という領域があったことは知られており、日本においても一九九一年のフィリピン・ピナトゥボ山噴火や二〇〇四年のスマトラ島沖地震による津波などをきっかけに災害人類学的調査は行われていた。しかしながら、二〇一一年の東日本大震災以降、参入する研究者の数や研究業績は著しく増加した。特筆すべきは、従来は海外の社会を主たる研究対象にしていた日本の人類学者が、日本社会で調査を行い始めたことである。このことは、宗教学・民俗学や社会学など隣接分野の研究者や、日本研究を行う海外の人類学者との交流を促進した。

そうした研究者が直面したのは、災害研究で求められる実践的な知見をどう提示するかという社会的要請であった。東日本大震災の原因となる東北地方太平洋沖地震やその後起きる原発事故を予測できなかったという点で、科学の信頼性が大きく揺らいだことは事実である。その一方で工学・経済学・心理学・医学などの分野では、震災後の復興施策に貢献すべくさまざまな調査研究と実践が行われた。地震と津波の外力評価とそれによる被害評価は、同時に防災政策をするための科学的知見ともなったからである。これに対し文化人類学はスローサイエンスであり、すぐに役立つ必要はないという考えもあった。実際に、震災後すぐに出現したのは、被災後の実態や復興対応に見られる人々の振る舞いや観念についての人類学的観点を踏まえた民族誌的研究である。これらは、たしかに政策的目的で論じられたものではないが、所与の社会文化の文脈で災害をどう認識し行動するかについての描写は、防災行政にとって価値ある情報であったことは間違いない。研究者の中には、さらに進んで防災や減災への応答を積極的に考えるようになった場合もあった。そういう立場の研究者は、理工学・医学者とも積極的に交わりながら研究を行うようになったのである。

本書は、こうした歴史のなかで形成された人類学・宗教学・民俗学・歴史学および工学をバックグラウンドとする東北大学の研究者グループによって編まれたものである。とくに外国人研究者が半数近くを占めている点に特徴がある。それがなぜ東北大学で形成されたのかについて述べておきたい。一番の理由は、東日本大震災の震源地に最も近い大学として、二〇一二年四月に学内に工学・理学・医学とともに人文学の研究者から構成される「災害科学国際研究所（災害研）」が設置されたためである。この人文学分野にかかわったのは、歴史学者と人類学者・民俗学者であった。また、研究所の名称に「国際」と付いていることから海外の研究者と国際共同研究を行うことも重要なミッションだったが、そのなかで多くの海外の人類学者が調査を行う拠点となったのもこの研究所だった。

学内の研究所であるがゆえに、東北大学の関連する研究者との交流が形成されていった。そのなかで、二〇一六年に東北大学が指定国立大学に選定されたのを受けて、学内に「災害科学世界トップレベル研究拠点」が設置され、学内のさまざまな部局が組織的に連携する体制が構築されたのである。この拠点には災害理学、災害医学、実践防災学に加えて、災害人文学の四つの研究領域がつくられた。災害人文学領域には、災害研以外に、東北アジア研究センターや文学研究科の研究者が参加したのである。筆者は災害人文学研究領域の代表者として、これを機動的に運営するために、東北アジア研究センター内にも災害人文学ユニットを設置し、研究活動を行ってきた。こうしたなかでわれわれのグループが形成されたのだった。

災害人文学のグループはさまざまな研究活動を行い、和文英文双方で研究成果を発信してきた。本書はその中の重要なテーマであった「災害の記録と記憶をめぐる問題群」に主な焦点を当てている。これはきわめて基礎的な研究であると同時に、被災した自治体や政府にとってきわめて実践的な課題でもある。本書の執筆者たちは、社会はどのように震災の記録を刻み、また慰霊という形で記憶を残そうしているのか、と問いかける。災害記録の重要性を自明視せずに、なぜ社会は記録や記憶が必要なのか、またそれらによって何が可能となっているのかを、民族誌的な事例を踏まえて探求しようとしている。とりわけ遺体をめぐる対応は、その技術的な過程も含めて当事者にとっては大変につらい過程であり、それがどのように社会的な慰霊につながっていくのかは、本書の最も重要な貢献であると思う。

本書のもう一つのテーマは、「社会的多様性」の観点から災害を捉えることである。女性やマイノリティに視点を当てて被災と復興を再考することは、災害の実態をより深く理解することであり、同時に日本社会の構造的差別とこれへの取り組みを見せてくれる。これも行政が知るべき実態であり、防災政策に向けて生かされるべき知見となっている。

さらに本書には、災害人文学の活動に参加した研究者の寄稿によるコラムが設けてある。歴史文書レスキュー、民俗芸能、新技術を使った伝承、犠牲者の死因分析など多岐にわたり、それぞれが興味深い論点を提示している。

日本における災害人類学は、地域社会、無形文化遺産、農林水産業、放射能汚染、多文化主義、映像といった観点から多くの議論が蓄積されてきた。それらは基礎的な研究成果であるが、同時に政策に寄与しうる情報としての価値を備えていることを人文学者はもっと肯定的に捉えてもいいと思う。スローサイエンスであっても、社会的有用性は存在する。肝心なことは、それが機能する文脈を見つけて社会との協働に挑戦することである。

本書が新たに提起しようとするのは、記憶と記憶を軸とする問題である。それは端的に言えば、災害による死者に対して社会がどのように向き合ってきたかを主題とするものであった。東日本大震災からすでに一一年以上が経った。災害の記憶の風化は海外だけでなく、日本においても進行している。本書がその時流に抗《あらが》うものとなることを編者の一人として望んでいる。

二〇二二年秋
高倉浩樹

災害〈後〉を生きる

目次

第II部 景観の変化と記憶の風化、そして伝承

第四章 東日本大震災後の「語り部」——集合的記憶の交渉と復興プロセスおよび災害教育支援

フラヴィア・フルコ

第五章 被災者の記憶と葛藤——なぜ震災遺構を解体したいのか
坂口奈央 126

第六章 東日本大震災後の日本における変化した(文化的)景観——海岸線の変化が「場所への愛着」に及ぼす影響
アリーン・エリザベス・デレーニ 148

第III部 コミュニティ再生と機会の窓

コラム

ブックデザイン　北田雄一郎

序論

慰霊と回復の災害人文学

李善姫
LEE Sunhee

1 災害による「コミュニタス」と「創造的復興」

本稿を執筆している二〇二二年現在、気候変動にＣＯＶＩＤ－19の世界的パンデミック、それに加えロシアによるウクライナ侵攻と戦争……。まさしく世界は災禍の中にある。こういう現実の中でわれわれの気持ちは沈み、先行きに不安を感じる人も多いだろう。二〇一一年に東日本大震災が発生したときに被災地の人々が感じた感情もそのようなものだった。私は多くの人々から「世界の終わりかと思った」という話を聞いた。私自身、半年以上、何の役にも立たない人文学者の無力感に襲われていた。何から、どこから動けばよいのか。瓦礫《がれき》の山、潰れた車の残骸、そして被災地に漂うシオが混ざった生臭《なまぐさ》さまで。異様な風景の中で、胸が締めつけられる経験。今でもそのときの感情は忘れられない。

時間は、不思議なことにそういう記憶を風化していく。そして、われわれはここで今も生きている。ただ生きているのではなく、大震災後の「創造的復興」の中に生きている。東日本大震災復興構想会議（二〇一一年に内閣総理大臣の諮問に基づき審議を行うために設置された政策会議）の開催趣旨文に明記された「創造的復興」という言葉は、どんな復興が創造的なのかという議論より、とにかく未来に向けて希望を与える言葉として使用された。岡田知弘によると、「創造的復興」という言葉の語源は、阪神・淡路大震災（一九九五年）の後に、当時の兵庫県知事の貝原俊民が初めて使用した言葉であるとされている［岡田 2012］。その意味は「単に震災前の状態に戻すのではなく、二一世紀の成熟社会にふさわしい復興を成し遂げる」というものだったという。

「創造的復興」という言葉は、二〇一五年三月に行われた仙台国連防災会議で、“Build Back Better”（より良く再建する）という言葉として代替され、熊本地震（二〇一六年）でも、創造的復興という言葉が使われるなど、日本の災害とその復興政策において定番のキーワードとなっている。ただ、何をもって「創造」と言えるのか、「創造」の主体は誰なのか。その基準は明確ではない。「創造」の辞書的意味である「これまでになかったものを新しくつくりだすこと」を鵜呑みにするならば、震災以前にはなかった沿岸部の高い防潮堤も、新しく建設された橋や道路も「創造」と言えるかもしれない。しかしながら、その「創造」がはたして被災地に住む人々にとって良いものなのかどうかの判断は分かれることになるだろう。

私は二〇二一年、しばらくぶりに仙台から気仙沼《けせんぬま》までの三陸道を車で走った。気仙地方と呼ばれる宮城県気仙沼、岩手県の陸前高田《りくぜんたかた》、大船渡《おおふなと》地域までの道のりは、大変快適なものになっていて、時間もだいぶ短縮されていた。だが、以前に通っていた津波被害地域の国道四五号線沿いとは風景が違う。被災沿岸の風景がまったく見えないまま気仙沼まで走ることができる。帰りはわざわざ三陸道を降りて、国道を走ってみた。車の通行がほとんどなくなってしまった国道沿いは、無人や廃墟となっている店や人寂しい街並みの風景だった。気仙沼に行くためには必ず通っていた南三陸町《みなみさんりくちょう》の志津川《しづがわ》地域も閑散とした風景だった。新しい「創造」の裏側にある「衰退」の現実がそこにあった。

それでも大きな災害後に「創造的復興」が唱えられるのは、災害が既存の秩序を揺るがし、そこにこれまではなかった亀裂をつくりだすからである。文化人類学者のヴィクター・ターナーは、「コミュニタス」という概念で社会に生じる亀裂を説明している。「コミュニタス」とは、日常的な社会的規範や関係を示す「構造」と対立する概念で、非差別的、平等的、非合理的な「反構造」という社会状態を意味する。ターナーは「構造」と「コミュニタス（反構造）」のセットで社会が構成されると考えた。儀礼の過程で見られるリミナリティ（過渡）の状態をはじめ、社会構造の裂け目、周辺、またはその周辺を占める人間や原理にも「コミュニタス」を確認できるとした［Turner 1969＝2020］。

本書に収録している論文は、東日本大震災で生じた「コミュニタス」の状態が、一〇年超という年月とともにどのように日常化し、構造化されていくのかを示すものである。震災が引き起こした「コミュニタス」は、生者と死者の間でも、被災した場所の再建の中でも、そして人と人の間でも生じていた。慰霊、伝承、コミュニティ再生のそれぞれのフィールドからそれぞれの「コミュニタス」の状況がどのように日常化していくのか、どのように人々はその関係性を回復していくのかが本書全体における問いである。

2 慰霊、伝承、コミュニティ再生

2-1 震災記憶と慰霊――どのようにメモリアル化するのか

人類学において、死者儀礼はコミュニティ・メンバーを失った喪失感を慰め、日常の秩序を回復させ、統合する意味合いが強い。そういう意味で、国家や自治体がいわゆる「悲運の死」とされた死者を慰霊することは、国家ないしコミュニティを統合する上で重要な課題であった。第一章で木村は、「死者の記念や顕彰は『想像の共同体』としての国民国家の基盤をなす集合的記憶を形成維持するために不可欠な措置として重要視されてきた」

と論じ、東日本大震災後、行政によって行われた慰霊祭・追悼式の実施実態とその意義について検討した。調査結果によると、震災後にさまざまな対応に追われていただろう、沿岸被災地方自治体のほとんどが慰霊・追悼行事を行っている。さらにこの多くの自治体の慰霊祭が、東日本大震災の一周忌を待たずに行われていたことは興味深い。とくに百箇日に合わせて行事を行った事例が最も多く、行事そのものは「無宗教式」だが、行われる時期は仏教意識が強く反映されていることがわかる。木村は、このような自治体による慰霊・追悼の行事が最初からマニュアル的に計画されていたのではなく、周りの市町村の動きに影響を受ける形で広がっていること、そして最初の臨時的儀礼が、次第に周期的儀礼になっていくことで、慰霊儀礼から追悼儀礼へと変化していくことを指摘している。

第二章で大村は、震災で亡くなった生徒たちに卒業証書をおくる学校側の行為を考察している。死亡して学籍を失った生徒に卒業証書を与えることには、法的根拠がない。それにもかかわらず、例えば対象中学校の五九・一%が卒業証書を与えている。大村は、このような慰霊の行為を「サバイバーズ・ギルト」とそれに伴う「不安」という生き残った人の心的状況と関連して説明し、古くから慰霊の行為を通して「守り神」にしてもらう民間信仰との延長線上でこの問題を説明している。そして、世界各地で普遍的に見られる悲運の死者が災厄守護者となる事例を紹介している。大村は、慰霊などの「非合理」な行動は、生き残った人の心理に働きかけ、これからの人生を不安なく生きることができるという、ある意味で「合理」的な効果をもたらしていることを提示した。

第三章のボレーの論文は、宮城県名取《なとり》市の閖上《ゆりあげ》地区で人々がどのように災害犠牲者の死を記念化していくのか、そのプロセスを長年の参与観察を通して考察している。彼は、調査地のフィールドで自分自身も一人のアクターとしての役割を担いながら、地域社会内で慰霊という「記念化のランドスケープ」がどのように展開されていたのか、その創造と変容を記録している。犠牲者が出た中学校の遺族会とNGOが中心となって設置されたモニュメントと祈念資料館、お茶飲み場が、中学校の解体、区画整理などで次々と移転され、始まった小さなメモリアルの行為がその後、行政の復興計画との葛藤を経て、そして最終的に行政によるメモリアル祈念公園が建設されるまでが描かれている。

第I部のこれら三つの章は、慰霊という宗教的行為が、実は社会の秩序や人々の心を回復するために行われる行為であることを示している。ただ、その行為があらかじめ準備され、マニュアル化されたものではなく、ましてや法的根拠のもとで実行されたわけではないことに共通点がある。行政、学校、そして民間といったそれぞれの慰霊の行為者たちは、ある意味では疑いもなく、従来からの日本人（あるいは東北人ともいえるかもしれないが）の死霊観の中で死者を弔っている。外国出身の編者からすると、そこに日本らしさが見える。

2-2 景観の変化と記憶の風化、そして伝承

なぜ社会は記録や記憶が必要なのか、またそれらによって何が可能となっているのか、震災から一〇年が過ぎた現地の人々は、すでにさまざまな選択を積み重ねている。遺体や遺構をめぐる対応や、被災の記憶をどう伝承していくかなど、被災地の人々は災害復興によって変わってしまった物理的空間のなかでこの取り組みを行ってきた。本書第II部の主なテーマは、町の再建とともに変化していく被災地の景観と災害伝承のあり方である。冒頭でも述べたとおり、被災地の今の景観は新しい防潮堤や嵩上げ、公園化などで著しく変化した。石巻《いしのまき》市の日和《ひより》山《やま》公園から眺めた門脇《かどのわき》や渡波《わたのは》地域の風景は、震災直後と今ではすっかり変わっている。津波復興記念公園と伝承館が建てられ、発災後燃えてしまった小学校だけが、震災遺構として当時の悲惨さを伝えている。復興事業が進めば進むほど、被災地の次なる課題は、何を残し、何を取り壊すのか、震災の痕跡がなくなった後、後世には震災の何をどのように伝承するのかという点になった。

第四章の執筆者であるフルコは、被災地の語り部研究を長年行ってきた。本書では、南三陸町のホテル観洋の語り部バスツアーを中心に、場所や景観が変わる復興プロセスの進行により語り部も変化する様子を報告してい

る。震災直後は、震災の経験とその被害者、震災が起こるまでのコミュニティにおける生活や震災後に生じた生活上の多大な変化など、コミュニティにとって意味のある物語を語っていた。しかし年月が経つにつれ、語り部の物語は震災に関わる出来事や経験より、コミュニティの地理・歴史・地域伝統に関連する要素が含まれるようになっていた。フルコは、このような語り部の変容が、いわゆる集合的トラウマの治癒の機能を失うことになるのではないかと懸念している。外向け語り部が主流になることにより、コミュニティの中で震災の経験が共有できていないのではないかという懸念である。語ることの、伝承の役割に加え、治癒の機能についても改めて考える必要があることを想起させている。

他方、第五章の坂口の震災遺構をめぐる岩手県大槌町《おおつちちょう》の調査は、災害遺構に対する住民側の目線を紹介している。各地で震災遺構を残し、それを観光資源化していこうとする動きがみられるなかで、大槌町の人々は、被災した旧庁舎を「恥」として受けとめていた。そしてその「恥じる」気持ちの内面を聞き取り、分析している。被災した建物、とくに犠牲者を生んでしまった被災物を遺構として保存するかどうかについては、大槌のみならず、各所で議論になってきた。多くの場合は、犠牲者を出していない学校の建物が震災遺構として残された一方で、つらい記憶であるが、保存することで後世にその教訓を伝えることができるという意見もあり、地域コミュニティ内で意見が対立し、遺構として残す決定までに時間を要したという話を聞く。坂口は、大槌町の旧庁舎を遺構として残すことに反対した住民の心境を探り、防災政策に失敗した行政に対する怒りと自責の念を恥じる気持ちとして表現していると論じている。なかには、新しく一から建て直すのに、過去を引きずりたくないという言葉もあった。そして、結果的に旧庁舎は取り壊されてなくなったが、その場が持つ意味を地域住民は共有していること、それはそれでよかったのではないかと問いかけている。

そこで、場が持つ意味を再び考えさせられるのが第六章である。デレーニは、場の記憶の共有が、いかに人々のアイデンティティに影響を与えるのかを論じている。彼女自身が若いときから関わっている被災地の漁師さんたちの話を中心に、復興という名のもとで、半ば強引ともいえる復興事業が進められていることについて述べている。その中で、景観の変化がもたらす、別の喪失感について指摘した。長い間、海とともに生きていた人たちにとっては、海が見えないこと、海の音が聞こえない空間は、むしろ不安になることもあると著者は問う。

「空間は人の意識を変える」という言葉がある。昨今、多くの企業は、仕事の能率を上げるためにモノや人の配置などを工夫したオフィス空間をつくったりする。そういう意味でもわれわれが生きる「場」は重要である。東北の沿岸部は、ほとんど空間の変化がない地域であった。人々はよく「何もない地域だよ」と言うが、そこには常に自然がある。そこに突然、異様な瓦礫（文明のゴミ）の風景が出現し、今度は人工的につくられた新しい風景に変わったのだ。自然とともに生きてきた人々にとっては、前に戻ったという安心感が得られないのかもしれない。

筆者が福島でのフィールドワークのときに出会った若い女性も同じことを話した。小学生のときに原発事故によって故郷から避難し、一〇年近く地元を離れていた彼女は、大学卒業をきっかけに故郷の福島県浪江町《なみえまち》に戻った。彼女になぜ戻ったのかと聞くと、「毎日家から見られた朝日が恋しかった」と言う。生まれ育った場所の風景は、理解するものでも、獲得するものでもなく、ただ身にしみついているものなのかもしれない。

2-3 コミュニティ再生と機会の窓

災害は社会変革の機会となる。構造的日常が壊れたその亀裂からは、普段は生まれることがない働きが出てくる。さまざまな研究で、災害は一部の社会的弱者グループに組織化と動員のためのユニークな機会を与えることは明らかである。災害を通して女性や老人や社会的弱者の問題が浮き彫りになり、皮肉にも、周辺化されていたコミュニティのエンパワーメントの機会となる。その理由の一つは、一般的に災害後に、人々のソーシャル・キャピタルの能力が向上するからである。これはしばしば「コミュニタス」［Hearn 1980; Matthewman 2015］、または、

「災害ユートピア」［Solnit 2009＝2010］と呼ばれる。

利他主義の高まりにより、人々は一般的に、伝統的な障壁を取り除き、連帯感を抱き、自発的に絆を深め、災害時の特定のニーズや要求に対応して無私無欲で他者を助ける。このような災害現象は、被災者間やメディア、当局、支援団体などの外部との間で、創発的なネットワーク（災害支援ボランティアのNGO、NPO、市民団体など）を育み、既存のネットワーク（地域に根ざした民族、宗教、コミュニティのネットワークなど）を拡張し、さまざまな形の支援が集められ、分配されるのに役立つ［Matthewman and Uekusa 2019］。

本書第Ⅲ部では、第七章を書いたゲルスタは、災害がジェンダー平等の機会の窓になるという理論を検証するため、仮設住宅で主に行われた被災者の居場所づくりのイベントの内容を参与観察した。東日本大震災の場合、ほとんどの被災者支援が趣味の教室や手作り教室であることから、女性の参加者は多い反面、男性被災者が排除されている。それは、普段からの男女役割が、女性は私的領域、男性は公的領域と固着されていることによる。震災で、いきなり仕事場となる公的領域を失ったことで、男性たちの行き場がない状態になってしまっていた。ゲルスタのこのような考察は、阪神・淡路大震災後も男性一人暮らしの孤独死が多かったという事実からも検証できる。

最後に第八章の李の論文では、東日本大震災の被災地に住む外国人女性たち（いわば結婚移住女性）の被災とコミュニティ活動について紹介している。震災前に不可視化された存在のまま生きていた移住女性たちが、震災によってお互いの存在を認識し、コミュニティをつくって社会参画を果たした。普段ならば考えられなかった支援の手が、彼女たちを動かしたのである。ところが、震災から一〇年以上が経った今、彼女たちの生活はあまり変わっていない。「機会のチャンス」が持続的につながるためには、次なる社会的仕組みが必要になる。

ゲルスタと李が取り上げている、ジェンダーとマイノリティの問題は、ただ個々人の努力に任せるには限界がある。普段から男性もプライベートな領域で人々と付き合える関係性づくりに慣れないといけないし、マイノリティの人々もその場限りではなく、普段から社会の一員として声を出せる仕組みや社会的状況がないと真の社会参画にはならない。

災害はたしかに「コミュニタス」という普段とは違う反構造をつくる。その中から「創造的復興」を目指すためには、もう少し行為者である人々に焦点を置き、多様な人々の思いを聞き、相互コミュニケーションの上で、次なる仕組みをつくる必要があるのではなかろうか。

3 本書の特徴とコラムの位置づけ

本書は、東北大学東北アジア研究センターが進めてきた「災害人文学」ユニット〔代表、高倉浩樹〕の六冊目の研究成果である。「災害人文学」ユニットではこれまで、震災直後の『聞き書き 震災体験』〔高倉・木村監修 2012〕をスタートに、『無形民俗文化財が被災するということ』〔高倉・滝澤編 2014〕、『震災後の地域文化と被災者の民俗誌』〔高倉・山口編 2018〕、『震災復興の公共人類学』〔関谷・高倉編 2019〕、『災害ドキュメンタリー映画の扉』〔是恒・高倉編 2021〕と研究成果を出版している。本書『災害〈後〉を生きる――慰霊と回復の災害人文学』は第六冊目の成果となる。

本書の特徴としては、外国人研究者が多く寄稿していることにある。執筆者たちは、いずれも東日本大震災が発生してから長年にわたり、被災地に通いながらフィールド調査を行ってきた。ただ、言葉の問題で日本語読者にはなかなか紹介することができなかった彼ら彼女らの研究を、日本で紹介したいという思いから本書が企画された。日本社会が内向きに議論しがちな「東日本大震災」「災害」をめぐる問題群に、外部からの視点を持ち込むことにより、今後の防災・減災を考えるうえでも、あるいは死者の追悼のあり方や死との向き合い方といったテーマを考えるうえでも、また被災した場を再生し、コミュニティを再生するうえでも、いくらかは新しい視点を提示できたのではないかと思う。

昨今、日本にも多様な背景を持つ人々が増えている。災害時には最も情報弱者となりうる人々と共に生きる社会になりつつある。私は時々、東日本大震災のような広範囲の大震災が、多様な人々が住む大都会で起きたらどうだっただろうと想像する。東北は、同質的集団としての性格が強く、慰霊の仕方においても、コミュニティ再生のプロセスにおいても、異なることによる葛藤はほとんど聞いていない。あれだけの大規模震災であったにもかかわらず、秩序ある対応ができていたのは、東北が持つ同質性のおかげだと私は思う。ただし今後、多様な背景を持つ人々が増えることを想定する必要がある。遺体処理や慰霊の仕方においても、コミュニティ再生においても、防災に関連する情報伝達においても、より多様化が求められる。

本書のもう一つの読みどころは、これまで「災害人文学」ユニットに関わった、人類学、民俗学、社会学、宗教学、歴史学の文系研究者、そして実践防災学の理系研究者からも書いていただいたコラムである。コラム寄稿者の中には、以前出版した本に寄稿した内容の「続編」を書いていただいた場合もあり、過去の本に続けてお読みいただくと、より深く味わえるのではないかと思う。他にも、災害をきっかけに文理融合研究、産学協同研究、地域還元型研究などと、これまではなかった学際研究の成果も報告されている。これも一つ、災害による「創造的復興」の学問的バージョンの一つかもしれない。これらの研究が、今後ますます実り多いものとなり、われわれの実生活における減災につながることを願う。

文献

岡田知弘［2012］「『創造的復興』論の批判的検討」、『現代思想』四〇（四）：一四七―一五一

是恒さくら・高倉浩樹編［2021］『災害ドキュメンタリー映画の扉――東日本大震災の記憶と記録の共有をめぐって』新泉社

関谷雄一・高倉浩樹編［2019］『震災復興の公共人類学――福島原発事故被災者と津波被災者との協働』東京大学出版会

高倉浩樹・木村敏明監修［2012］『聞き書き 震災体験――東北大学 九〇人が語る３・11』東北大学震災体験記録プロジェクト編、新泉社

高倉浩樹・滝澤克彦編［2014］『無形民俗文化財が被災するということ――東日本大震災と宮城県沿岸部地域社会の民俗誌』新泉社

高倉浩樹・山口睦編［2018］『震災後の地域文化と被災者の民俗誌――フィールド災害人文学の構築』新泉社

福田雄［2020］『われわれが災禍を悼むとき――慰霊祭・追悼式の社会学』慶應義塾大学出版会

Hearn, Francis [1980], “Communitas and reflexive social theory,” *Qualitative Sociology*, 3(4): 299–322.

Matthewman, Steve [2015], *Disasters, risks and revelation: Making sense of our times*, Hampshire, UK: Palgrave Macmillan.

Matthewman, Steve and Shinya Uekusa [2019], “Theorizing disaster communitas,” *Manuscript under review*.

Solnit, Rebecca [2009], *A Paradise Built in Hell: The Extraordinary Communities That Arise in Disaster*, New York: Viking.
（＝［2010］高月園子訳『災害ユートピア――なぜそのとき特別な共同体が立ち上がるのか』亜紀書房）

Turner, Victor Witter [1969], *The Ritual Process: Structure and Anti-Structure*, Brunswick and London: Aldine Transaction.
（＝［2020］冨倉光雄訳『儀礼の過程』ちくま学芸文庫）

第I部

震災と記憶と慰霊

——どのようにメモリアル化するのか

第一章

東日本大震災後における地方自治体の慰霊・追悼行事

木村敏明
KIMURA Toshiaki

1 はじめに

大規模な災害によって命を落とした人々に対して、中央や地方の政府が慰霊や追悼などの行事を行うのはなぜだろうか。とくに、地方自治体が慰霊・追悼行事を行うのはなぜか、そして国家レベルで行われる行事との関係はどのようなものであろうか［西村 2013: 279］。

災害や戦争などの犠牲者に対して、国や地方自治体が慰霊・追悼行事を催す事例は広く世界中に見られる。とりわけ近代国家において、それらの死者の記念や顕彰は「想像の共同体」［Anderson 1983］としての国民国家の基盤をなす集合的記憶を形成維持するために不可欠な措置として重要視されてきた。一方、それらの犠牲者の家族や身近な人々にとっても、公的な機関による慰霊・追悼行事はその死に対する適切な敬意の表現として、慰めをもたらすものとみなされている。

『西宮現代史』収録の資料「一月一八日の市長方針メモ」によれば、阪神・淡路大震災の翌日である一九九五年一月一八日開催の災害対策本部で示された西宮市長方針の六項目の一つに、災害救助法申請、仮設住宅、給食計画、廃材の処理費、災害復旧に全力をあげるといった項目と並んで、「合同慰霊祭」があげられている［西宮現代史編集委員会編 2002: 774］。震災による住民の非業の死に対して何らかの行事をもって弔意を表することは、現代においても自治体の長として真っ先に念頭に浮かぶ事柄の一つであったといえる。

東日本大震災の後にも、甚大な被害を受けた地方自治体にとって、震災で亡くなった住民たちのために慰霊・追悼の行事を行うことは当然の責任であると考えられた。震災の数か月後あたりから、それぞれの自治体はそれぞれの被災状況のなかで、それぞれの事情や思惑のもと、慰霊・追悼行事を企画、実施していった。本稿では岩手・宮城・福島三県の沿岸部に位置する三六の地方自治体に注目し、それらの地域における慰霊祭・追悼式について、その時期、プログラム、場所などに注目して考察し、被災地において地方自治体がそれらを行う意義と課題について検討を加えていく。とくに本稿においては、儀礼論的視点から、従来「慰霊・追悼行事」としてひとくくりに論じられてきた行事には、二つの種類が含まれており、それらを区別して議論することが重要である点を指摘したい。

2　どの自治体が慰霊・追悼行事を行ったか

表1－1は、本稿で取り上げる三六地方自治体が震災後、最初に執り行った慰霊・追悼行事の一覧である。震災後、取り組むべき課題が数多く存在するなかで、ほぼすべての市町村が何らかの慰霊・追悼行事を行っており、このような行事が地方自治体の重要な責務と考えられていることがわかる。

沿岸部の市町村でこれらの行事を行っていないのが、岩手県の洋野町《ひろのちょう》と普代村《ふだいむら》である。岩手の北端に位置する洋野町は、岩手・宮城・福島の沿岸部市町村で唯一、死者・行方不明者がいなかった。おそらくはこれが慰霊・

［表1-1］福島・岩手・宮城県の沿岸部市町村における最初の慰霊・追悼行事

番号	県名	自治体名	式典名	日付	場所
1	福島県	いわき市	いわき市東日本大震災追悼式	2011/7/9	いわき市立総合体育館
2		広野町	東日本大震災追悼式	2012/3/11	かんの斎苑
3		楢葉町	東日本大震災被害者慰霊式	2011/6/30	山田浜地区・波倉地区
4		富岡町	合同慰霊祭	2011/7/6	後釜田地区（町営住宅跡）
5		大熊町	慰霊祭	2011/7/24	熊川地区
6		双葉町	東日本大震災犠牲者合同慰霊式	2012/3/4	せきのホール（いわき市）
7		浪江町	浪江町東日本大震災合同慰霊祭	2011/10/16	東和文化センター（二本松市）
8		南相馬市	南相馬市東日本大震災慰霊祭	2011/7/3	市民文化会館「ゆめはっと」
9		相馬市	相馬市東日本大震災追悼式	2012/3/11	スポーツアリーナそうま
10		新地町	新地町合同慰霊祭	2011/6/19	新地町総合体育館
11	宮城県	山元町	東日本大震災山元町合同慰霊祭	2011/8/11	山下中学校体育館
12		亘理町	東日本大震災亘理町合同追悼式	2011/8/11	亘理中学校体育館
13		岩沼市	東日本大震災岩沼市合同慰霊祭	2011/6/18	玉浦中学校体育館
14		名取市	名取市合同慰霊祭	2011/6/18	文化会館
15		仙台市	東日本大震災慰霊祭	2011/7/11	仙台国際センター
16		多賀城市	多賀城市東日本大震災慰霊祭	2011/6/26	多賀城中学校体育館
17		七ヶ浜町	東日本大震災七ヶ浜町慰霊祭	2011/6/26	七ヶ浜国際村
18		塩竈市	東日本大震災塩竈市慰霊祭	2011/6/26	塩竈ガス体育館
19		松島町	物故者慰霊法要	2011/4/26	瑞巌寺
20		東松島市	東日本大震災東松島慰霊祭	2011/6/18	自衛隊松島基地整備格納庫
21		石巻市	東日本大震災犠牲者の石巻市慰霊祭	2011/6/18	石巻市総合運動公園 大型車両駐車場
22		女川町	東日本大震災一周忌追悼式	2012/3/11	女川町総合体育館
23		南三陸町	東日本大震災犠牲者南三陸町慰霊祭	2011/9/11	南三陸町総合体育館 「ベイサイドアリーナ」
24		気仙沼市	気仙沼市東日本大震災合同慰霊祭	2011/9/11	気仙沼市総合体育館 「ケーウェーブ」

番号	県名	自治体名	式典名	日付	場所
25	岩手県	陸前高田市	東日本大震災岩手県・陸前高田市合同追悼式	2012/3/11	高田小学校特設テント
26		大船渡市	大船渡市東日本大震災犠牲者合同慰霊祭	2011/9/3	リアスホール
27		釜石市	釜石市東日本大震災犠牲者追悼式	2012/3/12	釜石高校第一体育館
28		大槌町	大槌町東日本大震災犠牲者合同慰霊祭	2011/6/18	大槌中学校校庭内特設テント
29		山田町	東日本大震災犠牲者合同慰霊祭	2011/6/26	山田中学校体育館
30		宮古市	宮古市東日本大震災犠牲者合同慰霊祭	2011/6/26	市民総合体育館
31		岩泉町	東日本大震災犠牲者合同お別れ会	2011/4/10	町民会館大ホール
32		田野畑村	田野畑村東日本大震災犠牲者お別れ会	2011/7/10	田野畑中体育館
33		普代村	なし		
34		野田村	野田村東日本大震災犠牲者合同葬儀・合同慰霊祭	2011/7/15	野田小学校体育館
35		久慈市	久慈市東日本大震災復興祈念式	2012/3/11	久慈市漁業協同組合
36		洋野町	なし		

出所：筆者作成.

追悼行事が行われなかった理由であろう。普代村もまた、一九八四年に造られた高さ一五・五メートル、幅二〇〇メートルの「普代水門」により人的被害が行方不明一名にとどまり、この物語は「奇跡の水門」としてしばしばメディアに取り上げられている。やはり村内の死者が少なかったことが行事を開催しなかった理由であると考えられる。一方で、死者が二名であった宮城県の松島町《まつしままち》は慰霊・追悼行事を行っている。

表に掲載されていない内陸の自治体に目を向けると、慰霊・追悼の行事を市町村単独で行ってきたところは少ない。例えば、一五名の方が亡くなった岩手県一関《いちのせき》市、六名の福島県福島市、二名の宮城県大崎市や柴田町《しばたまち》などは同様の行事を行っていない。

例外的に、五名の犠牲者が出た福島県郡山市では、二〇一二年三月一一日に「郡山市東日本大震災一周年追悼式」が執り行われている。ただし郡山市主催の慰霊・追悼行事はこの震災翌年の一度だけであったようである。それに対して、継続的に慰霊・追悼行事を行っている内陸部市町村が、福島県須賀川《すかがわ》市である。須賀川では一〇名の方が東日本大震災で犠牲となったが、そのうち八名が藤沼ダムの決壊によるものであり、このことが市主催の慰霊・追悼行事が続けられている理由であろう。また、岩手県盛岡市（死者六名）は、八幡平《はちまんたい》市（死者なし）、滝沢市（一名）、雫石町《しずくいしちょう》（一名）、葛巻町《くずまきまち》（なし）、岩手町《いわてまち》（なし）、紫波町《しわちょう》（なし）、矢巾町《やはばちょう》（一名）とともに構成している盛岡広域首長懇談会主催という形で、現在まで追悼行事を行っている。

以上で概観してきたように、犠牲者がいなかった洋野町と行方不明者一名の普代村を除いて、岩手県から福島県の沿岸に位置する三六市町村のほぼすべてで東日本大震災の慰霊・追悼行事が行われている。一方、内陸部の市町村では、藤沼ダムの決壊で犠牲者がでた須賀川と盛岡広域首長懇談会を除いて、継続的に慰霊・追悼行事を主催している自治体はほとんどない。

なぜこのように沿岸部と内陸部で慰霊・追悼行事の実施自治体数が異なっているのかについては、まずは何より犠牲者数の違いだと説明することができる。沿岸地域の犠牲者が多かった自治体にとって、前述した西宮市の場合と同様に、慰霊・追悼行事はどうしても必要な行事であったろう。第二に、これらの行事の実施が周辺市町村の様子を見ながら決められていくなかで、同じように津波被害を受けた自治体が慰霊・追悼行事の実施に向かっていったという可能性である。この点については、次節で行事の実施時期を論じるなかで議論したい。第三に、これは慎重に論じる必要があるが、死者の亡くなり方が慰霊・追悼行事の実施決定に影響を及ぼした可能性である。

3　仏教民俗に根ざした慰霊・追悼行事

次に、これらの市町村がいつ最初の慰霊・追悼行事を行ったのかを見てみよう。図1－1は各自治体がそれらの行事を最初に行った時期を示したものである。縦軸は福島・宮城・岩手の三六の沿岸部自治体をいわき市（1）

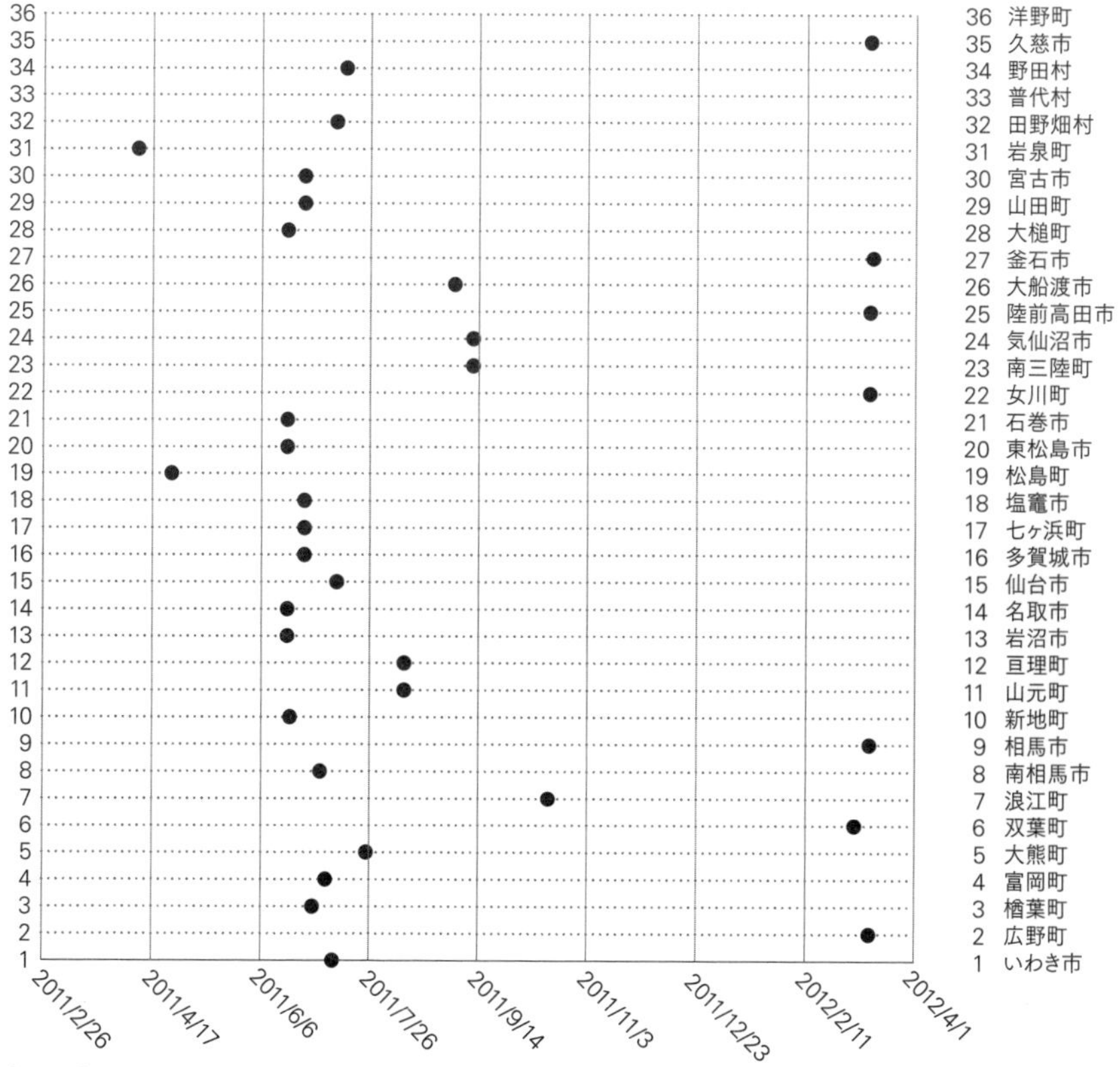

［図1-1］沿岸部市町村主催による最初の慰霊・追悼行事
出所：筆者作成.

から洋野町（36）まで南から北に配列し、横軸は時系列を表している。

震災から一〇年以上が過ぎた現在からみると、地方自治体の追悼式というものは東日本大震災が発災した三月一一日に行われるものという印象が強いが、図を見れば歴然としているように、多くの地方自治体が一年後の二〇一二年三月一一日を待たずに慰霊・追悼行事を実施しているのである。

最も早い時期に行われた地方自治体の慰霊・追悼行事は、岩手県岩泉町《いわいずみちょう》の「東日本大震災犠牲者合同お別れ会」で、式典の日取りは震災からおよそ一か月後の二〇一一年四月一〇日である。その他に四月中には、二六日に宮城県松島町で「物故者慰霊法要」が営まれている。この松島での行事は地元の古刹である臨済宗瑞巌寺《ずいがんじ》で行われており、これは多くの慰霊・追悼行事が公共施設を用いた無宗教式であるのに対して、唯一宗教施設を用いた事例である。五月に慰霊・追悼行事を行った地方自治体はなく、六月以前に慰霊・追悼行事を行った市町村は以上の二か所にとどまっている。

六月に入ると慰霊・追悼行事を実施する自治体が急に増え始めるが、その口火を切ったのが六月一八日である。同日には宮城県の岩沼《いわぬま》市で「東日本大震災岩沼市合同慰霊祭」、名取市で「名取市合同慰霊祭」、東松島市で「東日本大震災東松島慰霊祭」、石巻市で「東日本大震災犠牲者の石巻市慰霊祭」が、そして岩手県の大槌町《おおつちちょう》で「大槌町東日本大震災犠牲者合同慰霊祭」が行われたほか、翌一九日には福島県の新地町《しんちまち》で「新地町合同慰霊祭」が挙行されている。

なぜこのタイミングだったのかという点については、岩沼市で六月一八日の慰霊祭の実施に尽力をした大友葬儀社社長、大友浩幸氏が次のように答えている。

大友：まあ一〇〇日目ってことでほら、百箇日っていうんですけど。まあどこよりも早くっていうか。他の町はやるやるっていうような話は聞こえてきてて、岩沼はどうすんだと。言ったときになかなか返答が出なくて。ま、被災地である玉浦の、玉浦って東の方ね。中学校の体育館を使って、私の方で施行させていただいたんですけど。

木村：なるほど。一〇〇日目にやろうっていうアイデアはどこからでましたか。

大友：それは百箇日というひとつの、仏事の区切りということで、そこを選んだということなんです。他の町もやっぱ同じことを考えてるんで。

木村：なるほど。周りの様子を見ながらというかたちなんですかね。(1)

このインタビューの中には、六月一八日の慰霊祭実施について二つの要因が示唆されている。すなわち第一に、一〇〇日目という日の持つ「百箇日」という仏教民俗的な意義、そして第二には周辺の市町村の動きである。百箇日は、ソッコクキ（卒哭忌）とも呼ばれ、「この日をもって泣くことを終わりにしよう」という意味をもって百日目に行われる死者供養の行事であり、塔婆《とうば》を墓にたてて精進上げをする習慣が各地にみられる［井阪 2005:158］。このインタビューからは、行事日程の決定においてこのような仏教民俗的行事の日程が意識されていたことがはっきりと見て取れる。岩沼市では、発災の翌日から当時の市長の声掛けで、この葬儀業者が遺体安置所の運営に関わっていた。普段から地元の人々の葬儀に携わっていた葬儀業者が関わったことで、単なる行政的な都合だけではなく、地元の葬送慣行を踏まえた慰霊祭の日程決定がなされたということができる。

第二の周辺市町村の動きという点も重要である。先の図1−1を見ても、岩沼市と名取市、東松島市と石巻市という隣り合った自治体が同じ六月一八日に行事を行っていることがわかる。このような傾向は六月一八日に限られるものではない。宮城県多賀城《たがじょう》市、七ヶ浜町《しちがはままち》、塩竈《しおがま》市の隣接三市町村、そして岩手県山田町《やまだまち》と宮古市の隣接二市町村が同じ六月二六日に、宮城県南三陸町《みなみさんりくちょう》と気仙沼《けせんぬま》市の隣接二市町村が同じ九月一一日に慰霊・追悼行事を行っていて、これらも近隣市町村が結果的に歩調を合わせた結果であると考えられる。これらの時期の慰霊・追悼行事の実施については、国から何らかの指示があったわけではなく、あくまで各市町村の判断で実施の有無や時期が決められた。その際に、先述のインタビューで「他の町はやるやるっていうような話は聞こえてきてて」、「まあどこよりも早くっていうか」と述べられているように、普段から交流のある近隣の自治体の動向が大きな判断材料となったことは疑いの余地がない。

六月一八日をきっかけに、各地の市町村が堰を切ったように慰霊・追悼行事を開催する。前述したように六月二六日には宮城県と岩手県の五自治体が、七月には三日、六日、九日、一〇日、一一日、一五日、二四日にそれ

［写真1-1］名取市合同慰霊祭（2011年6月18日）
撮影：名取市　出所：東日本大震災アーカイブ宮城
（https://kioku.library.pref.miyagi.jp/arccontent/207/20710000010127）

ぞれ一自治体が行事を行っている。この慰霊・追悼行事の波は七月でいったん収まり、八月には一一日に宮城県の二自治体が、九月には三日に岩手県の一自治体、一一日に宮城県の二自治体が実施するにとどまっている。七・八・九月ともに一一日に行事の時期を定めた自治体が目につくが、これらは震災が起きた三月一一日にちなんだものであると考えられ、いわゆる「祥月命日《しょうつきめいにち》」にあたる日を選んだものといえる。

九月を過ぎると、一〇月一六日に避難先の二本松市で行われた浪《なみ》江《え》町《まち》東日本大震災合同慰霊祭を唯一の例外として、慰霊・追悼行事はいったん途絶え、二〇一二年の三月一一日前後に五自治体が行うまでの間は空白期間となる。

これらの行事の多くは、祭壇と「東日本大震災犠牲者之霊」などと書かれた標柱をステージ上に設け、参列者による黙とう、献花、遺族代表や自治体首長のあいさつなどで構成された「無宗教式」で行われたようである。これは市町村がいわゆる「政教分離」を意識して特定の宗教教派との関与を避けたことによるものと思われる。例外的に仏教が関わったケースとしては、前述の瑞巌寺で行われた松島町、さらに合同慰霊祭終了後に市の仏教会主催の法要を行った名取市の事例がある（写真1－1）。後者の名取市の事例は、たまたま市職員の中に僧籍を持った者がいたところから実現したものであるが、死者の慰霊のスタイルとして一般的に受け入れられている仏教式の儀礼を、政教分離の原則に抵触しないよう取り入れる工夫として注目に値する。しかし多くの自治体はそこまで踏み込むことはせず、無宗教式の式典を行うにとどめている。

とはいえ、先述のとおり、これらの慰霊・追悼行事の日程選択の背後には、「卒哭忌」や「祥月命日」などの仏教民俗的な観念が生きているとも見ることができる。

4 臨時的儀礼から周期的儀礼へ

前節で述べたとおり、いくつかの自治体は最初の慰霊・追悼行事を東日本大震災から一年後の二〇一二年三月一一日に行っている。そしてこの日には、すでに慰霊・追悼行事を済ませていた市町村のほとんどすべても、改めて一周年の慰霊・追悼行事を挙行している(図1-2)。

この震災一周年の行事は、いくつかの点においてそれ以前の慰霊・追悼行事と性格を異にしている。まず第一に、二〇一二年一月二〇日の閣議において、東日本大震災から一年後の三月一一日に国立劇場で野田佳彦首相(当時)を実行委員長とした「東日本大震災一周年追悼式」を開催し、天皇・皇后、衆参両院議長らが出席することが決まったということがある。阪神・淡路大震災のときには追悼式の主催は自治体どまりであったのに対して、今回はその地域の広さや影響の大きさを考慮して政府主催の会を催すことになったものである。

政府主催の式は一四時四〇分頃、天皇・皇后が会場に入場してから、内閣官房長官による開式の辞、国歌斉唱に続いて一四時四六分から一分間の黙とう、内閣総理大臣による式辞、天皇による「おことば」、そして衆議院議長、参議院議長、最高裁判所長官、遺族代表による追悼の辞のあと、天皇・皇后が会場を退出するという流れからなり、その後、会場への参加者による献花を経て一六時一〇分頃に閉式となった。

この式典が始まったことが、地方自治体の慰霊・追悼行事に大きな影響を与えることになった。それまでは各自治体において工夫して行われていた式典の会場において、この政府主催の追悼式の模様が、会場に設置された

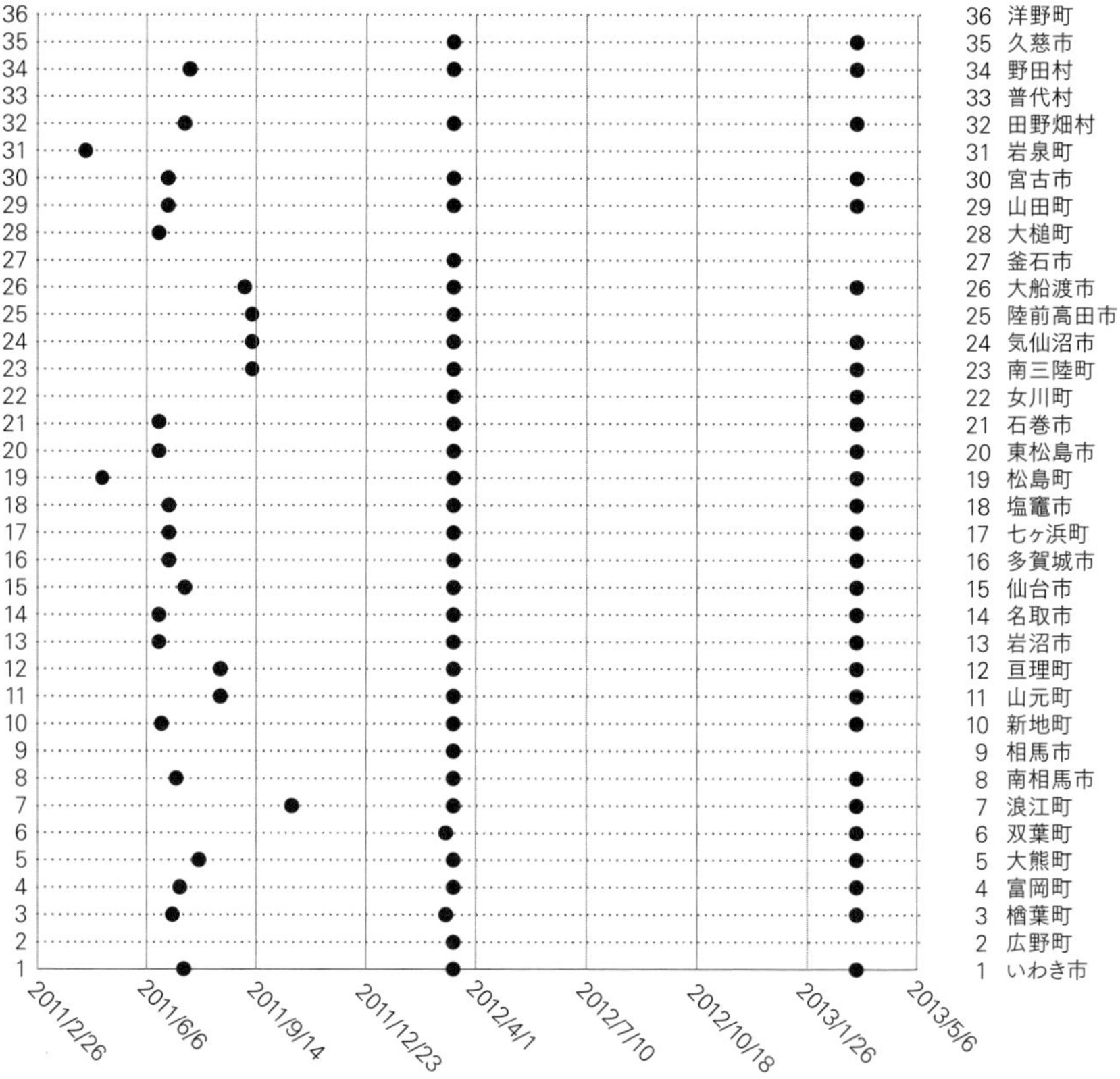

［図1-2］3年目までの慰霊・追悼行事
出所：筆者作成.

スクリーンで生中継されるようになったのである。とくに天皇・皇后の入場から天皇の「おことば」までの部分の放送は、どこの自治体追悼式においても、式典の中核をなす重要部分として取り入れられた。これにより、地方自治体の慰霊・追悼行事参加者は、発災の時間である一四時四六分前後の時間帯を会場に設置されたモニターの画面を見ながら過ごすことになり、ある意味においては東京を中心とした慰霊・追悼の秩序の中に周縁的に組み込まれる結果となったのである［Post et al. 2003: 255–257］。粟津とWarnerは、ローカルな追悼儀礼と「同時的連続性」［粟津 2017: 270］をもって行われる国家的追悼儀礼が、もともとは国家から独立した小規模儀礼を統合し、周期的にコミュニティ全体と結びつける機能を持つことを指摘している［粟津 2017: 217; Warner 1959: 268–269］。

もう一つの大きな変化が、慰霊・追悼行事の呼称の変化である。これまでに概観してきた震災後一年以内、すなわち二〇一二年三月一一日以前に行われてきた行事のほとんどが、行事名として「慰霊祭」「合同慰霊式」など「慰霊」という言葉を用いていたのが、この二〇一二年三月一一日をきっかけに「追悼式」という言葉に置き換わるのである（写真1－2）。

［写真1-2］東日本大震災岩沼市追悼式（2021年3月11日）
撮影：筆者

図1－3を見ていただければ明らかなように、名取市、東松島市など一部の例外を除いて「慰霊」という言葉は使われなくなり、「追悼」が用いられる。ちなみに名取市でも二〇一三年から、東松島市はさらに一年後の二〇一四年から、式典の名称を「追悼式」とするようになっている。このような名称の変更を、地方自治体の関係者が意識的に行ったという証拠は今のところ見つかっていない。しかし、ここまでの劇的な変化が広範囲の自治体で起こっているという背後には、そこに何らかの式典の性格の変化に関する意識が反映されているのではないだろうか。

前節で取り上げた大友葬儀社の大友浩幸社長は、二〇一一年六月一八日の岩沼市の式典が「東日本大震災岩沼市合同慰霊祭」であったものが、二〇一二年三月一一日のものは「東日本大震災岩沼市追悼式」と変わったことについて次のように証言している。

木村：第一回目のものは慰霊祭って名前で、そのあとは追悼式になっ

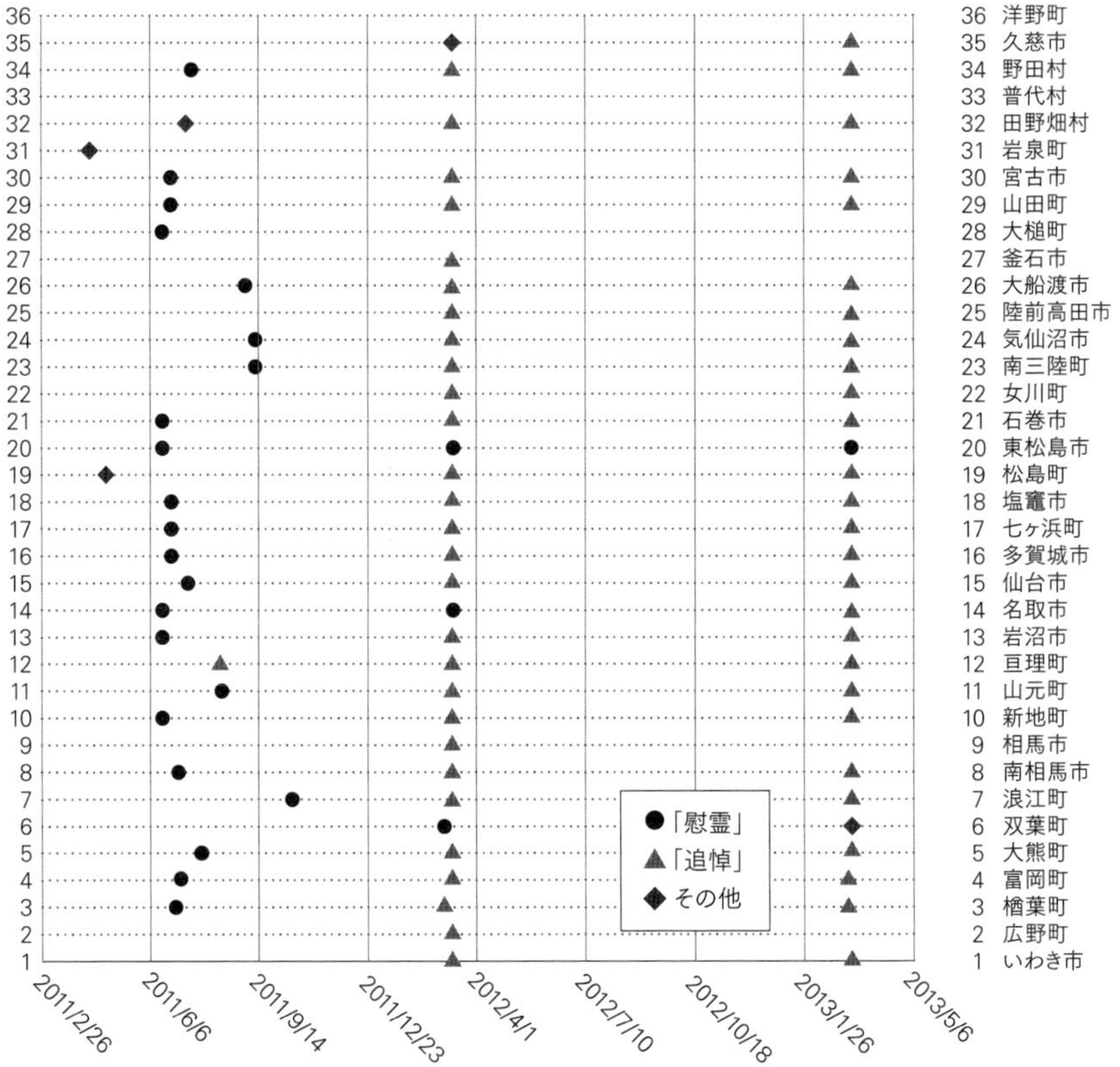

［図1-3］「慰霊」か「追悼」か
出所：筆者作成.

てるんですけど……。
大友浩：そうですね。要するにあの、仏事でないんですよ。無宗教式でやるということなもんですから、追悼式という形に変わったんですね。
木村：ああー。
大友浩：まあ、いろんな宗派の方がいらっしゃるもんですから。最初はそういうとこまで考えないで、慰霊祭って形をとりましたけど。
大友由：これはね、急にばたばたと決まったらしくて……。
大友浩：あと全国の、追悼式という名称を使うようになったみたいですから、それに合わせて。[2]

ここで大友氏は「仏事」ではな

く「無宗教式」だからという理由と、政府主催の式典が「追悼式」という名前を用いていたことを理由としてあげている。「無宗教」と「追悼」を結びつけて「慰霊」と対比する考え方は従来からしばしば見られる［中村 2001: 246; 矢野 2006: 6］。しかし、ここでいう「仏事」ではなく「無宗教」という言葉の意味には注意が必要であろう。中村生雄は宗教者の関与の有無を「慰霊」と「追悼」の違いとしたが、今回の事例では「慰霊」とされた行事でも宗教者の関与は見られない。一方、西村明は「追悼」と「慰霊」という言葉の含意の違いを整理して、「追い悼《いた》む」という生者の行為を意味する「追悼」が、「完全に過去の存在となった死者に対して、生者の側から一方的に悼む行為」であるのに対して、「霊を慰める」という行為の対象を含んだ「慰霊」は、「死者の霊を想定することによって、生者とコミュニケーションをとることが可能な存在とみなしている」と指摘している［西村 2008: 118］。この論を踏まえれば、「慰霊」から「追悼」への式典名の変化は、時間の流れのなかで死者との距離が遠くなっていくプロセスを反映していると考えられる。

また、政府主催の追悼式に合わせたという指摘も興味深い。たしかに前述のとおり、二〇一二年三月一一日以降の毎年の慰霊・追悼行事は政府主催の追悼式の中継を中核とし、その地方版という色彩を強めていった。政府式典への名称の追随は、このような中央の国家儀礼への「接収」［西村 2006: 192］を意味しているともいえる。

大きな災禍をめぐる慰霊・追悼行事が時間の流れのなかで変化していくという問題については、福田雄も、儀礼の「ダイレクション（演出／方向）」の変化という視点から論じている［福田 2020: 150］。すなわち時間の経過のなかで、儀礼の焦点が過去の悲惨な経験や死者そのものから、「この死が無駄にならないよう」といった語りを通して未来へ責任を負った「われわれ」へと移されていくというのである［福田 2020: 176］。本稿で取り上げた変化も、大きくはこのような災禍の儀礼の変化を背景にしているのかもしれないが、ここではまた別の儀礼論的な視点から考察を加えてみたい。

儀礼論的な視点からすれば、一年以内に行われた儀礼（その多くが「慰霊」と呼ばれた）と二〇一二年三月一一日以降毎年三月一一日に繰り返された儀礼（その多くが「追悼」と呼ばれた）の違いは、臨時的儀礼（occasional ritual）と周期的儀礼（periodical ritual）の違い、あるいは人生儀礼と年中行事の違いとして表すことができるのではないか[3][Bell 1997: 175]。臨時的儀礼とは、歴史上の特定の事件と関連づけて一度限りに行われる儀礼であり、何らかの危機的状況への反応として行われる。人生儀礼は特定個人の一度きりの人生の諸段階に行われる儀礼であるため、臨時的儀礼であるといえる。それに対し、周期的儀礼とはカレンダーに基づき一定の周期で繰り返される儀礼のことを指す。年中行事がその典型であることは言うまでもないであろう。震災から一年以内に行われた「慰霊」行事は、震災あるいはそれによる大勢の人々の死という特定の事件に結びつけられ、一度限り行われた「臨時的儀礼」と見ることができるのではないか。そうすると、それが「百箇日」のような、死者を死者の世界に送り出しその関係に一区切りをつける仏教民俗的人生儀礼と重ね合わせて行われた理由もよくわかる。一方、毎年三月一一日に行われる「追悼」行事は、震災という出来事を特定の時空から切り離していわば神話的な「祖型《そけい》」の「反復」[Bell 1997; Eliade 1971: 5]とし、一年という周期で繰り返す「周期的儀礼」と見ることができるのではないか。もちろんのこと、この二つの型は理念型的なものである。すなわち、現実にはその移行は一気にそして完全に成し遂げられるものではなく、二〇一二年三月一一日の行事の中にはまだ臨時的儀礼的性格がかなりの程度残っており、年月を経るなかで次第に後者の性格が強まっていくと考えられるのである。

5 おわりに

本稿では、地方自治体が行う慰霊・追悼行事について、その開催時期、プログラムの内容について検討し、典型的には一〇〇日から半年くらいの間に行われる第一回目の行事と、二〇一二年三月一一日に行われ、その後毎年繰り返される行事を区別できることを指摘した。地方自治体の側が前者について「慰霊祭」、後者について「追悼式」という名称を使うのも、無自覚のままこの両行事の違いが意識されているからではないかと考えられる。本稿では福田による災禍の儀礼の変化、西村による「慰霊」と「追悼」の区別、宗教民俗学的な「人生儀礼」と「年中行事」の区別、儀礼論的な「臨時の儀礼（occasional rituals）」と「定期的儀礼（periodical rituals）」の区別などを用いてこの違いを明確化することを試みた。

東日本大震災の後に、被災地ではさまざまな市町村が慰霊・追悼行事を行ってきたが、事前にいつ、どのような形で行うのが適切であるかということまで計画を立てていた自治体はほとんどないのが実情であろう。ましてや本稿で指摘したような二つの理念型の区別といったことは、行政によってほとんど意識されていないと思われる。しかし本稿での議論を踏まえれば、とくに「慰霊」の段階において、平時の仏教民俗的な死生観や行事を踏まえておくことは重要である。「慰霊祭」に宗教者を関わらせる工夫をした自治体（名取市）なども見られる。これは僧侶が死の問題の専門家と考えられている日本社会で、死者や遺族のニーズに配慮したものと評価できる。一方、そこに参加するのが仏教者だけでよかったかなど、議論の余地も当然ある。このような慰霊祭のあり方について、地方自治体は地域の宗教者や葬儀業者などと平時から協議をしておくことが重要であろう。

註

（1）二〇二〇年七月二九日、大友葬儀社代表取締役大友浩幸氏、専務取締役大友由紀氏へのインタビューより。なお、このインタビューの全文は『岩沼市史　別冊　震災編』（岩沼市史編纂委員会編）に収載を予定している。

（2）同前。

（3）ただし、ベルと筆者の見解は、人生儀礼を「周期的儀礼」に入れるかどうかという点において一致していない。

文献

粟津賢太［2017］『記憶と追悼の宗教社会学――戦没者祭祀の成立と変容』北海道大学出版会

井阪康二［2005］「百ケ日」、新谷尚紀・関沢まゆみ編『民俗小事典　死と葬送』吉川弘文館

鈴木岩弓編［2005］「死者と追悼をめぐる意識変化――葬送と墓についての統合的研究」科学研究費補助金研究成果報告書

中村生雄［2001］『祭祀と供犠――日本人の自然観・動物観』法藏館

西宮現代史編集委員会編［2002］『西宮現代史』第二巻、西宮市

西村明［2006］『戦後日本と戦争死者慰霊――シズメとフルイのダイナミズム』有志舎

西村明［2008］「慰霊再考――『シズメ』と『フルイ』の視点から」、國學院大學研究開発推進センター編『慰霊と顕彰の間――近現代日本の戦死者観をめぐって』錦正社

西村明［2013］「今後の研究のために――『慰霊の系譜』と『慰霊研究の系譜』から」、村上興匡・西村明編『慰霊の系譜――死者を記憶する共同体』森話社

福田雄［2020］『われわれが災禍を悼むとき――慰霊祭・追悼式の社会学』慶應義塾大学出版会

矢野敬一［2006］『慰霊・追悼・顕彰の近代』吉川弘文館

Anderson, Benedict [1983], *Imagined Communities: Reflections on the Origin and Spread of Nationalism*, London and New York: Verso.

Bell, Catherine [1997], *Ritual: Perspectives and Dimensions*, Oxford: Oxford University Press.（＝［2017］木村敏明・早川敦訳『儀礼学概論』仏教出版）

Eliade, Mircea [1971], *The Myth of the Eternal Return: Or, Cosmos and History*, New Jersey: Princeton University Press.

Post, P., R. L. Grimes, A. Nugteren, P. Pettersson and H. Zondag [2003], *Disaster Ritual Explorations of an Emerging Ritual Repertoire*, Leuven: Peeters.

Warner, W. Lloyd [1959], *The Living and the Dead: A Study of the Symbolic Life of Americans*, New Haven: Yale University Press.

第二章

非合理と慰霊

——東日本大震災と死児におくる卒業証書

大村哲夫
OHMURA Tetsuo

1 はじめに——私たちは合理的に生きているだろうか

各種調査によると現代日本人は、信仰を持たないとする人が最も多く、八割程度[1]を占めている。いわゆる「無宗教」である。宗教の役割はすでに終わり、もはや必要とされていないのだろうか。科学技術の進歩の恩恵を受ける私たち現代人は、非科学的なものを捨て、科学的・合理的に生きているのだろうか。

本稿は、東日本大震災で死亡した児童生徒へ卒業証書が授与されたという行為を調査し、それを通して慰霊の意味を問い、現代に生きる私たちの非合理性・宗教性を考察しようとするものである。

写真2−1をご覧いただきたい。前方には白布に覆われ供物が供えられた献花台があり、菊花を手にした参列者が並んでいる。奥には式次第を貼った車が見える。ここは医学系研究科などがある東北大学星稜キャンパスである。写真には写っていないが献花台の隣には天幕があり、研究科長ら役職者がかしこまっていることからも重要な儀式が行われていることがわかる。やがて研究科長が「弔辞」を恭《うやうや》しく奉読する。「御霊《みたま》が安からんことを」

［写真2-1］東北大学星稜キャンパス
撮影：筆者

という言葉が聞こえてくる。いったい、誰の慰霊が行われているのだろうか。実は人ではない。実験動物の慰霊祭なのである。喪服を着用した葬儀社スタッフの協力により、ほぼ人間と同じ式次第で進められるものの、祀られている「御霊」は、医学の実験に供せられたイヌやマウスやラットなどの動物である。つまりこの儀礼は、マウスやラットなどにも「たましい」が存在し、慰霊の儀礼を行うことで魂が「安らか」になることを期待して行われているのである。外国人留学生の姿もあるが、戸惑っているようにも見える。人間以外の生物に「たましい」が宿り、人間同様に遇せられることは、他の文化・宗教からは違和感を感じるのかもしれない。しかし多くの参列者は、本慰霊祭を通して、犠牲となった命を惜しみつつ、[2]自らも医学の発展に献身的に寄与する決意を誓っていることだろう。医学研究という科学技術の最先端は、こうしたアニミズムによって支えられている。

スポーツ選手などアスリートの場合はどうであろうか。**写真2－2**は、仙台市郊外の秋保《あきう》神社の風景である。「勝負の神」という幟旗《のぼりばた》が林立しているが、試しに近くの幟を調べてみると、有名なプロ野球選手やオリンピック選手なども奉納していることがわかる。筋肉トレーニングや試合までの練習量の調整、食事の栄養・カロリーなどエビデンスに基づく綿密な「科学的」トレーニングを行っているトップ選手たちが、なぜ「神頼み」をするのだろうか。アスリートにはまた「ルーティーン」というこだわりもある。ラグビーの五郎丸選手が指を組み、大相撲の琴奨菊《ことしょうぎく》が海老反りをする。その行為の結果、必ず試合に勝ったというエビデンスが得られていたのだろうか。試合に負けても、すなわち負けたというエビデンスが得られたのに、なぜルーティーンにこだわり続けるのだろうか。負けたからこそルーティーンにこだわるのだろうか。

アスリートだけではない。全国に数多く分祀されている天満宮（天神さま）を訪れてみれば、おびただしい数の絵馬が奉納されている（写真2－3）。祈願者のほとんどが若い受験生とその親であるが、小学校、中学校、高校、大学受験だけではなく、医師や看護師の国家試験などの資格試験の合格祈願も少なくない。また外国人による絵馬の奉納も珍しくはない。筆者らの調査では、絵馬の奉納は高齢者より子どもの保護者などの壮年層が多い。筆者は毎年、東北大学に入学した学生に、受験にあたって「神頼み」をしたかどうかを訊いているが、文系理系を問わず七、八割の学生が行っていたことがわかった。日常、神仏を信仰していないとするものの、受験前には行かないわけにはいかない心理状況になるようだ。御守《おまもり》を五、六個持って試験会場に赴いたとする学生もおり、入学後数年経ってもなお鞄に入れている学生もいる。大事な「勝負」前には必ず摂ると決めている食べもの、着る服、おまじないなども欠かせない。占いなども気になってしまう。「お参りの時間を勉強にあてた方が合理的」と頭で考える一方、「行かないと気持ち悪い」と思うのである。こうした行為は、言うまでもなく「合理的」でも「科学的」でもない。しかし、どうでもいいことでもない。むしろ人生

［写真2-2］秋保神社（仙台市）
撮影：筆者

［写真2-3］湯島天神（東京都文京区）
撮影：筆者

の大事な局面であえて「非合理」な行為を選択しているのだ。筆者は、「人間のとる非合理行動には、心理的に深い意味が込められている」として、こうした行為に強い関心を寄せてきた。宗教が科学の時代にあってなお意味を持ち、存在感を感じさせるのはなぜだろうか。「信心深い」のは高齢者ではなく、むしろ若年層、壮年層なのだろうか。組織的な宗教への帰属意識は低下しても、民間信仰や宗教的習俗が盛んなのはなぜだろうか。人間行動の根本部分で非合理な心性が働いていることに、ＡＩにはない人間の面白さがあると筆者は考えている。

2 死児に卒業証書を授与するということ

2―1 二〇一一年三月一一日とその一年後

東日本大震災が発生したのは二〇一一年三月一一日一四時四六分であった。高等学校の卒業式はこの日までに終わっていたが、中学校の卒業式はまさにその日、小学校はまだ挙行されていなかった。震災によって中学校や小学校の卒業式は中止され、筆者が勤務する東北大学の学位記授与式も中止された。

被災後一年経った二〇一二年三月、多くの学校で二〇一一年度の卒業式が行われた。その日のテレビニュースでは、被災して死亡した児童にも卒業証書が授与されたことが報じられていた。筆者は過去にも災害や病気、事故、あるいは自殺をした児童生徒に卒業証書が授与されるケースがあることを知っていたため、多くの児童生徒(3)が犠牲となった東日本大震災では、どのような対応がとられるのか気になっていた。卒業証書は法定文書であり、死亡して学籍を喪失した児童生徒に授与することに法的根拠はない。遵法意識が高いと考えられる公立学校で死児に卒業証書を授与したのなら、そうすることで違法リスクを上回る何らかのメリットがあることを期待したからにほかならない。何らかのメリットとは何だろうか。また震災という同じ原因で死亡した児童生徒に、各校は同じ対応をするのだろうか、それともまちまちの対応をとるのだろうか。違う対応をとったとすれば、それはなぜなのか。死児への卒業証書授与の実態を調査することによって、卒業証書授与にどのような心理的な意味が込められているのか、誰のどのような意思によって、どのような経緯で実施に至ったのかを明らかにすることができると考えた。とくに宗教的活動が禁じられた公立学校[4]における「慰霊」のあり方を知ることによって、精神的にトラウマを抱えた児童生徒や教職員の心理的ケアのあり方にも、何らかの示唆が得られるのではないかと考えたのである。

2-2 調査対象と方法

甚大な被害を受けた三県(岩手・宮城・福島)を調査の対象にしたが、本稿では纏まったデータが得られた宮城県の事例を分析する。宮城県教育委員会によると、公立学校の被害は**表2-1**のとおりである。

幼稚園から高等学校・特別支援学校までの九五校で、三二七人の死亡、三五名の行方不明という甚大な被害となっている。調査はこれら児童生徒の犠牲を出した九五校を対象とした。

本調査は、子どもの死という傷ましい事実に関わることであるため、遺族・学校関係者に与える心理的侵襲性を考慮し、学校を対象とした質問紙調査を採用した。第一次調査は二〇一三年四月、第二次調査は二〇一六年四月に実施した。主な調査項目は以下のとおりである。

[表2-1] 宮城県公立学校における
震災被害幼児・児童・生徒数

校種	学校数(内訳)
幼稚園	3園(死亡8名, 不明1名)
小学校	33校(死亡167名, 不明19名)
中学校	22校(死亡67名, 不明7名)
高等学校	35校(死亡79名, 不明8名)
特別支援学校	2校(死亡5名, 不明0名)
合計	95校(死亡327名, 不明35名)

出所:宮城県教育委員会提供資料(2013年2月28日現在)をもとに
筆者作成(2013年).

(1) 二〇一一年から二〇一六年の期間、死亡した児童生徒が在籍した学年の卒業式の有無
(2) 各年度ごとにおける死亡児童生徒への卒業証書（幼稚園では修了証書）授与の有無
(3) 死児に授与した卒業証書の形式（一般の証書と異なる点があるかどうか）
(4) 授与の形式（卒業式中、事後など）
(5) 授与の発案者及び授与の理由（校長・教頭・教諭等の教員、遺族や遺族以外の保護者、生徒、地方教育委員会や県教育委員会などの指導機関を例示した選択肢を設定）
(6) 過去における前例の有無とその具体例
(7) その他、自由記述

震災で犠牲となった児童生徒へ卒業証書を授与することについては、その是非の判断が分かれるところである。卒業証書授与の権限は「校長」にある。[5] 遵法性を重視して授与しないのか、それとも心情を優先して授与するのかなど難しい判断があったことと思う。筆者が宮城県の教育委員会と調査実施について協議したとき、担当者は「県教育委員会としては何らの指導を一切していない」と強調していたことも思い出される。違法性を指摘するのではなく、あえて無関与としたところにこの問題の微妙なところを表していると感じる。

そこで本調査にあたって、授与の「是非」は問わないこと、答えにくい、答えたくない設問には記入しなくてもよいことなどを依頼書・調査票に明記した。

2-3 結果および考察

回収率と授与の割合

二次にわたる調査の結果、全体で七二・六％の回収率となった。一次調査では、全体で四四・二％の回収率で

［表2-2］死亡した児童・生徒に卒業証書を授与した学校・園の割合

校種	幼稚園	小学校	中学校	高等学校	特別支援学校
授与率	66.7%	33.3%	59.1%	2.9%	0%

出所：筆者作成（2020年）.

［表2-3］死亡した児童・生徒への卒業証書授与の年別人数

年	幼稚園	小学校	中学校	高等学校	合計
2011年	1人	2人	5人	−	8人
2012年	0人	4人	20人	1人	25人
2013年	1人	10人	11人	0人	22人
2014年	0人	0人	0人	0人	0人
2015年	0人	1人	0人	0人	1人
2016年	0人	1人	0人	0人	1人

＊2011年3月11日に発災したため，小学校では卒業式を中止した学校がある.
中学校においても震災当日の午前もしくは午後が卒業式であった学校があり，実施の有無が分かれる.
高等学校では，震災以前に卒業式が終わっているため，3年生の犠牲はなかったと捉えている場合（学籍上は3月31日まで在籍）もあった.
出所：筆者作成（2020年）.

あったが、第二次調査を合わせると七割を超えた。予想していたより多くの協力が得られたことは、本調査の意義が支持されたことと考えられるが、一次調査の二〇一三年時点では調査に回答する余裕がなかったことがうかがわれる。また震災による学校の廃校・統合により回答が得られなかったり、学校管理下における児童生徒の死亡について問題を抱えており回答に至らなかった例がある。

校種ごとに授与の割合を見ると表2−2のとおりである。

幼稚園、小学校、中学校に比べ、高等学校と特別支援学校が著しく低いことがわかる。学校と地域との距離の近さ（物理的のみならず心理的にも）によるのだろうか、それとも設置主体の違いによるのだろうか（幼稚園、小学校、中学校は地域の市町村が設置。高等学校や特別支援学校は県が設置している。今回の調査では仙台市が設置している高等学校等は対象にしていない）。

また未回答の学校においても授与が行われたことがわかっているため、実際の授与はより多いことが推測される。

授与した年

死亡した児童生徒へ卒業証書を授与した年は、震災二年目の二〇一二年から六年目の二〇一六年までにわたっている（表2－3）。このことに注目してほしい。幼稚園では三年目、小学校では六年目、中学校では三年目まで授与が続いたことは、それぞれの校種の修業年数と同じである。すなわち死児が、生きている児童生徒とともに「進級」して「卒業」している。

授与した証書の形式

生きている生徒に授与したものと変わらないと回答したのは中学校一校のみであった。それ以外はすべて「台帳番号」を記入していないと答えている。卒業生の情報が記載され、学校に永年保存される卒業生台帳と連動する台帳番号が記載されていないということは、台帳に記載されていないことを示すと言っていいだろう。授与される「卒業証書」は、卒業を証明する公的文書ではなく象徴的なものだと言える。

授与の発案者

調査前、筆者は卒業証書の授与は遺族の強い要望に学校が応えたものと考えていた。しかし調査の結果は、むしろ学校が主導して遺族に提案していたことがわかった。発案者を質問した表2－4では複数回答を認めたため、実際にはすべてのケースで教員にもチェックがついていた。このことは、学校側にも卒業証書を授与する必然性があったことがうかがわれる。

授与の理由

最も多かった回答は、「一緒に卒業させたい」という理由である（表2－5）。「遺族を慰める」ことより、死児を中心に考えていたことがわかる。

各校種ごとに自由記述の一部を紹介したい。

・幼稚園

「両親は家族五人のうち、祖母、子ども二人の三人を失い、深い悲しみの中にいた。園行事に両親で参観に来られ、『そこに子どもがいる気持ちになれるから』と話した。職員全体がとても重い二年間だった。『忘れてほしくない』両親のつらさを想うとぜひ修了証書を出してやりたかった。幼稚園での生活の場面を思い出し、ここにみんなと一緒にいたことを修了の証として授与させていただいた」

「人は皆、永久欠番。同じ時を共に生き、在籍したことを大切にしたかったから」

・小学校

「児童の冥福を祈る気持ちから。残され

［表2-4］誰が卒業証書授与を発案したか　（単位：校，複数回答あり）

	小学校	中学校	高等学校
教員	5	7	1
遺族	2	2	
遺族以外の保護者			
教育委員会	1		
その他			

出所：筆者作成（2016年）.

［表2-5］卒業証書授与の理由　（単位：校，複数回答あり）

	小学校	中学校	高等学校
追悼する気持ち	5	4	1
一緒に卒業させたい	4	7	1
遺族の要望		1	
遺族を慰める	2		1
児童・生徒の要望			
学校として必要	2		1
前例があった			

出所：筆者作成（2016年）.

た親族への慰めとして。亡くなった児童のことを忘れない学校の姿勢として」

「運営会議で各校の実情をもとに話し合った。保護者（児童の親も津波で亡くなり、祖父母）の意向を伺ったところ、ぜひ卒業式に参加したいとのことだったので、卒業式で卒業生の分が終わってから授与した」

「保護者と学校の思いが一致したため」

「保護者（遺族）の気持ちを大切にするため」

「卒業学年の保護者からの要望があったため」

「本校に在籍していた児童であることに変わりがない」

・中学校

「①管理下内の死亡で、本来なら卒業するはずだった。②遺族に提案したところ、快く承諾してもらった。③震災で転出した子も含めて、生徒たちも一緒に卒業することを望んでいた」

「死んだ生徒も他の生徒同様に、卒業を祝ってあげたい」

「一緒に卒業させたいという思いがあったため」

「中学校の教育課程を修了したと判断したため」

「亡くなった生徒が、この○○中学に在籍していた証として」

「残された祖父母の心情を慮《おもんぱか》るとともに、同級生の思いを受けて」

「保護者の願いを受けて」

「震災で亡くなったので（親族に配慮して）授与した」

授与しなかった理由

授与しなかった理由も重要であるので、紹介したい。

・小学校

「保護者も一緒に亡くなっていて、受け取る方がいなかった。同級生が、その子の死について動揺することが考えられるので、あえて卒業式に証書授与ということはできなかった」

「すでに保護者は他県にいるため」

・中学校

「・三年生に進級させていなかった。・保護者から申し出がなかった。・学校として追悼の碑をたて、毎年追悼する予定だから」

「(二〇一二年は震災)発生から一年しか経過しておらず、状況が安定しなかった。学校管理下ではないとしても、生徒が犠牲になったことを参加者全員で受け入れることに抵抗感があったように思う。ただし保護者には参列していただき、卒業アルバムを差し上げた」(二〇一三年度は授与)

・高等学校

「死亡した時点で学籍がなくなったから」

「卒業年度に本人の学籍がないため」

「除籍されていたため」(「本校では亡くなった生徒に対しては、黙禱《もくとう》を捧げることを行っている」との追記あり)

「①卒業証書授与の対象とはならないこと。②遺族の心情を考えると授与することの是非に多々ある疑問が残ること」

「本校は単位制高校であり、卒業要件を満たす単位を取得していないと卒業できないため」
「保護者の意向を直接伺ったわけではないが、その心情を考えて『そっとしておくべき』という判断があった」
「遺族の方の精神状態を鑑み、学校側から『卒業証書を授与したい』といった旨の連絡、相談をすることが難しいと判断したため」

追悼碑を建立し、毎年追悼式を行うという慰霊の行事を実施することによって、あえて法的に問題がある卒業証書授与の必然性がなくなったと見ることもできる。「黙禱」も慰霊の儀礼と言えよう。

高等学校では、死亡して学籍を喪失したことを授与しなかった理由に挙げていた学校が多かった。原則的ではあるが、法に則った判断と言える。また「保護者・遺族の気持ちを慮って」授与しなかったとの記載も複数見られた。「慮って」授与した場合と、そうでない場合に分かれたことも、この問題の複雑さと困難さを表していると言える。授与しても、授与しなくても、そこに葛藤があったことがわかる。

授与の前例

特別支援学校を除くすべての校種で、死亡児童生徒へ卒業証書を授与した前例があった。前例の記載があった幼稚園、小学校、中学校の一三校のうち、一一校で授与があった。このことは授与を決めるにあたって、前例の有無が判断に影響を与えたことが示唆される。

前例における死亡原因は、病気・事故・犯罪被害などさまざまであったが、東日本大震災にかかわる報道で、犠牲となった児童生徒へ授与しているニュースを見たことも挙げられていた。今回の調査で比較的多くの授与が見られたのは、こうした同一災害による対応が「前例」とみなされたこともあるだろう。

調査のまとめ

①幼稚園、中学校では六割程度、小学校では三分の一の学校で授与が行われていた。調査票が返送されなかった学校でも授与が行われており、実態はこれを上回る。

②授与は、死児が生きていれば卒業したであろう年に行われていた。

③授与は学校が発案・主導し、遺族に提案していた。

④授与の理由は、「遺族を慰める」より「死児を一緒に卒業させたい」が最も多く見られた。遺族の癒しより、死亡した児童生徒の慰霊が優先的に考慮されたことが推察できる。

⑤授与された証書は台帳番号が記載されていなかった。このことは証書が象徴的な意味であることを示す。

⑥前例のある学校では授与に至ったケースが多い。メディアによる報道も授与の判断に影響を与えている。

3　おわりに

3－1　民間信仰と通じる心性

「死んだ子どもの年を数える」という諺《ことわざ》がある。生きていればこの桜の下を卒業しただろう、と追慕する心情は、非業の死を遂げた子どもの関係者が等しくもつものかもしれない。人生の半にも達しない子どもの死は、とくに関係者に痛切な思いを抱かせる。

写真2－4を見てほしい。死んだ子どものために親が奉納した石地蔵の群れである。親たちは自らの子のために地蔵像を建立し、毎年衣裳を着せ替え、化粧を施し、ランドセル、ボール、バット、運動靴、リコーダーなど学童が必要なものを供えている。ここは青森県津軽地方の川倉地蔵堂であるが、寺院の施設ではなく、(6)地域住民

［写真2-4］川倉地蔵堂（青森県五所川原市）
撮影：筆者

が管理しており、盆踊りが行われるなど民間信仰の中心的な場である。生者の数よりはるかに多い石地蔵の存在感は圧倒的で、堂内の私たちに息苦しさを感じさせるほどである。ここでは死者の生への情念が満ち満ちている。

別棟の水子地蔵堂には「花嫁人形・花婿人形」が多数奉納されていることでも知られている。未婚のまま亡くなった子どもが、生きていれば「適齢期」に達すると、男児には「花嫁」、女児には「花婿」人形が奉納される（写真2－5）。人形には、ビールやお酒が供えられ、時には「子ども」が生まれている。架空の配偶者には、架空の名前が付けられていることが多い。死児はここで、生者と同じように学校に行き、学び、遊び、青年となり、結婚して、親となるというライフサイクルを送っているのだ[7]。こうした習俗は一見異様に映るだろう。しかし、遠い過去のものでも、東北地方に特有のものではない。東京の靖国神社や地方の護国神社には、今も結婚することなく戦死した兵士への花嫁人形が奉納されている。全国各地の交通事故現場に建立された「安全地蔵」や、各寺院の境内に散在する水子地蔵などには玩具や菓子の供物が絶えることがない。こうした習俗に馴染みがない人であっても、地蔵や人形を見てその意味を理解することは困難ではない。合理的な理性と非合理な宗教的心情とは、現代人においても、とくに意識することなく共存していると言える。死児が生者同様に成長して生きているという感覚は、私たちが持つ集合的無意識[8]なのかもしれない。

3-2「慰霊」はなぜ行われるのか

未来ある子どもが人生の歩き始めで非業の死を遂げる、それは生き残った人々に痛恨の思いと、強い後悔の念を引き起こす。自責の念は自分が生きていることを喜べず、時には自殺の原因ともなる。いわゆる「サバイバーズ・ギルト（Survivor's guilt）」である。しかし同時に、不幸な死者が「浮かばれない霊」となり、生き残った人々を羨み、妬み、場合によっては「祟る」のではないか、という漠然とした「不安」が生じるのを私たちは禁じえない。よくある「学校の怪談」は、こうした心性によって作られるのだろう。非業の死を遂げた子どもをあたかも「怨霊」であるかのように扱うことには、一種の後ろめたさを感じるため、このことが公言されることは少ないが[9]、多くの人が無意識にこうした不安を抱えている。この不安をおさめる手段として「慰霊」は欠かすことができない。しかし、どうすれば死児の魂を安らかにすることができるのだろうか。

死児の霊を慰め、鎮め、あの世へ無事に送る（「成仏」させる）という行為は、「合理的」でも「科学的」でもない。言い換えれば科学や合理性では対処することができない。そこで、魂の永続や死後世界に関する世界観を持ち、儀礼や供養を通して死者をケアすることができるとされる合理性を超越した「宗教」が求められる［大村 2014 ほか］。行政の主催する非宗教的「追悼式」であっても、宗教的要素は払拭しきれていない。死者の「依代《よりしろ》」である標柱を立て、死者を悼み、その霊の安らかにならんことを祈る「祈り」という宗教の根幹となる行為は、「黙禱」として儀式の中心部分を占めていることからもわかる。死者に何かを働きかける行為は、宗教的とならざるをえないのである。

［写真2-5］花嫁人形
撮影：筆者

［写真2-6］聖ルチア（イタリア，シエナ国立美術館）

この「慰霊」は、死者の魂を慰め、不幸をもたらさないように鎮めるだけではない。さらに死者をして生者の「守護者」とならしめることができる。

東京の地下鉄の駅に「水天宮前」がある。ここには安産や水難除けのご利益があるとする水天宮が鎮座する。全国の船乗りが信仰する神社であるが、祭神が誰かをご存じだろうか。実は源平合戦で平家とともに壇ノ浦に沈んだ「安徳天皇」とされている。水によって死を余儀なくされた幼帝が、祀られ供養されることによって水難除けの神となっているのである。同様のことは近代でも起きている。一二〇年前、コレラに感染して殉職した警察官の増田敬太郎が保健・学問の神として、「巡査大明神」（佐賀県増田神社）として祀られているのだ［西村2013］。

死者が受難の原因を転じて、その災厄の守護者となるというのは日本だけのことではない。西洋でも見られる現象である。例えば聖ルチアという聖人がいる（写真2－6）。四世紀初め、少女ルチアはキリスト教信者となったために、目を抉《えぐ》られる拷問を受けて殉教したとされる。聖ルチアの肖像画は、両眼を載せたトレイを持った少女の姿で描かれる。そして彼女は眼病を患う人、眼科医の守護者となった。同様に三世紀頃、アポロニアはペンチで歯を抜かれる拷問を受けて殉教したとされる。聖アポロニアは、ペンチを持った姿で描かれるが、歯痛に苦しむ人や歯科医の守護者となっている。やはり三世紀の少女アガタは、拷問によって両乳房を切断されたという。彼女の肖像はトレイに載せた両乳房を持った姿で描かれる。皿に載った乳房の形から鐘作りの職人の聖人となったのである。このように少女たちは非業の死を遂げたが、その受難を転じて守護者となっている。聖人伝を繙《ひもと》くとこのような例は枚挙にいとまがない。キリスト教の神、イエズス自身、無実にもかかわらず十字架にかけられ刑死したとされている。その刑具である十字架が救済のシンボルとされているのだ。子どもや子どものように無垢な人が非条理な死を迎えたとき、残された人は自責の念、サバイバーズ・ギルトに苦しむことになるが、慰霊を行うことによって、災難を転じて守護者と祀りあげるというのは、やはり普遍的な心性と言ってもよいだろう。生者にとって都合のよい解釈であるが、生き残った者の罪責感を解消するにとどまらない効果が期待される。災害の慰霊碑や、慰霊のために製作された像などが、災害を防ぐ祈りの対象となるのも同じ心性によるのだろう。

かくして慰霊は死者を記念し、慰め、祀り、無念を無害化し、さらに守護神化する効果があると言うことができる。しかし筆者は、「死者の記念」とともに、「死者を忘却」する働きが慰霊にはあると考えている。災害に遭いながら幸いにも生き残ったとしても、非業の死を遂げた死者を思い、サバイバーズ・ギルトに苛《さいな》まされる人生は、不安と罪責感で決して穏やかな人生とはならないだろう。生き残った者がいつまでも死者に囚われているならば、その人自身の人生を生きることはできない。死者を記念する慰霊の儀礼は、その日に集中して死者の記憶を再確認し、死者と向き合い、死者を悼むことによって、慰霊の日以外には死者の束縛から逃れることが可能とする。言い換えれば、死者を忘れて日常生活を送るために、日を定めて慰霊の儀式を行うのである。

こうしたことからも慰霊は、残された生者のサバイバーズ・ギルトを軽減し、生者の不安を払拭し、死者を忘れ、生者が現実を生きるために不可欠な非合理的行為であり、宗教的行為であると言うことができる。

公立学校において、宗教的活動が厳しく制限されるなか、法的根拠を欠くにもかかわらず、死児に卒業証書を授与して学校から送り出す行為が行われるのは、宗教的慰霊に代わる重要な行為であるから[10]だとすることができる。学校においても災害という非日常から日常を取り戻すために慰霊が不可欠なのである。

慰霊などの「非合理」な行動は、生き残った人の心理に働きかけ、これからの人生を不安なく生きることができるという、ある意味で「合理」的な効果をもたらしていると言えよう。

付記

本研究は、文科省科学研究費補助金基盤研究（C）二〇一二、代表：大村哲夫、課題番号24520906、同じく基盤研究（B）二〇一二、代表：松島公望、課題番号24330185、基盤研究（C）二〇一五、代表：大村哲夫、課題番号15K02052の助成を受けた。

註

（1）例えば、読売新聞「宗教意識調査」二〇〇八年五月三〇日付朝刊。

（2）祭壇奥に建てられている慰霊碑には、「惜命碑」とある。

（3）幼稚園児を幼児、小学生を児童、中学生や高校生を生徒と呼ぶが、本稿では全体として「児童生徒」としている。

（4）日本国憲法第二〇条三項には「国及びその機関は、宗教教育その他いかなる宗教的活動もしてはならない」とある。教育基本法第九条二項でも「国及び地方公共団体が設置する学校は、特定の宗教のための宗教教育その他宗教的活動をしてはならない」とあり、公立学校における宗教的活動は厳しく禁止されている。

（5）学校教育法施行規則第五八条に「校長は、小学校の全課程を修了したと認めた者には、卒業証書を授与しなければならない」とある。この規定には、中学校、高等学校、特別支援学校、大学などにも準用規定がある。

（6）組織宗教の教導によらず、民間人の素朴な信仰の反映であることがうかがわれる。

（7）「親」となった以降に関わる奉納や供物は見られない。死児の成長は親となるところで終わるようである。「親となって一人前」ということだろうか。結婚をすること、子をもうけることで「成仏」したとみなされていることが示唆される。

（8）分析心理学の用語。Collective unconscious 普遍的無意識ともいう。個人的ではなく、人類に普遍的な無意識で、個人の心の真の基礎とされる（河合隼雄『ユング心理学入門』）。

（9）調査票への回答では、死児の祟りを恐れてなどの記載は見られない。しかし、口頭の聞き取りでは、「成仏してほしい」などの表現が聞かれた。

（10）ただし調査票からは、宗教的行為であると認識しているとの記載は見られなかった。無意識に卒業証書授与が選択されたのだろう。「学園葬」や「追悼ミサ」という宗教儀礼で慰霊を行うことができる宗教法人立の私立学校と違い、意識的に宗教的儀礼を行うことに抵抗があると考えられるからだ。

文献

大村哲夫［2013］「死者が卒業するということ――東日本大震災における慰霊と癒し」、『文化』七七（一・二）：三二―五二

大村哲夫［2014］「心のケア・ワーカーとしての宗教者『臨床宗教師』とは何か？――臨床心理士との比較から」、『東北宗教学』一〇：一―一七

大村哲夫［2016］「東日本大震災の被災地から見る日本人の宗教性――非業の死を遂げた子どもへの慰霊をめぐって」、松島公望・川島大輔・西脇良編『宗教を心理学する――データから見えてくる日本人の宗教性』誠信書房

大村哲夫［2018］「スピリチュアル・ケアとしての在宅緩和ケア――臨床宗教師の可能性」、『論集』四五：七一―八六

大村哲夫［2019］「臨床宗教師ならではのケア――宗教的ケアとスピリチュアルケアのはざまで」、『東北宗教学』一五：二六三―二八四

瀧口俊子・大村哲夫・和田信編［2021］『共に生きるスピリチュアルケア――医療・看護から宗教まで』創元社

西村明［2013］「殉職警官の慰霊と顕彰――『巡査大明神』増田敬太郎の場合」、村上興匡・西村明編『慰霊の系譜――死者を記憶する共同体』森話社

Ohmura, Tetsuo [2020], "Exploring Japanese Religiosity after the Great East Japan Earthquake of 2011: Memorializing Tragic Deaths of Children," in Masami Takahashi ed., *The Empirical Study of the Psychology of Religion and Spirituality in Japan*, San Antonio: Elm Grove, pp. 37–56.

Saito, Chizuko, Tetsuo Ohmura, Hiroshi Higuchi and Shizuka Sato [2015], "Psychological Practices and Religiosity (*Shukyosei*) of People in Communities Affected by the Great East Japan Earthquake and Tsunami," *Pastoral Psychology*, 65: 239–253. DOI 10.1007/s11089-015-0685-x

第三章

破壊と復興の狭間で

——東日本大震災メモリアル・ランドスケープの過渡性について

セバスチャン・ペンメレン・ボレー
Sébastien Penmellen BORET

1 はじめに

二〇一一年三月一一日の大震災以後、日本の東北地方の荒廃した海岸線には、木製の仮設の柱から黒花崗岩《かこうがん》製の立派な建造物に至るまで、数多くの震災モニュメントが出現した。その中に死者の魂のための石碑（慰霊碑）がある。慰霊碑は、犠牲者の遺族、生存者、その他訪問者が訪れて両手を重ね（「手を合わせる」）、死者を悼む儀式のための場となる。本研究では、津波の発生後、数年間にわたって悲嘆や大惨事の記憶、連帯の表明、復興への希望、被災地域の安全対策のための中心的拠点となったこれらの場所について調べた。本章は、こうしたメモリアル・ランドスケープ（memorial landscape）の本質を理解することを目指している。宮城県名取市の沿岸部にある閖上《ゆりあげ》地区の壊滅的な被害を受けた地域の犠牲者のために、公式／非公式の震災メモリアルが構築され変容するに至った政治的、文化的プロセスを検証する。そして無人となった土地に建てられた公的／私的な「手を合わせる場所」で、どのように犠牲者の記憶が刻まれるようになっていったのかを明らかにする。本研究は、コミュニティにとってこうした慰霊の場が、震災の前と後をつなぐ連続体として、また分岐点としても機能するような動的なランドスケープ（風景、景観）を形成していると結論づけるものである。

二〇一一年に日本の東北地方の海岸線全体を何階分ものビルの高さの津波が襲った様子を映した空からの映像を、世界中の人々が覚えていることだろう［NHK 2011］。マグニチュード九・〇という歴史的な大地震による激しい揺れは、その後数週間にわたって日本の本州に大混乱をもたらした［Ogawa 2015; Sherriff ed. 2011］。被災地に救助に向かった自衛隊員は、凄まじい破壊や犠牲者のことが今でも目に焼き付いているかもしれない［石井 2013; 山本ほか 2013］。沿岸地域の犠牲者は、自宅が潰され、町が流される光景を見て苦しんだ。多くの人々が自分の家族を捜していた［Kimizuka 2012; Nakamura 2012］。ボランティアとして東北に行く決心をした人は、点在する緊急避難所で被災者が生活し、戦時のようながれきが残る、破壊され無人となった光景を決して忘れられないだろう。

津波による被害は甚大だった。死亡者一万五〇八三名、行方不明者三九七一名、避難した人は四七万人にのぼり、震災被害額は推計二一〇〇億米ドル（約二四二億円）であった［Ranghieri and Ishiwatari eds. 2014］。記録的な被害額は、福島第一原子力発電所の原子炉のメルトダウンに起因する。ねずみ色のコンクリートブロックに立ちのぼる煙に、世界中の人々はチェルノブイリ事故の再来という悪夢を見ているかと思ったことであろう［Perko et al. 2019; Valaskivi et al. 2019; CBS/AP 2011］。

津波後、東北地方の海岸線は何もない状態となり、すべてを一からつくり直さねばならなかった。国や地方自治体は、帰還者や新参者にとって安全で魅力的な環境を提供する、新しいまちづくりの青写真を設計する必要に迫られたが、復興計画をめぐってはしばしば対照的な意見の間で激しい議論が起きた。最も象徴的な論争の一つが、巨大な堤防の建設に関するものであった［Littlejohn 2020］。そして復興計画は、民間の住宅施設を高台に移転させ、地域全体の土地を嵩上げすることから成り立っていた［Ubaura 2017］。だが、こうした決定は、住民の意思を十分に反映したものとはいえず、また、これらの地域社会は存在そのものが、人口減少や高齢化、不景気、将来の災害リスクなどにより消滅の危機にさらされていた。

政治家たちが復興計画を議論している間、住民たちは、亡くなった人々の追悼を行おうとしていた。彼らの集団的体験と甚大な死者数は、ほどなくして、メモリアル・ランドスケープの中に形として示されることになった。こうした場所には、花、飲料、線香が供えられた仮設の祭壇や廟、木製の柱、それに立派な菩薩像が見下ろす黒花崗岩製の堂々たる構築物などがある。

公式の震災モニュメントは、いくつかの主要なカテゴリに分類される。[1] 一つ目のカテゴリ（記念碑）は、災害の集合記憶を全体として保存する。二つ目のカテゴリ（慰霊碑、塔婆《とうば》、個人祭壇）は、より具体的に、死者の魂に捧げられている。慰霊碑等は、生者と死者とをつなぐ接点となるセノタフ（cenotaph）、すなわち遺体が実際に埋葬されていない空墓である。そこは、犠牲者の遺族、生存者、その他訪問者が両手を重ねて悲しみを表し（「手を合わせる」）、死者を悼み、生きるために連帯して、悲惨な出来事を思い起こす儀式の場となる。本稿では、フィールドワーク中に得た情報提供者の表現にならい、「手を合わせる場所」と表記することにする。震災直後の時期、「手を合わせる場所」は、被災地での多くの社会活動が行われる数少ない中心拠点の一つとなった。震災モニュメントは、単なる「記憶を助ける装置」ではない。そこは、生者と死者、生存者と訪問者、過去と現在とを結びつけ、連帯と社会の再生とを明確に表明する「絆を形成する場所」であった［Boret and Shibayama 2018］。本稿で重視する点は、「手を合わせる場所」をそれ自体単体で研究対象とするのではなく、記念化というより広がりのあるメモリアル・ランドスケープとの関連において研究すべきだと論じていることである。

メモリアル・ランドスケープにおける破壊と復興との間の識閾《しきいき》、あるいは「中間的」な時間および空間について報告した調査はほとんどない。東日本大震災のモニュメントに関する重要な研究が行われたが、これらの研究は主に一つの場所、または瞬間の出来事について論じられたものである［鈴木 2013; 小林ほか 2015; 佐藤 2018］。津波によって閖上地区の土地が流された後の再建には、非常に長い時間がかかった。すぐに再建された施設は、日曜日の朝市などごくわずかだった。それすら、運河の東側は住宅地には不適合と言い渡され、産業、商業活動に制限された。閖上の土地は二〇一一年から、大規模な復興が開始される二〇一六年、二〇一七年まで、無人状態が続いた。メモリアル・ランドスケープの大半がつくられたのは、こうした識閾としての時間と空間の中でのことであった。

本稿では、震災後の日本で、メモリアル・ランドスケープの創造と変容のプロセスに弾みをつけた社会文化的要因を明らかにしていく。ここでは次の問いを立てた。メモリアル・ランドスケープは、二〇一一年の津波以後、いつ、どのように形成されたのか。その創造は、具体的な地域の実情にどの程度由来しているのか。記念化の地理的環境は、地域社会の復興プロセスの中でどのように発展していったのか。筆者は、これらの問いに答えることで、民間による記念化と公共の記念化の間にある緊張、国と宗教関係者との溝、そして都市と市民との関係、慣習と革新との関係について論じる。

本章は、一つの被災地における数年間の参与観察から得られたものである。筆者は、被災者グループが運営する喫茶スペースに足を運んだ。そこで、地元の人々、ボランティア、市の職員、訪問者・観光客、学者や学生、宗教指導者らに出会った。読者にこのランドスケープを経験してもらうため、本稿はオートエスノグラフィ［Hayano 1979］として書かれている。本稿内の複数の箇所で、語り手あるいは「私」が登場するのは、メモリアル・ランドスケープに読者を引き込むための文章技法である。また、エスノグラファー（著者）は、モニュメント（慰霊碑）建立の要請活動を支援する個人的な関わりを調査に活用している。本調査では、情報提供者の声は幾分抑制されてはいるものの、内容的には忠実なままであり、フィールドワーク中に収集したデータに完全に基づいている。

本稿の前半では、名取市閖上地区の被災地域と、そこでの東日本大震災の体験を紹介する。また、閖上に津波発生から二年後につくられた「手を合わせる場所」の概要を説明する。後半では、死者のための三つのモニュメントにまつわる条件や政治的駆け引きについて検証する。このメモリアル・ランドスケープが変容していくプロセスを確認し、追悼をめぐる駆け引きに関する考察を行う。そして、宗教、文化、記念化の政治性、日本における永久性の表象について論じて、本章を締めくくる。

2 東日本大震災の余波

閖上地区は、東京から北へ四〇〇キロメートルほどの場所にある名取市の風光明媚な海岸地方である。閖上の歴史は、ある武士が菩提寺を建立した一七世紀までさかのぼる。鉄道の駅、銀行、病院、さまざまな商業施設がある漁業の町として栄えた後、一九五五年に名取市に併合された［名取市史編纂委員会編 1977: 381］。戦後は、仙台通勤圏として人口が増え、新たに住宅開発が行われた。閖上地区の震災前人口（二〇一一年二月末時点）は、二二五一世帯、七一〇三人あり、(2) 多様な住民層が住む地域へと発展した。漁業は衰退したものの、漁港は引き続き町のアイデンティティの大きな要素を占めていた。港は多くの観光客を引きつけ、日曜日の朝市、浜辺、サイクリングコース、その他の祭りなどは多くの来場者で賑わった。

三〇〇年に及ぶ歴史において、東日本大震災とその津波以上に閖上に影響を与えた出来事はない。(3) 地震発生から一時間六分後の一五時五二分、高さ一〇メートルを超える最初の波が閖上の海岸線を襲った。泥水の壁が海岸沿いの松林の先端に達し、数キロメートルにわたって流れ込んだ。その勢いは、数キロメートル先の内陸にある高速道路まで来てようやく止まった。津波はその後も数回続き、二回目の津波は、閖上に沿って流れる名取川の入り江から押し寄せた。ほとんどの被害がこれらの津波によって引き起こされ、家が流され、がれきが海岸と内陸地域とを行ったり来たりした。一帯は数分のうちに、倒壊した家屋、自動車、樹木、船などの散乱する泥だまりとなった。当時の映像には、津波がどこから来ているのかもわからないまま、助けを求めて必死で車を運転する人々が映っている。合計で七五四人が命を落とし、現在も四〇人が行方不明のままである。被害を比較することは不可能だが、閖上における破壊の規模は、同地区を二〇一一年の津波による被害が最も大きかった地域の一つにしている。

私が初めて閖上地区を訪れたのは、二〇一三年三月八日、二回目の震災追悼式が行われる数日前だった。私は、日本の民俗学および宗教学の専門家らと日帰りで被災地を訪れた。福島第一原子力発電所や仙台などの被災地を回った。主な目的地は、神社、寺、学校であった。こうした場所の多くに、津波犠牲者のためのモニュメントがあり、私たちはそこでささやかな儀式を行って哀悼の意を表した（写真3－1）。教授の一人は、追悼する犠牲者の魂を呼ぶためにほら貝を吹いて儀式を始めた[4]。そこで表現されるものは悲しみであるにもかかわらず、広大でむきだしで乾燥して荒れ果てたランドスケープ（あるいはメモリアル・ランドスケープ）の中にあっては、こうした慰霊碑は憩いの場にもなっていた。

　私たちは、その土地で最も古い、かつて最も栄えた地域から閖上に入った。建っている建物はほとんどなく、商店すらなかった。家々の一階部分は破壊されていたが、二階部分は壊れずに残っているようだった。当時の名取市長の家族が経営する日本酒の工場もあった。残っている建物は、病院、消防署、かまぼこ工場、老人ホー

［写真3-1］津波犠牲者を悼む場所（2013年3月）
撮影：筆者

［写真3-2］被災した寺と墓地（2013年9月）
撮影：筆者

ム、そして震災の象徴となった中学校だった。数百メートル移動すると、残りの閖上地区は無人のだだっ広い跡地となり、何もない土地の単調さを住宅用のコンクリートの基礎が紛らわしていただけであった。この土地の唯一の輪郭は、道路、河川、運河、水路、網目状の灌漑の形をとってもたらされていた。

　私は、閖上地区にある寺や墓地がこうむった損害の規模にとりわけ注目していた。閖上に二つある寺のうち、規模が小さい方の観音寺は完全に消滅していた。跡地でわれわれが目にしたのは、仮事務所の住所を記した僧侶によるメモと、がれきから回収されたいろいろな石像を組み合わせたものであった。東禅寺は、四方の壁と本殿の屋根が、かつてそこに寺があったことの唯一の証拠だった。寺を取り囲んでいた広大な墓地は破壊されていた（写真3－2）。多くの墓石が津波に流されて行方不明になり、回収できなくなっていた。納骨されていた遺骨が地表にむきだしになっていた。被害はあまりに甚大で、僧侶と檀家の人たちは墓地を「畳んだ」。彼らは、墓と死者の魂との絆を断つ儀式（「魂抜き」）を執り行った。これにより、墓を別の墓地に移すか、閖上に新たな墓地が完成するまで一時的に遺骨を納骨堂に納めることが可能になった。

　フィールドワークの初期の段階から、私は、墓地のことを断念するコミュニティを見かけなかったし、先祖の墓に見切りをつける人をほとんど見かけなかった。がれきの中から数個の石を回収して古めかしい墓を復元したり、まったく新しい墓を建てたりする人が多くいた。私は、ある高齢男性とその義理の息子が、数百キログラムの墓石を運んでいるのを見かけたことがある。彼らは、簡素な天秤棒に墓石を載せ、各々の肩で棒の両端を担いで、元の埋葬地へ運んでいるところだった。被災者は、自ら墓を回収したり、一時的に保管したりして、寺や地元の自治体が元の場所あるいは新たな場所に墓地を再建するのを待っていた。閖上の墓地における特殊な状況は、集団的トラウマが非常に深刻であり、慎重な調査が必要であることを示唆していた。

3 私有地、庭、個人祭壇

復興事業が始まるまでの期間、閖上の被災者は、戻る場所をほとんど持たなかった。家屋の残骸はわずかなコンクリートの基礎だけである場合がほとんどで、ところどころ、玄関に通じる階段が残っていたり、あるいは、トイレや風呂場の床のタイルが残っていたりする程度だった。別の地域では、階段、玄関、風呂場の残骸などから、家のレイアウトをまだ見分けることができた。時間の経過とともに、泥や砂がこれらの残骸を覆った。大切に育てられていた花壇や菜園は、外来種の草や雑草に置き換わった。荒廃と、ぞっとするような雰囲気から成るこうした景色は、被災者のトラウマと過去の生活への郷愁の念をいっそう強めるだけだった。

被災者たちは、かつて自分たちの家が建っていた場所で、小さな菜園や花壇を耕した(5)。明るい花々は、不在や喪失とは対照的である。その場を美しく、生き生きともさせる。これらの花々について、ソーシャルメディアに次のようなことを書き込む人もいた。「今にも雨が降り出しそうな閖上。／本日は夏を超えても頑張ってくれている花達に液体肥料を注入しました。／冬が来るまでの僅かな期間ですが、もう少し元気でいてもらいましょう(6)」。また、春が近づくと、別の人は次のようなことを書き込んだ。「春に向かって／一一月二四日に『閖上花いっぱい運動』で植えた球根たちが少しずつ少しずつ芽を出してきました。／寒さ厳しいのもあと少し。／花が咲くのを楽しみにがんばろう(7)」。この地区は復興が進むのをじっと待っていたため、時間の経過を刻印することが欠かせない。閖上はある意味において、時間が止まった境界の中に閉じ込められていた。

花壇は、所有地の境界を定め、私有地と公有地とを分離するためにも作られた。例えば、「お茶飲み場」（後述）のある常連客が、種や球根の植えてある花壇に足を踏み入れたことがあった。テラスのオーナーは彼にこう言った。「（来春に）チューリップが咲かなかったらあなたのせいだよ！」。チューリップは春に咲く花である。花々は季節を知らせ、それゆえ時間を知らせるものである。

外から来た人が誰かの土地に入って用を足していた、という話はよく聞いた。不注意にたばこの吸い殻やゴミをポイ捨てしたり、招かれざる者が土地に足を踏み入れたりもした。最初に会ったとき、彼の娘は祖父母の家があった土地の周囲に花を植えていた。彼女は、人が床の上を歩いたり、敷地内に車を止めたりするのをやめさせるために植えている、と話していた。

手の込んだ庭園のような配置は、定期的に訪れて所有、目的、生活の感覚を保つことで生まれたものであった。被災者の中には、豆、サラダ野菜、きゅうりなどの野菜を育てている人もいた。私的な庭や個人祭壇は、閖上の被災者にとって、自分の土地と再びつながり、悲しみを癒やし、帰還の希望を表明する手段だったと言えるかもしれない。それらは、豊穣と存在とが続いていることの証拠であった。

［写真3-3］津波の犠牲者のための私的な祭壇（2013年9月）
撮影：筆者

被災者は、所有地の中に、親族の死を悼む私的な個人祭壇もつくっていた。小さな祭壇が、土地の入り口あるいは基礎の中央につくられていた。その配置は、墓地で見たものに似ていた。主な要素は、花、ケーキやお菓子、缶飲料やペットボトル、線香など、さまざまな供物を入れるための容器だった（写真3－3）。そこは、両手を合わせて死者とつながるための場所だった。ある夫婦は、亡くした赤ん坊を祀っていた。赤ん坊は祖父母とともに流されたのだった。この仮の個人祭壇は、ベビーベッドがあった場所につくられていた。この夫婦は、昼夜平分の「彼岸」の日にやってきた。彼岸には、死者のための仏教儀式が執り行われ、死者を思い出しながら花が手向けられる［日本経済新聞 2012］。

次に、私たちは日和山《ひよりやま》という小高い丘を訪れた。日和山は津波後、閖上の中で最も訪問者が多いランドマークとなった（法華山とも呼ばれる［鈴木 2013: 157］）。日和山は一九二〇年につくられ、高さは六・三メートルである。その名前は「太陽がふりそそぐ」その働きに由来している。地元の人は、漁船の帰港を確かめたり、天気や海の状況を監視したりするために、よく頂上に登った。日和山は、宗教儀式を行う場でもあった［鈴木 2013］。芸と美の女神、富主姫《とみぬしひめ》を祀る神社の本拠地である。第二次世界大戦の死者の名前を刻んだ慰霊碑、「戦死者を記念するモニュメント」（忠魂碑）(8)など、戦死した兵士を祀った三つの石碑もあった。私の主な情報提供者の一人は、日和山に登って戦死者慰霊碑に祈りを捧げていた。石碑には彼の祖父の名前が刻まれていたのだ。しかし彼は、祖父にのみ祈りを捧げたりつながったりしていたわけではない。この石碑は、彼の妻と子どもたちの個人祭壇の役割も果たしていた。彼らの霊のために祈る場所を、彼は他に持たなかったのだ。

高さ数メートルの津波によって、日和山は大きな被害を受けた。富主姫神社は破壊された。戦死者の慰霊碑を除き、津波で倒壊した。山の斜面に植えられていた木々は根こそぎ倒れ、鳥居と、頂上に続く手すりも倒壊した。津波後、富主姫神社を再興するために新しい社殿が再建された。新しい木製の鳥居が、登りやすくするための新しい手すりと一緒に設置され、のちに朱色に塗られた。

日和山の宗教的性格は、ボランティアや訪問者、そして一部の被災者らによる懸命な記念化の取り組みによって津波後も続いていた。死者のための最初の「手を合わせる場所」は、犠牲者の魂に捧げられた拝礼のための二本の木製の柱（卒塔婆《そとうば》）で、二つの仏教団体が建てたものだった。一本目は、二〇一一年九月七日に日蓮仏教の法華宗によって建てられ、二本目は、二〇一二年三月一一日に仏教系の新興宗教、立正佼成会によって建てられた［鈴木 2013］。その後、そこを訪れた人が、宗教像、香炉《こうろ》、折り鶴、その他の物を加えていった（写真3－4）。その他の記念塔には、桜の木、花壇、津波発生からの経過時間を示す石組みなども含まれる。礼拝のための柱、祭壇、その他宗教的事物は、特定の信仰や死の概念を表すよりは、間違いなく、祈ることを促し、生者と死者とがつながる場所を生み出すものであった。

4 NGO、死、記念

死者のための最初の慰霊碑は、閖上中学校に建てられた。初めてこの中学校を訪れたとき、私は、生徒の親から成る遺族会（後述）の代表を務めるヨシダさんに会った。彼女は、三月一一日の朝、中学校では卒業式が開かれていて、娘がそこに出席していた、と語った。卒業式の

［写真3-4］日和山からの眺望（2013年3月13日）
撮影：筆者

ために全校生徒が集まっていたが、生徒が下校した後、地震に襲われた。激しい揺れが起き、数分間、床に跪《ひざまず》いた。しかし街はまだ被害を受けていなかった。揺れが静まった後、一部の人々が、家族の無事を確認するため、あるいは家が被害を受けていないか確認するために自宅に戻り始めた。九・九メートルの高さの津波が今まさに押し寄せてきており、海水、泥、がれき、自動車、家屋を含む黒い壁が、三〇〇年の歴史を持つ地域を根こそぎにしようとしていることなど想像もしなかった。「津波だ！」、誰かが叫んだ。振り返ったとき、ヨシダさんの目に映ったのは、真っ暗な水平線と煙だけだった。津波と認識できたときには、娘と一緒に走って学校の外階段をのぼり、避難する時間しか残っていなかった。悲しいことに、彼女の息子を含む一四人の生徒が、走って逃げる途中で津波に流され命を落とした。

中学校の校舎は津波に耐え、八〇〇人以上の命を救った。浸水の痕跡は、壁やロッカーを覆う泥や天井に達した水の跡に残るだけだった。中庭には、数本の松が植えられ、石碑が置かれた花壇があり、石碑には学校の創立年度や校歌が刻まれていた。その周囲に、木製の卒塔婆、神々を象《かたど》ったいくつかの小さな像、犬や猫の人形、子どもくらいの大きさの風車などが置かれていた。通常は病気の回復を祈って作られるたくさんの折り鶴（平和の象徴）が、地域の早期復興を祈って玄関ホールに吊るされていた。

ヨシダさんと生徒の親らは、亡くなった一四人の生徒を悼む慰霊碑を建立するために遺族会を結成した。津波の後、彼女は定期的に中学校を訪れ、息子のために祈っていた。訪れる人がメッセージを残せるよう二つの机を置いたところ、多くの人々が訪れて、花や線香を手向けていることに気づいた。そこで初めて、ヨシダさんと他の親らは、記念のモニュメントをつくる必要性を感じた。慰霊碑の形、大きさ、シンボルを決めるのに三か月かかり、観世音菩薩（観音様）、聖母マリア、あるいはパンダというアイデアも出た。遺族会は、訪問者に伝えるべき文言についても考えた。最終的に、遺族会は、訪れた子どもたちが見て触れることのできる低いモニュメント、というアイデアを重視した。

［写真3-5］ 中学校の正面入り口にあった慰霊碑（右下）（2014年5月）
撮影：筆者

この石碑は、黒花崗岩の低いブロックでつくられ、机の形をしており、縁は滑らかで角は丸みを帯びている。やや傾斜した石の上面に、児童たちの名前が刻まれている。石の前面には、震災に関する最小限の情報（名称、日付、時刻）が書かれている。背面には遺族会の名称と建立日が書かれている。

このモニュメントのデザインは、記念化について、触れるというアプローチを提示している。子どもを亡くした親たちは、訪問者全員が亡くなった生徒たちの名前を読み、触れることを望んだ。繰り返し撫《な》でられることで、モニュメントに温かみが生まれ、石の冷たいイメージを超えられると考えた。これは、死者と子どもを亡くした親へのケアの一形態と見ることができる。この石碑はまた、児童たちの思い出の守護者としても建っている。親たちは、石碑を「存在の証明書」、つまり自分たちの子どもがかつて存在していたことの証明として残したいと、インタビューで複数回語っていた。遺族会の代表であるヨシダさんは、震災は忘れ去られるかもしれないが、亡くなった子どもたちの人生は忘れ去られるべきではない、と語った。

モニュメントの左横には、長机を使った間に合わせの祭壇が設置され、さまざまな供え物が置かれていた。モニュメントの右側には、二つの学習机が置かれ、亡くなった生徒たちへのメッセージが記録されていた（写真3－5）。最初の書き込みには、「閖上中の大切な大切な仲間一四人がやすらかな眠りにつける様祈《よう》っています。／津波は忘れても一四人を忘れないでいてほしい。／いつも一緒だよ。」とあった。二つ目の書き込みには、次のように書かれていた。

あの日大勢の人達が津波から逃げる為、この閖中を目指して走りました。
街の復興はとても大切な事です。
でも沢山の人達の命が今もここにある事を忘れないでほしい。
死んだら終りですか？
生き残った私達に出来る事を考えます。

祭壇として使われている左側の大きな机には、飲料、線香、そして遺族会によるメッセージが置かれていた。私たちはこの慰霊碑の前に集まり、子どもたちを偲《しの》んで黙とうを捧げた。

このモニュメントを管理している事務所は、学校から数百メートルの所にあった。小さなプレハブの建物内にあり、名称にはフランス語で「Mémoire de Yuriage（メモワ・ド・ユリアゲ／閖上の記憶）」と書かれていた。遺族会は、日本のある国際NGOの支部から支援を得てこの津波復興祈念資料館を運営している。資料館は、AmeriCares, Islamic Relief, Action Medeor, Aktion Deutschland Hilftなどの国際基金から資金提供を受けていた。当初、資料館は、中学校の石碑を管理する役割しか持たないものであった。被災地にある数少ない施設の一つとして、やがて、訪問者向けの展示室やビデオホールを備え、物語を語る（「語り部」）活動を行う公共の事務所へと発展していった。語り部活動は、訪問者が被災者一人ひとりの悲惨な体験に耳を傾けると同時に、被災者が自らの心の傷から立ち直れるよう支援する機会となっている。資料館には、津波以前の閖上の大きな地図が壁一面に貼られ、語り部の人々やスタッフは、この地図を使って津波の体験を語っていた。コンピュータに接続された大きなモニターは、前述のとおり、閖上が津波に襲われる様子を写した映像を訪問者に見せるために使用される。その他、資料館には、二回目の震災追悼式などこれから行われるイベントのポスターが貼られており、私たちもその式典に招待された。その後、被災地を後にした。

このモニュメントは、一周忌にあたる二〇一二年三月一一日に建立された。毎年、三月一一日に、学校で子どもたちや亡くなった人々を追悼する式典が開かれる。式典は、祈念資料館と遺族会を支援している国際医療NGOの所長、山田医師が指揮している。私たちが出席した式典で、山田医師は、子どもを亡くした親の代表者を一人ひとり紹介した。それぞれの親は、失った自らの子どもたちを追悼し、彼らが生まれてきたことに「感謝」し、助けてあげられなかったことを「詫び」た。参加者が両手を合わせて「黙とう」を捧げていると、背後でサイレンが鳴り響いた。津波の映像が頭をよぎった。震災時に子どもを失うことがなかった人々は、親たちが何を考え、感じたのか、自ら想像し、強く共感したかもしれない。式典は、亡くなった子どもたちや愛する故人へのメッセージを付けた風船を、心をこめてお祭りのように空に飛ばして終了した。報道用にこの瞬間をとらえようとする撮影者や写真家を除き、全員が、一四人の生徒たちが安らかに眠っているという青い空に消えていく風船を目で追っていた。

「閖上の記憶」と子どもたちの慰霊碑は、さまざまな記念塔の中でも最も多くの変化をこうむった。祈念資料館とモニュメントは、中学校が解体された後の二〇一四年五月一二日に、まず日和山地区に移転した。親たちは当初、閖上の復興計画では中学校が別の地域に再建される可能性があるため、当初の設置場所は一時的なものになると告げられていた。遺族らは、旧中学校を、津波の恐ろしさを次の世代に伝えるための記念の場として利用するアイデアを提案した。しかし名取市は、そのように大規模な校舎を維持するには費用がかかりすぎるとして、解体を決定した［毎日新聞 2015］。四年もの間、悲しみ、記憶、語りの場であり、震災教育の場であった校舎は、二〇一五年一二月二四日から解体が始まった。

慰霊碑を中学校から引き離すことは、それが持つ意味合いや遺族の体験に影響を及ぼした。しかし遺族会の代表は、自分の息子や他の児童たちが学校を見渡せるような新しい場所になんとかモニュメントを設置することができた、と語っていた。訪問者は、手を合わせ、モニュメントに触れ、子どもたちの魂に祈りを捧げている間にも学校を眺めることができた。新しい設置場所は、祈念資料館にとって大きな問題はなかった。実際、朝市や日和山などの閖上の主要地区に以前よりも近くなっていた。

二回目の移設は、より深刻な影響をもたらした。復興計画が採択されたのち、市は、祈念資料館とお茶飲み場があった土地の区画に沿う道路の拡張を決定した(後述)。この開発によって、両団体はこれまでの土地を離れて新たな場所に移転せざるをえなくなった。唯一入手可能な土地は、朝市の近くの狭い区画である、との決定であった。祈念資料館の小さなプレハブ小屋は、建物に隠れてしまい、道路からも朝市からもほとんど見えなくなった。閖上のことを一番よく知っている人々ですら、見つけることは難しかった。現在、そこにはまともな通路がなく歩きづらい。スタッフは現在の状況を嘆いており、この場所もまた仮の土地になるだろうと覚悟している。

最大の変化は、祈念資料館とモニュメントの距離が離れたことだ。市は、旧小学校と旧中学校を、より内陸にある統合された土地に再建した。学校を海から離すことで、生徒たちの安全を保障している。また、中学校の記念のモニュメントを校庭のモニュメントスペースに統合することも決定された。石碑は、開校にあわせて建立され、校歌の記録も新たな場所に移設された。

この変化には意義があったものの、マイナスの側面もあった。まず、モニュメントが祈念資料館から歩いて行ける距離ではなくなり、訪問者は車での移動を余儀なくされるようになった。この距離が、訪問者の体験を変容させた。以前よりも遠くなっただけでなく、近くに駐車場もないため、モニュメントがある校庭の反対側にある学校の駐車場に駐車スペースを確保することができなければ、訪問者がモニュメントに立ち寄る可能性は低くなった。私の体験からいえば、訪問者、とりわけバスツアーの人々は、車を止めて慰霊碑まで歩く時間の余裕がない。立ち寄ることをあきらめ、そのまま車で通り過ぎたという複数のツアーガイドに会った。慰霊碑は訪問者に触れてもらうようにつくられたのに、石碑（のデザイン）はその機能の一部を失ったといえる。

5 犠牲になった市民の慰霊碑建立に向けた活動

本節では、遺族、遠隔地の僧侶、研究者らで構成される非公式の団体が、犠牲者のための慰霊碑を建立するため、どのように市に要望を行ったのかを論じる。二〇一三年三月一一日、私は、場の雰囲気を捉えようと、何もない閖上の道を歩いていた。川沿いの道路の角で、私は閖上出身の四〇代の女性に会った。彼女はその後、私の研究協力者となり近しい友人となった。彼女は、かつて祖父母の家があった場所に花壇を作り、その手入れをしているところだった。そこには、大きな、丸みを帯びた地蔵像もあった。地蔵は、旅人、弱者、母親、子どもを守る仏教菩薩である。子どものような姿で微笑む地蔵は、日本の宗教的ランドスケープを代表する要素である。地蔵は、自然死以外で亡くなった人の魂を保護し、霊となって地域に出没することのないように建立されることが多い。こうした本来の役割は、年月とともに忘れられがちである。人々は、畏敬の念を表すため、そして地域と自らの安寧の保障のために、地蔵に語りかけ続けている。地蔵は、食べもの、花、線香などが供えられる世俗的な神となった。人々は、高齢の女性たちが作った赤いよだれかけや帽子を被せることで、地蔵への愛着を示し世話をしている。彼女も、子どもの頃からしてきたように、そこに飲料、線香、花などを供え、敷地内で見つかったその他の小さな像などをそこに集めていた。この地蔵は、津波の後、おそらく自衛隊によって回収されたものだ、と彼女は説明した。地蔵が戻ってきたことで、彼女は子ども時代の思い出がよみがえり、被災した土地はその意味を取り戻した。

話をしたあと、彼女は私を「お茶飲み場」に招待してくれた。そこでは、彼女の母と、夫を亡くした叔母とが訪問者に軽食を出していた。その土地はもともと、彼女の弟と甥が住む家があった場所だった。主に金属の柱がプラスチック製の屋根を支え、壁の代わりに緑色のネットが使われた仮設の建物だった。不揃いのテーブルと椅子、そして保管用のプラスチック箱がテントの下に置かれていた。テントの内側は、色とりどりの折り紙、桜の造花、季節の花で飾られていた。不安定な状態、かつ野外にあるにもかかわらず、お茶飲み場の一つひとつのものは、丁寧に並べられ配置されていた。

お茶飲み場のメンバーたちは、被災者が戻ってきて、話し、笑い、悲しみを癒やせる場所をつくることが自分の義務である、と感じていた。こうした被災者らに、日本中から来たボランティア、訪問者、研究者らが加わった。私たちは、最初の二年間、三月から一二月まで、毎週土曜日と日曜日に会っていた。私たちは、震災前の閖上での生活、復興をめぐる議論、一時的な活動、そして多くのよりありふれた問題について話した。お茶飲み場のコミュニティは、熱心な参加者によってソーシャルメディアを介して現在も続けられている。

情報提供者の中には、より打ち解けた会話の最中に、グリーフワークに向き合う際の葛藤を打ち明ける人もいた。多くの住民同様、彼らも親、配偶者、子ども、友人を失っていた。大半の人々は、幸運にも彼らの遺体を見つけることができたが、まだ見つからない人もいる。遺体が見つかると、遺族は葬儀を始め、遺体を火葬することができるようになる。その後、遺骨は寺に運ばれ、墓に埋葬される。「通常の」死の場合、死者を悼むために必要な要素は、火葬した遺体を埋める墓と自宅に置く祭壇（「仏壇」）である。そこで遺族は日常的な儀式を執り行い、先祖の霊と向き合う。前述のとおり、閖上の主要な墓地は完全に破壊されていた。遺体の多くは、寺が所有する仮の納骨堂に納められた。儀式や墓がなければ、死者はさまよい続け苦しみ続けて、遺族の心痛の種となる。

数人のメンバーは、震災犠牲者の霊を追悼するための慰霊碑あるいは記念の石碑を建立する必要があることを指摘していた。慰霊碑は、ヨーロッパ、オーストラリア、アメリカ合衆国で戦死者のために広く用いられるセノタフ、すなわち空墓に相当する。セノタフ同様、慰霊碑には死者の名前は刻まれるが遺体は埋葬されず、現在の埋葬地の場所も記されない。ヨーロッパのセノタフとは異なり、慰霊碑には死者の魂が宿り、儀式の最中に遺族が死者の魂を呼び出せる場所である。日本で一般的な慰霊碑は、戦死者の冥福を祈るための石碑であり、通常は神社の敷地内に置かれている。(9) 種類の異なるものに、「自然」災害の犠牲者のために建立される慰霊碑もある。(10) 津波の犠牲者のための慰霊碑は、津波碑と呼ばれることもある〔川島 2016〕。私の調査では、津波碑は、仏教寺院が信徒のために建立したものが最も一般的であるようだった。しかし、慰霊碑の役割、形状、意味に関して、日本人の間で共通の認識があるようには思われない。

墓や慰霊碑がないために、遺族は、津波で亡くなった人々の魂と向き合えず苦しんでいた。家族の遺体を見つけられなかった一人（女性）は、亡くなった人が夢に出てきて「なぜ一緒にいられないの？」「私はいったいどうなったの？」と聞かれたことを話した。彼女の先祖もよく夢の中に現れ、亡くなった人の墓を建てるように、と言ったとのことだった。彼女は、死者に対して責任を感じ、彼らに墓を用意した。遺族の抱える苦痛とおかれた境遇に対する懸念を強めた私は、東京に拠点を置く、日本の葬儀、葬式のベテラン研究者である長年の知人に助言を求めることにした。知人は支援に応じてくれた。そして、大半の葬式は通常仏式で行われることから、彼女の知人である二人の仏教僧侶に支援を依頼した。僧侶らはすぐに引き受けてくれ、二〇一三年一〇月一四日に閖上を訪問し、依頼者の女性と彼女の娘に面会した。僧侶らは、お茶飲み場メンバーと市当局との間にある緊張を理解した。そして、慰霊碑がその緊張を和らげる機会になる、と考えた。多くの議論を重ねた後、私たちは、犠牲者のための公的な慰霊碑の建立を求める活動を開始することに決めた。

この慰霊碑建立の活動は、三つの作業で構成された。一つ目は、二人の僧侶が地元の状況や政治に関する情報を集め、市役所との会合を調整することだった。私はその間、彼らに同行した。二つ目は、この問題についてより包括的な理解を得るため、二〇一一年の津波以後、東北の海岸線に沿って建立された犠牲者のための慰霊碑について私が幅広い調査を実施したことである。三つ目は、犠牲者の遺族が、閖上に慰霊碑を建立するよう求める署名集めを組織したことであった。すべてのプロセスは六か月を過ぎた頃まで続き、二〇一四年四月に請願書の提出をもって終了した。

この中で最も難しかったのは、地元の政治に関する調査かもしれない。閖上では「よそ者」である東京出身の僧侶らは、そのため慎重に事を運ぶ必要があった。彼らはまず、自らの宗派に属する地元の僧侶を訪ねた。そこで、慰霊碑がないことと地元の政治に関する現状について基本的な理解を得た。彼らは、閖上にある寺(東禅寺と観音寺)の仮施設訪問を計画した。両方の寺の僧侶らは、慰霊碑は建立したいが、市の復興が終わらない限り寺も土地もないため無理だと言った。市役所に慰霊碑の建立を要請する活動に正式に参加しないか、という私たちの依頼を彼らは断ったが、口には出さなかったものの、市の復興計画において自分たちの寺が今後どうなるのかまるで見当がつかなかったことが、その理由にあったのかもしれない。つまり彼らは、復興が完了しないうちは慰霊碑の建立は市から拒否されると感づいており、その活動に参加すれば寺の再建に悪影響があるかもしれないと考えたのだ。

二人の僧侶は、名取市震災復興部の職員との二回の面会を手配し、私も立ち会った。市の職員は、市が火葬場のあった場所に名取市震災メモリアル公園と記念碑の整備を予定していることを説明した。その土地は、現在の慰霊碑がある場所から二キロメートルほど離れた、閖上の中心地から外れたところにあった。しかし、このプロジェクトが完成するまでには、あと三年かかるとのことだった。それに対し僧侶らは、慰霊碑はグリーフワークに不可欠の要素であり、それがなければ被災者は大きな苦しみを味わい続ける、と説明した。彼らは、私が行ってきた調査の一部や、日本の災害慰霊碑に関する文献を紹介した。さらに、通常の災害記念碑とは異なり、慰霊碑には犠牲者全員の名前を記す必要があることを説明した。最後に、僧侶らは長期的な解決に縛られるより、仮の場所に慰霊碑を建立することを検討してはどうか、と市に提案した。私たちは、自分たちの訴えが聞き入れられたのかどうかわからないまま、市役所を後にした。

この話し合いで、慰霊碑の役割に対する見解が、市と遺族との間で異なることが浮き彫りになった。遺族は、慰霊碑を喪失に対する気持ちの区切りをつける手段として捉えている一方、市は、復興の完了を区切る閖上地区の再生を象徴するものとして捉えていることが明らかになった。遺族のニーズに対する理解の欠如とともに、こうした見解の相違が、時期、場所、象徴化における軋轢を生んでいた。

活動に生かすため、私は、二〇一三年一〇月から二〇一四年二月まで、東日本大震災の慰霊碑に関する調査を行った[11]。データベースが存在しなかったため、インターネットや灰色文献、メディアの報道などで震災犠牲者のモニュメントに関する二次資料を集め始めた。二番目のステップとして、「手を合わせる場所」(記念碑も慰霊碑も)を現地で確認するため、被害を受けた地域すべてを訪問して犠牲者の有無を調べた。市職員、寺の僧侶、商店店主、通行人などに尋ねた。「手を合わせる場所」を確認できたら、写真に撮って場所を記録した。調査終了までに、合計で四八の「手を合わせる場所」を確認し、そのうちの三四塔が慰霊碑だった。

調査結果から、閖上のケースは例外であることが示されたが、それは私たちが考えていたような理由からではなかった。私が確認したすべての「手を合わせる場所」のうち、地方自治体が主導して建立されたものはほとんどなかった。地方自治体の職員は、私が、犠牲者のための「手を合わせる場所」を建立したかあるいは建立を計画しているかと尋ねると、当惑する人が多かった。彼らは、悲しみに向き合うことは個人の問題である、あるいは「宗教の」問題であるので、その役割は仏教寺院が担うことが多い、と返答した。さらに、この調査から、「手を合わせる場所」の形やデザインは本当にまちまちで、それが、慰霊碑というものの定義を難しくしていることも明らかになった。地方自治体が関与しないことと慰霊碑の定義が存在しないこと、その両方が、私たちのケースを非常に特殊なものにしていた。また本調査から、他の自治体では、犠牲者のセノタフを建立する責任を引き受けることを決めた事例も示された。名取市の隣にある岩沼《いわぬま》市は、私たちが活動を始めた数か月後に「手を合わせる場所」を建立していたのである。

活動は、遺族代表がプロジェクトに賛同する人々の署名を集め、名取市役所に提出することをもって終了した。いかなるプロジェクトの遂行にも合意に基づく承認が必須とされる文化の中では、署名をあからさまに呼びかけることは不可能だった［Scheid and Teeuwen 2006］。そうした方法は、賛同者だけでなく潜在的な反対者の注目も集めることになる。地域の誰かが市当局に対して、直接かつ公然とプロジェクトへの反対を表明すれば、このプロジェクトが成功する望みは潰えてしまう。よって、賛同者は署名をあからさまに呼びかけることはしなかったが、僧侶らと同様、一対一でひっそりと署名を集めていった。

それでも、彼らは二〇二七筆の署名を集めた。お茶飲み場のメンバー、主要研究者と私は、名取市役所に最後の訪問を行い、署名付きの嘆願書を提出した。私たちは、副市長と、復興計画のディレクター、アドバイザーらと面会した。この会合は比較的フォーマルなもので、交渉の一環といったものではなかった。職員らは共感を示し、私たちの要望が承認されたことを確認した。彼らは、慰霊碑の建立の公募が行われること、除幕式は二〇一四年夏が予定されていることを説明した。

市役所によると、慰霊碑の案は二〇一四年四月一五日から二五日までの期間で募集が行われた。選考結果の発表は五月七日に非公開で行われ、現在の慰霊碑を創作したスギサキ彫刻工房の案が選ばれた。審査項目には材質・構造・デザインも含まれていた。「名取市東日本大震災慰霊碑」の除幕式は、二〇一四年八月一一日に行われた。市は、この碑を日和山の隣に一時的に建立することに決めた。慰霊碑は、正面に置かれた黒花崗岩製の楕円形の石碑と、小高い塚に置かれその中央から芽吹く灰色の花崗岩製のやや反りのある柱で構成されている（写真3−6・3−7）。黒い石碑「種の記念碑」は、郷土の先祖と、震災で亡くなった犠牲者を表している。灰色の柱「芽生えの塔」は、地域の再生を象徴している。塚の両脇には二つの大きな芳名板が設置され、震災の記録、この慰霊碑の意味、九六〇名（名取市民九四一名と名取市以外一九名）の犠牲者の名前が刻まれている。[12] 市役所によると、ご遺族の意向を最大限尊重するため、約二週間の期限を設けて慰霊碑への氏名表示にかかる意向を確認し

［写真3-6・3-7］名取市東日本大震災慰霊碑（2014年9月）
撮影：筆者

た。慰霊碑の高さと記録された名前の数は、訪問した人々に閖上における被害の甚大さを伝え、津波の危険に対する市民の認識を高めるものとなっている。

名取市の慰霊碑の主な視覚的特徴は、その象徴性、斬新さ、そして大きさにある。慰霊碑は、集合的なセノタフと捉えられるのが一般的である。そのデザインは伝統的な墓石に倣う。そして、災害と犠牲者の名前を刻んだ大きな花崗岩の石から構成されている。私が話を聞いた人によると、このデザインだからこそ、訪問者は、石の前で手を合わせ、死者を敬いあるいは死者とつながろうという気持ちになる、という。一方、種や芽で表現された再生の象徴では、悲しみの感情を表すことはできず、よって死者とつながることができない。

毎年行われる追悼式典での使用に加え、名取市の慰霊碑は、政治家の訪問や教育的行事におけるシンボルにもなっていった。二〇一五年、この慰霊碑を、当時の安倍晋三首相や麻生太郎副首相を含む政府高官らが訪れた。安倍首相は、国連防災世界会議に出席していた［テレビ朝日 2015］。さらに、修学旅行や津波学習でも、参加者に津波について教える際にこの慰霊碑が使用されている。閖上中学校やお茶飲み場とともに、名取市の慰霊碑は記念化のダイナミックなランドスケープを構成している。

二〇一四年に建立されて以来、名取市の東日本大震災慰霊碑は、いくつかの変化に遭遇した。二〇一四年の建立時、日和山の横の設置場所は仮の場所にすぎず、いずれは旧火葬場のあった海岸から離れた場所にある記念公園に移設される予定だった。しかし、他の「手を合わせる場所」が設置されたことや、政治および復興の変化に関連した理由からこの移設は実現しなかった。情報提供者の話では、新市長は以前の市長よりも閖上の犠牲者らのことを気にかけている、とのことだった。二つ目の要因として、閖上のような地域が直面した困難、つまりいわゆる「危険区域」にある土地の買い手を見つけることは難しい、ということが挙げられる。慰霊碑が建っている土地は不均質で、開発が難しい可能性があった。

「手を合わせる場所」がこの地域に集中しているのは、きわめて重要な要素である。この地域の中心的特徴となるものは日和山である。前述のとおり、日和山は記念化のメッカとなった（そのことはこのランドスケープの中で目立たない特徴であることに留意する必要がある）。名取市の慰霊碑が、お地蔵さんやこの地域の学校記念碑（一時的ではあるが）とともに、三つ組を構成するようになったことは前に述べた。これらの存在は、人々（部内者／部外者）が毎週、毎月、毎年定期的に、また随時、儀式を実施できることを意味する。私は、この集中的な記念化が、記念の習慣行動を生み出していると主張したい。この政治、経済、習慣の結合が、「手を合わせる場所」の建立を理解するレンズになるかもしれない。

もう一つの重要な要素は、東北における三・一一記念館の標準化である。記念の場の設置については、被災地でシステム化されてきた。それらは、震災で亡くなった人々を悼み、生存者に敬意を示すために考え出されたものである。こうした施設は道徳的なニーズにも応じている。そこでは、被災地は自らの経験と教訓を次の世代に伝え、守らねばならないという考えが根付くようになった。そして最後に重要なのが、記念館や記念公園は、訪問者を特定の場所に引き寄せる手段になるということである。実質的な収入源ではないが、「災害ツーリズム」

は被災地の経済回復に希望や刺激をもたらす。

二〇一九年五月二六日、名取市は大規模な「まちびらき」祭りを開催して、閖上の復興を祝った。天候は申し分なく、やや暑すぎるくらいだったが、推定約二万人が訪れた。市は、二つの巨大駐車場を用意し、マイクロバスで来場者の流れを管理した。来場者は、名取川の川岸に沿って新たに建設された「かわまちてらす」に案内され、商店やレストランを訪れた。周囲には、新しい公民館、住宅、町内会の施設が建つ。新たに建築された公営住宅の中に主催者が大きなステージを設置し、演歌歌手やチアリーダーのグループによる歌と踊りのパフォーマンスが行われた。鉄板焼、魚介類、かき氷などの食べものを売るカラフルな屋台が周りを囲んでいた。祭りの陽気に、おなじみの朝市や港も活気づいた。

「まちびらき」の日、慰霊碑の施設を含めた災害メモリアル公園がオープンした。その日に慰霊碑の芳名板は新しくされ、金属製から石碑に替わり現在の姿となった。震災メモリアル公園は、メモリアル・ランドスケープにおける新たな施設の一つである。私が本調査を始めた頃、市は、現在の港の場所から三キロメートルほど離れた、旧火葬場があった場所に記念公園を整備する計画だった。その公園には、現在の慰霊碑ではなく、東日本大震災を記念するモニュメントのみが設置されるはずだった。犠牲者を記憶しその名前を記録することを市は計画していなかった。情報提供者の中には、この計画に強く反対する人がいた。彼らはこの計画を、震災や被災者を軽視するプロセスだとみなしていた。

現在の名取市震災メモリアル公園は、港の目の前にあり、二つの主要な特徴といえるのが、名取市の慰霊碑と日和山である。その頂上からは、港をのぞみ、地面に描かれた閖上の巨大な抽象図と、三つの大きな石碑を見ることができる。

石碑の一つは、一九三三年の三陸沖地震の記念碑である。この石碑は、この地域における津波の恐ろしさを次の世代に警鐘として伝える幅広い取り組みの一環として、当時、朝日新聞社によって建立されたものであった。

残念ながらこの石碑は、市のランドスケープがせわしく変化を遂げるなかで、そのメッセージとともに忘れ去られていた。二〇一一年の津波後にようやく修復され、この公園に移設された。私が話を聞いた人の多くは、この石碑が発見されるまで、閖上で起きた前回の津波のことを知らなかった。彼らは、この地域が洪水に遭うとは夢にも思っていなかった、とよく語っていた。石碑が修復されたことで、彼らが間違っていたことが証明された。中には、自分が住む環境の郷土史を学ぶことで、そこにある危険と機会の両方を理解することが肝心だと、認識を新たにした人もいた。

一九三三年の三陸沖地震記念碑が辿った道は、このランドスケープが、多くの変化をこうむるプロセスであり、また地域社会の過去と現在に対する私たちの理解を問うプロセスでもあることを示している。記念の石碑は移動可能な物体であり、環境の変化に応じてその関係性も変化する。これらのモニュメントに愛着を持つ人々は、過去を共有する。つまり、これらのモニュメントは、石碑に刻まれた日付や名前を超えて過去を追悼し、モニュメントを制作し、維持し、訪問した人々が共有する過去を具体化するものになっている。

さらなる変容や成熟が閖上全体にこれからも待ち受けているとしても、メモリアル・ランドスケープは、ほとんど変化しないのではないかと思われる。記念公園やお地蔵さんは、ある種不変のものとみなされ、人々は最終的に、日常の生活／ランドスケープの一部として、これらのモニュメントに慣れていくであろう。一四人の生徒の慰霊碑は、次の大きな災害が起きるまで学校の横に残り続けるはずだ。そして、お地蔵さんと同様、なぜそれがそこにあるのかが集団的に忘れ去られていく。このモニュメントの建立と変容に至った理由および社会的プロセスは、やがては集団の記憶から消えていくことになるのかもしれない。

6 「手を合わせる場所」、宗教をめぐる政治的駆け引き

名取市の慰霊碑建立キャンペーンの最中、お茶飲み場の方々は、「お地蔵さんプロジェクト」を行う仏教僧侶の団体から声をかけられた［O-Jizo-san Project 2017］。曹洞宗の僧侶たちが、東北地方の被災地の海岸線に沿って五〇の地蔵像を建立することを模索していた。プロジェクトのリーダーらは、お地蔵さんには癒しの力と、被災地域に社会宗教的な骨組みを再構築する能力がある、と考えていた。加えて、隣の山形県を拠点とする仏教僧侶の団体も、「被災地に届けたい『お地蔵さん』プロジェクト」というプロジェクトをスタートさせていた。

お地蔵さんプロジェクトは当初、名取市や他の自治体からも反対された。表向きの理由は、復興が完了するまでは地蔵像を建立することはできない、というものだった。一時的に建てることは可能でも、最終的には障害物になる可能性があった。別の問題として、プロジェクトの宗教的性質があった。仏教と日本政府は、近代以降、曖昧な関係を保ち続けてきた。その分離は一九四七年から施行された戦後憲法によって補強され、政府は宗教から切り離されねばならないと規定された［Nelson 2012］。一部の宗教団体の振る舞いが、震災後の両者の関係をさらに複雑化させていた。彼らは、被災地、とりわけ被災者が避難している仮設住宅を訪れて、改宗させ新たな信者を募ろうとしたのだ(13)。そのため地元自治体は、記念のモニュメントに関するものを含め、仏教団体と直接関わることを避けがちだった。名取市が地蔵建立のための土地提供を拒否したことはこうした状況の象徴であった。

市の支援を取り付けることができなかったため、同プロジェクトは閖上の私有地を探した。閖上中学校の慰霊碑を管理している遺族会の代表、ヨシダさんを通じて間接的にその問い合わせがあった。ヨシダさんは慰霊碑のキャンペーンのことを聞き、お茶飲み場のメンバーならこの仏教プロジェクトを好意的に捉えるのでは、と考えた。それについては、説得はほとんど必要なかった。お茶飲み場のオーナーはお地蔵さんに強い愛着を抱いてお

り、半身半人に近い、日本の生活に不可欠なものであると述べていた。だから、もう一個モニュメントを追加することで市が支援する慰霊碑を全うさせることに前向きだった。数回の会合ののち、お茶飲み場の隣にお地蔵さんを建立する正式な許可を取り付けた。この像は、仏教団体が資金を出して建立され、地域の所有物となり地域がその責任を負うことが決まった。この菩薩の除幕式は二〇一四年六月一五日に行われ、同プロジェクトが建立した七つ目の像となった（写真3－8）。

［写真3-8］お茶飲み場の隣に建立された地蔵（2014年10月）
撮影：筆者

閖上にあるお地蔵さんの像は、薄灰色の花崗岩でできた三体の像が主な要素となる。中央の台座に、ハスの花の上に立つ二メートルの高さの像がある。その両脇に、津波の犠牲者を表す女児と男児の小さな像が建つ。遺族や訪問者の中には、これらの像を手で撫でたり抱きしめたりする人たちがいて、それが習慣となって広がった。背面には、六六の寄付者の名前と建立日が彫られている。「犠牲となられた多くの方々の慰霊、被災者の安寧、被災地の早期復興を願い」と、短い文で寄付の目的が書かれている。

建立以降、お地蔵さんは、葬儀のきっかけをつくり、訪問者を呼び寄せてきた。大きなモニュメントを見るために、個人、団体、そして仏教僧侶らが訪れて、犠牲者のために祈った（菓子、飲料、線香を供えるなど）。学校の慰霊碑とは異なり、ここでは、仏教団体による除幕式と、遺族や数人の被災者を前にした毎年の祈禱および儀式を除いて、多くの人が集まる公的な集会は開かれていない。地域の復興が始まるとともに、お茶飲み場のリーダーたちは、この場所の運営にまつわる作業はこれ以上行えない、と考え始めていた。二〇一六年、彼らは週末の集会を無期限で中止した。しかし、最近聞いた話では、閖上の復興後にお地蔵さんが新たな記念の地に移設されることが報じられて以降、彼らは、その二番目の場所に何らかの「喫茶店」を開くことを検討しているとのことだった。この計画が進めば、このモニュメントは、震災当日と復興の始まりとの間に存在していた社会生活の遺産あるいは延長であるお茶飲み場を、永らえさせるための欠くべからざる決定要因となる。

中学校の記念碑に比べれば、菩薩の建立以降、お地蔵さんとお茶飲み場はそれほど大きな変化を経験しなかった。お茶飲み場が開店してから数年経った二〇一四年六月一五日にお地蔵さんは建立された。二年後、その土地は、津波や高潮による洪水の危険があるため住宅地としては不適合であると、後になって宣告された。市は地主らを招き、土地を売却するか移転するよう提案した。お茶飲み場とお地蔵さんを管理していた人たちは、当初、その土地に愛着があり、現状にとても満足していたことから、土地を離れたり売却したりする考えはなかった。しかし祈念資料館同様、最終的には、道路を拡張するために自分たちの土地を手放さざるをえなかった。市は厚意を示すべく、日和山の向かいにある土地を提案した。お地蔵さんの像は、二〇一七年一二月二二日に現在の場所に移された。費用は仏教団体が負担した。

お茶飲み場とお地蔵さんの二番目の場所は、障害よりは機会を提供する場となった。この新しい環境は、お地蔵さんの像の向きを変えるきっかけとなった。最初の場所では、訪問者を引き寄せ、歓迎するために、像は道路の方を向いていた。遺族は、像は津波の犠牲者に捧げられているのだから、海を見渡す位置が望ましいと考えた。新しい場所に移動したことで、お地蔵さんの向きを変えることが可能になった。像をじっと見ていた団体の代表は、海の方を見ている顔は以前よりも優しく幸せそうに見えると語った。

新しい場所は、お茶飲み場の未来を考え直す機会にもなった。お茶飲み場のオーナーとマネージャーは、その未来についてずっと考えていた。母と娘は、共に新たな仕事に就き、営業時間を短縮していた。二〇一七年末までは、三月から一〇月までの月に二回、日曜日に営業していた。この移転により、新たな意欲と願望が生まれた。

彼女たちは、将来、記念公園がつくられ、再建によってまったく新しい市に生まれ変わった暁には、お茶飲み場と古い閖上の記憶を残しておくことがとても意義のあることになると考えた。そうしてこの母と娘は、喫茶店を長期的に運営できるプレハブの場所を購入することに決めた。それだけでなく、閖上の歴史や文化遺産について調べ、訪問者や未来の住民に伝えていく必要性についてもすでに話し合っていた。

7 結論——メモリアル・ランドスケープの創造と変容

メモリアル・ランドスケープは、その創造と変容を活発化させる複雑な社会政治的プロセスから生まれる。例えば、モニュメントのデザインや場所は、政教分離原則を定める憲法の影響を大きく受ける。同様に、学校のモニュメントの場所は、政治的判断によって決まる。生徒の保護者からなる遺族会は、仮の慰霊碑を設置する許可を得た。にもかかわらず、中学校の校舎を「震災遺構」として保存することはできないと市が決定したときに、慰霊碑は移設された。この政治判断によって、関連する祈念資料館や慰霊碑の事務所は、朝市の後方に移転することを余儀なくされた。また重要なのは、本調査によって、記念のモニュメントは、市民による支援団体が制作することも可能だということが明らかになったことである。

さらに、本調査から、メモリアル・ランドスケープの形成は片手間のあり合わせのプロセス（ブリコラージュ）から生じることも明らかになった。市は当初、港から三キロメートルほど離れた、以前火葬場があった場所に記念公園の建設を計画していた。そしてその建設は、閖上の復興完了後に行われる予定だった。それが変更された理由はおそらく、名取市の犠牲者のための記念のモニュメントの建設であろう。それ自体は仮のものになる予定だった。二つ目の要素は日和山である。日和山には死者を追悼し、どんなときでも閖上の状況を眺めるために、多くの訪問者が登っていた。これら二つの場所における社会的な実践あるいは慣習は、閖上の復興が始まるまでの過渡期にそこにもたらされた社会状況と相まって、閖上の震災メモリアル公園というメモリアル・ランドスケープに明確な形を与えることとなった。

本調査によって示唆されるのは、メモリアル・ランドスケープの変容が、モニュメントと人の間にある階層化のプロセスと相関している、ということである。学校の慰霊碑は、当初、おそらく日和山とあわせて、閖上で最も訪問者が多い場所だった。実際、そこで行われる毎年の追悼式典には多くの人々が参加し、地元のテレビで生中継された。この記念塔が新しい小・中学校の敷地の一角に移設されると、祈念資料館とともに世間の注目を浴びなくなっていった。しかしこうした情勢の変化は、慰霊碑と学校の依存関係を示している。そのような階層化のプロセスは、市当局と市民との間のトップダウンの関係性が表出したものとして捉えることができるかもしれない。

本章では、メモリアル・ランドスケープが、旧来の文化的慣行とイノベーションの両者の帰結であることも明らかになった。常識に反してか、イノベーションの記念事業は、市民個人ではなく、市によって導入された。実際、祭壇や花壇は、ある種の正常性を復元するための手段であって、非常に保守的なままだった。一方、最も斬新な「手を合わせる場所」は、市が建立した慰霊碑だった。津波と同じ高さの芽の形をした石碑は、地域の復活を象徴していた。このメタファーは、私の知るところのいかなる伝統にも倣っていない。唯一の例外に、樹木葬や桜葬と呼ばれる日本の新興の埋葬文化があるが、そこでの植物という象徴を介した生と死の関連づけとは、まったく方法が異なっている。そこでは、墓石が植えられた一本の下に置き換えられている。火葬された遺骨は、木々の栄養になるとみなされることが多い。つまり、死者は、再び土の中に還って新たな命を生み出す生命の源となる［Boret 2014］。この象徴が新しいものであるなら、死者が社会／生命の土台を成すという考えは、日本の埋葬文化および社会の基礎を形成している。

犠牲者のための「手を合わせる場所」は、嘆きや悲しみと同時に、建立された地域社会の政治的駆け引きや歴史を映し出している。名取市のモニュメントの意義は、厳密には地元の自治体が関与したことにある。前に述べたとおり、「自然」災害で亡くなった個人の「魂」のためのセノタフの建立に日本の行政が関わることはほとんどない。私たちの調査では、東日本大震災に関するもので、三月一一日に亡くなった市民の魂を悼む石碑を建立した他の自治体は唯一、隣接する岩沼市だけだった。名取市は、慰霊碑ではなく、メモリアル公園と記念碑の建立を計画していた。この計画は、閖上地区の復興後に完成するはずだった。しかし、死者を悼み、偲ぶための場ができるまでさらに数年待つことは、多くの遺族にとって耐えがたいことだったように思われる。お茶飲み場をつくった少人数の団体が、慰霊碑の建立に向けて活動を開始した。研究者や仏教僧侶らの支援を得て、団体のリーダーは市役所を訪れた。彼らは、地域社会が一緒になってグリーフワークを実施できる場が必要だと説明した。地元の寺は、津波で破壊され、「手を合わせる場所」を求めるニーズを満足させることはできなかった。そこで彼らは、解決策として「手を合わせる場所」を建立するよう市に要請した。私が話を聞いた中の一人は、「生きていれば名取市民なのに、なぜ死んだら市民でなくなるのか?」と口にした。市は、要請に後押しされて譲歩し、モニュメントを建立し、そこに名取市の九四一人の住民の名前を刻むことを受け入れた。彼らは津波で命を落とした人々である。

完全に再建された後の地域社会の中では、記念の石碑は、震災の記憶や残骸を保つ数少ない場となる。日本でも海外でも、自然災害あるいは人的災害を追悼する記念の石碑は、現代社会のランドスケープの見慣れた要素である。それらは儀式や追悼式だったり、好奇心だったり、あるいは単純に都市のランドスケープで参照されるものだったりする。こうした石碑の意味は、おそらく最終的には忘れ去られるであろう。そこで記念された出来事よりも重要なのは、モニュメントが永久の象徴だということである。それらはやがて、社会の心のよりどころとして捉えられていく。自らの歴史とアイデンティティとを目に見える要素にすることで、それらはその存在を正当化している。

本稿で明らかになったことがあるとすれば、震災のメモリアル・ランドスケープは固定したものではなく、物質的あるいは意味的に変容のプロセスを辿るということである。人間社会が、命のはかなさを、つまりはその死を、永久性を表象することで表現しようとしばしば試みることは、人類の長年の歴史を通じてのパラドックスである。見慣れたお墓、大きな墓石、その他、死者を象った記憶の場は、「永眠の地」を通じて社会はなんとか死をコントロールすることができるのでは、という幻想を生み出している。本稿の議論から導き出されることは、このような場所（*lieux de mémoire*）は、人々が社会を回復させ継続させていくために必要な場所になるということである。

註

（1）このカテゴリは実際はもっと複雑である。そこには明確なしきたりがないからだ。こうした石碑は、供養碑、すなわち儀式のための石碑と呼ばれることもある［川島 2016］。また、こうした分類が常に知られている、あるいは合意されているとも限らない。筆者は、記念塔の役割、およびそれを支援する当事者に、焦点を当てる方法をとった。こうした支援者は、伝統的な仏教寺院からＮＧＯ、民間企業、ごくまれに地方自治体まで、実にさまざまである。石碑を建立する団体および石碑を訪れる人々の性質が、カテゴリ自体よりも、モニュメントを特徴づける傾向にある。

（2）酒井・村尾［2019］による。

（3）閖上地区では、一九三三年の三陸沖地震で一・五メートルの津波によって洪水が発生した。証言によれば、海水は膝の高さに達し多くの家屋が浸水した。

（4）ほら貝の音は、日本の神仏習合的宗教に欠かせないものであり、悟りの概念を具体化したものであるかもしれない。

（5）花を植えることは、ボランティアグループの活動や、東北地方のその他の取り組みにもあった。ボランティアが閖上にやってきて、歩道や日和山などの場所に花を植えた。宮城大学小地沢将之研究室ウェブサイト（http://kochiken.info/名取市閖上地区の震災慰霊空間づくりの支援/）参照。こうした活動は、多くの場合、数名の地元民と連携していたが、住民全体の承認は必要とされなかった。中にはたしかに、そうした装飾は「自分たちの被害を無断借用している」と言って活動を非難する人もいた。一方で、活動は、実際に人々と被災者との絆を生み出していると主張する人もいた。その他、「ひまわりプロジェクト〜ひまわりで笑顔を届けよう〜」などの、全国規模のプロジェクトもあった。このプロジェクトのリーダーらは、東北地方全体とその他の地域に種を送り、人々が自分たちでそれを植えていた（https://www.facebook.com/TheSunflowerProject/）。

（6）二〇一三年一〇月五日付の「フェイスブック」上の投稿。

（7）二〇一三年二月二日付の「フェイスブック」上の投稿。

（8）一ノ瀬［2003］参照。この用語は、「monument of loyal dead（忠義な死者のためのモニュメント）」と短く訳されることが多い。

（9）おそらく最も（悪）名高い例は、祀られている死者の中に戦争犯罪者の名前が含まれている、靖国神社にある石碑である［Takenaka 2015］。

（10）とくに社会人類学者は、自然災害が起きた場合でも〝自然な〟災害といったものは存在しないと主張し、実証している。彼らは災害を、自然災害と社会的特性および不平等との結果として捉えている［Gould et al. 2016 参照］。

（11）この調査は、東北大学の鈴木岩弓教授がもともと仙台の南の地域で行っていた同様の調査によって並行的に補完されている。

（12）名取市ウェブサイト「東日本大震災慰霊碑建立のお知らせ」。（https://www.city.natori.miyagi.jp/soshiki/kikaku/seisaku/node_27436/node_30103）［二〇二〇年三月一〇日アクセス］

（13）災害研究の分野では、災害後の伝道活動は、宗教の信頼性を失墜させてきた現象としてよく知られている。近年は、宗教と災害の関係をより幅広く理解する取り組みが行われている［Gaillard and Texier 2010］。

文献・映像

石井正［2013］「石巻赤十字病院の東日本大震災対応の経験から見えてきた大災害時における被災地域の保健医療福祉提供体制のあり方」、『保健医療科学』六二（四）：三七四―三八一

一ノ瀬俊也［2003］「紙の忠魂碑――市町村刊行の従軍者記念誌」、『国立歴史民俗博物館研究報告』一〇二：五九三―六一〇

川島秀一［2016］「津波碑から読む災害観――人々は津波をどのように捉えてきたのか」、橋本裕之・林勲男編『災害文化の継承と創造』臨川書店、四四―六五頁

小林惇道・君島彩子・弓山達也［2015］「いわき市における震災モニュメントの現在と今後」、『宗教学年報』三〇：九三―一〇五

酒井俊史・村尾修［2019］「二〇一一年東日本大震災後の名取市閖上地区における震災復興まちづくりの計画策定過程」、『都市計画報告集』一八（一）：五八―六三

佐藤翔輔［2018］「東松島市における東日本大震災復興モニュメントの検討プロセス」、『日本災害復興学会論文集』一二：一一二―一一九

鈴木岩弓［2013］「東日本大震災による被災死者の慰霊施設――南相馬市から仙台市」、村上興匡・西村明編『慰霊の系譜――死者を記憶する共同体』森話社、二一一―二三一

テレビ朝日［2015］「安倍総理　津波慰霊碑に献花　〝復興〟住民らを激励」（二〇一五年七月一一日）(https://news.tv-asahi.co.jp/news_politics/articles/000054519.html)［二〇二〇年三月一〇日アクセス］

徳野崇行［2015］「書評　村上興匡・西村明編『慰霊の系譜――死者を記憶する共同体』」、『宗教と社会』二一：一一五―一一八

名取市史編纂委員会編［1977］『名取市史』名取市

日本経済新聞［2012］「天の息子　家族ここだよ　宮城の震災被害男性、実家跡に花植える」（二〇一二年八月一四日）(https://www.nikkei.com/article/DGXDZO44966650U2A810C1CR0000/)［二〇二〇年三月一〇日アクセス］

毎日新聞［2015］「宮城・閖上中　解体始まる　震災の証人、またひとつ消え」小川昌宏（二〇一五年一二月二四日）(https://mainichi.jp/articles/20151224/k00/00e/040/161000c)［二〇二〇年三月一〇日アクセス］

山本泰輔・角田智哉・山下吏良［2013］「自衛隊における惨事ストレス対策――東日本大震災における災害派遣の経

験から」、『トラウマティック・ストレス』一一（二）：一二五―一三二
Boret, Sébastien P. [2014], *Japanese Tree Burial: Ecology, Kinship and the Culture of Death*, London: Routledge.
Boret, Sébastien P. and Akihiro Shibayama [2018], “The roles of monuments for the dead during the aftermath of the Great East Japan Earthquake,” *International Journal of Disaster Risk Reduction*, 29: 55–62. (https://doi.org/10.1016/j.ijdrr.2017.09.021)
CBS/AP [2011], “Japan’s Chernobyl? Quake sparks meltdown fears,” CBS NEWS, March 12, 2011. (https://www.cbsnews.com/news/japans-chernobyl-quake-sparks-meltdown-fears/) [Accessed on March 10, 2020]
Gaillard, Jean-Christophe and Pauline Texier [2010], “Religions, natural hazards, and disasters: An introduction,” *Religion*, 40(2): 81–84.
Gould, Kevin A., M. Magdalena Garcia and Jacob A. C. Remes [2016], “Beyond “natural-disasters-are-not-natural”: the work of state and nature after the 2010 earthquake in Chile,” *Journal of Political Ecology*, 23(1): 93–114.
Hayano, David [1979], “Auto-Ethnography: Paradigms, Problems, and Prospects,” *Human Organization*, 38(1): 99–104.
Kimizuka, Ryoichi [2012], “Reunion (遺体　明日への十日間),” Tokyo: Fuji Television Network, 105min.
Littlejohn, Andrew [2020], “Dividing Worlds: Tsunamis, Seawalls, and Ontological Politics in Northeast Japan,” *Social Analysis*, 64(1), 24–43.
Nakamura, Fuyubi [2012], “Memory in the debris: The 3/11 Great Japan earthquake and tsunami (Respond to this article at http://www.therai.org.uk/at/debate),” *Anthropology Today*, 28(3): 20–23.
Nelson, John K. [2012], “Japanese secularities and the decline of temple Buddhism,” *Journal of Religion in Japan*, 1(1): 37–60.
NHK [2011], “Great East Japan Earthquake Archive,” Miyagi Prefecture, Natori City, March 11, 15:54. (https://www9.nhk.or.jp/archives/311shogen/en/) [Accessed on March 11, 2019]
Ogawa, Erina [2015], “The Great East Japan Earthquake and Cultural Identity Shifts of Japanese University Students,” *The Bulletin of the Institute of Human Sciences, Toyo University*, 17: 59–73.
O-Jizo-san Project [2017], “Introducing the ‘O-Jizo-san Project’.” (https://ojizosan311.com/en/) [Accessed on August 19, 2017]
Perko, Tanja, Iztok Prezelj, Marie C. Cantone, Deborah H. Oughton, Yevgeniya Tomkiv and Eduardo Gallego [2019],

"Fukushima Through the Prism of Chernobyl: How Newspapers in Europe and Russia Used Past Nuclear Accidents," *Environmental Communication*, 13(4): 527–545.

Ranghieri, Federica and Mikio Ishiwatari eds. [2014], *Learning from Megadisasters: Lessons from the Great East Japan Earthquake*, Washington: The World Bank.

Scheid, Bernhard and Mark Teeuwen [2006], *The Culture of Secrecy in Japanese Religion*, London: Routledge.

Sherriff, Patrick ed. [2011], *2:46: Aftershocks: Stories from the Japan Earthquake*, Cumbria, UK: Enhanced Edition.

Takenaka, Akiko [2015], *Yasukuni Shrine: History, Memory, and Japan's Unending Postwar*, Honolulu: University of Hawaii Press.

Ubaura, Michio [2017], "Changes in Land Use after the Great East Japan Earthquake and Related Issues of Urban Form," in Vicente Santiago-Fandiño, Shinji Sato, Norio Maki and Kanako Iuchi eds., *The 2011 Japan Earthquake and Tsunami: Reconstruction and Restoration: Insights and Assessment after 5 Years*, Berlin: Springer, pp. 183–204.

Valaskivi, Katja, Anna Rantasila, Mikihito Tanaka and Risto Kunelius [2019], *Traces of Fukushima: Global Events, Networked Media and Circulating Emotions*, London: Palgrave Macmillan.

第Ⅱ部

景観の変化と記憶の風化、そして伝承

第四章

東日本大震災後の「語り部」

――集合的記憶の交渉と復興プロセスおよび災害教育支援

フラヴィア・フルコ
Flavia FULCO

「語り部」とは、歴史上の出来事や伝説に関連した話を直接体験した人、あるいは近いところで経験した人が、その出来事を語り伝える実践を表す日本語である。東日本大震災（三・一一）の後、東北地方の被災地では、さまざまな起源や目的を持った「語り部」が活躍した。当初は、個人的な体験や一つの町の話など、津波の被害の様子を伝えていた。復旧や復興が進むなか、語り部は観光客やボランティアなどの来訪者に向けて、地域の伝統や資源、食べもの、名所などの魅力をより詳しく伝えるようになった。

二〇二一年は、三・一一の震災から一〇年の節目の年であった。被災した町の一部が再建される一方で、語り部たちは自分たちの役割や使命について考えている。本稿の目的は東北における震災後の語り部の実践について探ることであり、そのプロセスにおけるいくつかの側面に注目する。具体的には、主な側面として、将来のリスクを防ぐために災害から学んだ教訓を伝えつつ、その記憶を存続させる記憶伝達の実践としての語り部の役割と、コミュニティ再生の手段としての語り部の役割について考察する。これらの同等に重要な役割の間に、トラウマ的な経験の集合的な記憶の形成がある。これには生存者の声の多様性やある世代から次の世代への移行が含まれるため、スムーズで直線的なプロセスではない。あらゆるトラウマ的な出来事の記憶と同様に、この震災の記憶も時間や状況に応じて変化する流動的なプロセスであることを考慮することが重要であり、防災ツールとしての教育的機能を中心に統一できる災害の物語を確立するための重要な課題である。

1　はじめに

本章では、東日本大震災で最も大きな被害を受けた福島・宮城・岩手の三県で展開されている震災後の口承活動である「語り部」に注目する。被災した地域は約四〇〇キロメートルもの距離に及び、多くの町やコミュニティが存在するため、「語り部」の現象も地域によって異なる特徴を持っている。

さらに、語り部の実践においては、場所や景観を変える復興プロセスの進行によりさまざまな変化ももたらされている。場所は語り部が効果的に機能するために非常に重要であり、したがって語り部の実践は物理的な復興の進行に影響を受ける。語り部という現象とそのバリエーションの大きさを踏まえ、本稿では、すべての種類の語り部について説明しその違いを強調することを目的としていない。むしろ、いくつかのコミュニティにおいて古くから行われてきた語り部の活動が、三・一一の震災後にどのように再活性化され、震災の物語を収集・発信するツールとなり、さらに復興プロセスや防災の向上にどのような影響を与えたかに焦点を当てている。

この二、三年の間、語り部のコミュニティはさまざまな形で発展してきた。震災直後には、語り部は、震災の経験とその被害者、震災が起こるまでのコミュニティにおける生活や震災後に生じた生活上の多大な変化など、コミュニティにとって意味のある物語を語っていた。年月が経つにつれ、語り部の物語は震災に関する出来事や経験の詳細を減らすようになり、コミュニティの地理・歴史・地域伝統に関連する要素をより多く含めるようになっていった。これにより、後述するように語り部はその伝統的な起源に近づいている。

このような震災後の語り部に見られる最近の変化は地域活性化の役割と関係している。多くの地域では復旧が完了もしくはほぼ完了しているが、被災者が戻ってこないなかで多くの家屋が空き家として残っている。一時期、東日本大震災後の東北地方には、ジャーナリストや研究者など多くの人々が訪れたが、建設会社の雇用者などの復興に関わる人々も数多く集まっていた。ところが二〇二二年現在、多くの被災地では復興が進み、この交流人口も減少しており、東北の人口回復の将来に疑問を投げかけている人もいる。そんななか、語り部が東北を語り継ぐことは、外部からの訪問者にとって魅力的な場所となり、新たな人口や観光客を呼び込み、地域経済を支えることになる。実際、語り部の料金は非常に安いものの、その地域を訪れた観光客は少なくとも一泊し、レストランで食事をし、お土産を購入することで地域経済の循環に参加している。

永松らが示したように［Nagamatsu et al. 2021］、災害の口承はよりレジリエントな社会を構築するためのツールとなり、被災したコミュニティの経済復興を促進するだけでなく、震災を生き延びた（あるいは震災で亡くなった）者の経験を伝えることで災害教育のために非常に有効なツールにもなっている。しかし、語り部においては、教育と宣伝というこの二つの機能が災害の集合的記憶［Halbwachs 1992］の形成と統合に絡み合っていることを筆者は主張したい。語り部の活動は、外部からの訪問者に震災のストーリーを伝えることを目的としているが、トラウマ的な経験はいまだ地元の人々に影響を与えており、そのメッセージを被災したコミュニティの中で循環させることがより困難であるため、二つの側面のバランスを図ることは簡単ではない。また、渥美［2004］が指摘したように、集団の物語には、コミュニティのメンバーによって封じられる必要がある「ドミナントストーリー（思い込みの物語）」が常に存在する。これは重要なことであるものの、とくに防災の教育的機能を考慮するならば、既製のパターンをつくることで語り手の経験の独自性や無二さが失われてしまう［渥美 2004: 168］。

本稿のデータは二〇一五年一二月から二〇一八年三月の間に収集し、フォローアップ情報は二〇一九年二〜三月と二〇二一年三月の間に収集した。日本にしばらく住んでいた筆者は、六年の間に何度も被災地を訪れた。筆者は「民族誌的再訪（ethnographic revisits）」［Burawoy 2003］を通じて、これまでの訪問や過去の研究と通時的かつ同期的に比較し、情報提供者の目を通して進展している復興の価値を分析する機会を得た。研究対象地域を訪れ始めた頃の筆者は東京に住んでおり、上智大学に在籍していた。二〇一五年末の時点では震災からすでに四年が経過し、瓦礫はほぼ完全に撤去され、嵩上げ工事がすでに始まっていた。景色はシュールで、道のりは頻繁に変わり、地元の人も適応するのが難しかった。筆者による地元の方々との交流はボランティア活動（チャリティイベントの開催や海苔の加工）から始まった。これらの活動により、筆者はコミュニティに近づき、宮城県と岩手県の各地で参加者として語り部ツアーやその他のコミュニティイベントを観察し、語り部の実践者や三・一一後の東北での語り部ツアーの発展に貢献した人々を対象に半構造化インタビューを行うことができた。

2　震災後の語り部に関する背景

佐藤［2013: 354］によると、一九七〇年代から「語り部」という言葉が徐々に新聞に掲載されるようになり、一九八〇年代以降、その使用が急増したという。冨永［2014］は、被爆者による「公式な」語り部、つまり公的機関が主催する口演が始まったのは、一九八二年に長崎市が長崎平和財団を設立してからだと主張している。被爆者が原爆を体験していない若い世代に体験談を伝える「語り部による被爆体験講話」を始めたのである。

この意味での「語り部」とは、広島・長崎の被爆者が、命の危機を目の当たりにして、それを語り継ぐことを意味していた。そして、広島平和記念資料館では、今でも来館者に原爆体験を一日三回語っている。ただし、被爆者は年々少なくなり、高齢化も進んでいるため、被爆者の体験談を録画し、それを展示している。一方で、その場で口伝により話を伝える取り組みを実践し続けるために、二〇一五年四月からは、「被爆体験伝承者」と呼ばれるプログラムが始まった。被爆者の後継者や相続人に語りを託し、その人に代わって体験談を語るというものである。これは当事者による口承ではなく経験者以外の者が伝える物語であり、それを定義するために、「語り部」よりも「伝承」(伝達、一般的には口伝を意図する)という言葉が好まれた。後述するように、東北では誰が語り部になる資格があるのかという議論がしばらく続いていたことを考えると、このような間接的な語りがすでに存在していることは非常に重要である。

近年では、一九九五年に阪神・淡路大震災が発生し約六千人の方が亡くなられた際に、公の場で被災体験を語る被災者のことを「語り部」と呼ぶようになり、現在でもこの呼び方が使われている。神戸では阪神・淡路大震災記念館で、淡路島では野島断層保存館で、それぞれ語り部が口承に努めている。語り部は震災から二五年以上が経過した今でも活発に活動しており、毎年多くの者が両資料館に訪れている。

神戸・淡路と広島・長崎の両方の経験が、東北での語り部の実践に影響を与えている。どちらの場所でも、語り部には現在、独自の物理的空間(具体的には記念館)が用意されている。これは、復興プロセスの達成により、災害直後の実際の姿を見せることができなくなったためである。

日本にある災害関連の博物館はこの二つだけではない。実は、「日本には、長い災害の歴史を記念して、失われた命を追悼し、自然災害の科学的メカニズムや災害の歴史、災害時や災害後の人々の体験を伝える博物館の伝統がある」[Maly and Yamazaki 2021]。ここ数年の間に三・一一に関連するメモリアル・ミュージアムがいくつか開設されており、それらの存在によって、語り部は先述の例のように巡回しなくなっていくであろう。現在、東北の多くの地域では語り部がまだ巡回しているものの、復興作業が進んでいるため、この状況は変わり始めている。一方、復興工事の影響で、旅程も随時変更されるようになっている。

3 東北の語り部

フィールドワークを実施している間、筆者はさまざまな語り部に、彼らが語り部になった経緯について尋ねた。岩手県陸前高田市《りくぜんたかた》のある語り部ガイドは、二〇一一年の夏に語り部の活動を始めたことを説明してくれた。活動を始めたきっかけは、地域外から来たボランティアの人たちと一緒に活動しているうちに、町の様子や津波の大きさなどについて質問されるようになったからだそうである。彼は、「助けに来てくれたのに、町の様子を知らずに帰ってしまうのは申し訳ないな」と思ったという。そこで彼は、昼休みに少しの時間でもいいから、震災前の町の様子や、津波が何を壊したのかなど、写真を使って説明させてもらえないかとボランティア活動の運営側に頼んだ。彼の語り部活動はこのようにして始まり、後に語り部の会を設立することにまでつながっている。また、「二度とこういうことはないようにするために、違う地域から来た人たちに状況がどのように変化していったのかを伝えることに力を入れている」とも語っていた（語り部ツアー陸前高田、二〇一七年一一月六日）。

宮城県南三陸町《みなみさんりくちょう》にあるホテル観洋《かんよう》の館長（女将）も、自分の町における語り部の展開について、似たような話をしてくれた。語り部は当初、救助隊員、ボランティア、建設作業員、ジャーナリスト、研究者などのニーズに応えるために始まり、後になって震災関連の訪問者向けに行われるようになった［Fulco 2017］。

「語り部」という言葉については、震災に関する口承活動をなぜこの言葉で表現するのかを尋ねたところ、広島や長崎の被爆者の教訓を挙げる人が多かった。あたかも、原爆の体験が日本の社会にすでに存在する生命の危機からの生還を報告するためのモデルとなっているかのように、淡路島の野島断層保存館で活動している語り部からも同じ答えが返ってきたことを指摘しておきたい。東北各地の人々と話していると、広島との比較が何度も出てくる。実際、広島は、被爆者の物語がどのように語られ伝えられてきたかという点だけでなく、「負の遺産」［Meskell 2002: 558］を変換させることに成功し、東北各地のコミュニティにとってインスピレーションとなった場所として捉えられているため、モデルとして示されたのである。

語り部はさまざまな形で展開しているため、さまざまな種類の語り部が存在する。語り部に見られる異質性は研究を複雑にしている。ある町で観察された語り部のパターンは、次の町ではまったく違うものになる可能性があり、一般化を避けて慎重に検討する必要がある。津波の後、福島第一原子力発電所の事故が発生し、三四万七千人以上の人々が避難を余儀なくされた福島県の状況を見ると、東北における語り部の実践はさらに複雑なものとなる［Gerster 2019］。汚染地域からの避難者は、経済的困難や社会的偏見に直面した。スレーターらが示したように、「風評被害のことを、地震、津波、放射能に続く三・一一の第四の悲劇と呼ぶ人もいる。これらの風評被害やデマには、機能していない避難所に関する誤った報告や、津波に襲われた沿岸部における死者数の不正確な数字などが挙げられる。なかでも、福島からの避難者、とくに子どもたちと物理的に接触することで他人に危険が及ぶという噂は、仲間はずれやいじめの原因となることも多い」［Slater et al. 2014: 498］。そのため、福島県では（福島からの避難者の間でも）、多くの人が震災のことを早く忘れ、汚染地域出身であるという汚名を着せられていると感じないようにしていると思われる。

これまでのフィールドワークでは、さまざまな種類の語り部に出会ったが、それらを表4-1にまとめた。この表は完全なものでも網羅的なものでもない。これは、二〇一五年から二〇二一年までの間に筆者が観察した結果にすぎない。ただし、語り部は今も変化し続けている実践であり、今後も変化する可能性がある。また、筆者がこの表に含めた語り部の種類は、外部からの訪問者と接触している者である点に留意する必要がある。

語り部のカテゴリーにおけるこの区別は、語り部とは誰か、なぜこの活動に参加したのかという定義を複雑にしているが、被災者ではない語り部の正当性に関する議論を深くする。これは、東北の人々と話している際に聞こえてくる、「誰でも語り部になることができます」という言葉を理解する上で重要である。多くの人にとってそれは真実であるかもしれないものの、他の人にとっては望ましくなく、失礼なことでさえある。事実、多くの人が、津波を真っ先に経験し、家や仕事などの大切なものを失った人だけが語り部になれると信じている。ただし、一〇年以上経った今、多くの被災者にとってこの必要性は薄れてきているようである。情報提供者の多くは、

［表4-1］ 3タイプの語り部の事例

タイプ	説明	例
語り部のバスツアー企画	観光協会やレジャー・観光関連の民間企業，あるいは記念事業に関心のあるNPOなどが主催している． 中には，語り部（報酬あり）を雇っている自治体が主催するものもある．ただし，ほとんどの場合，彼らはボランティアである．バスはツアーに含まれている場合もあれば（参加者が個人や小グループの場合），その地域を訪れるためにグループで借りたバスである場合もある（修学旅行や社員旅行など）．	津波で壊滅的な被害を受けた岩手県陸前高田市では，語り部ツアーは観光協会に依頼しなければならない．語り部のスタッフは5～6人で構成されており，参加人数に関係なく1時間の見学料は3,000円である．これと同じパターンが各地で見られる．ただし，同じ岩手県の田老郡宮古町にある「田老防災スタッフ」は例外である．ここでは，職員は市役所の雇用者の一員であり，それに応じた給与を受け取っている．彼らの語りは，自分自身の経験にとどまらず，地域の歴史や災害文化の要素を含む，地域で知られた他の人々の例を用いているため，彼らは自分たちを「防災スタッフ」と定義することにした．
半組織化された語り部	語り部は，主に個人の自発的な活動によって発展し，後に団体として組織されている．多くの語り部協会はこのようにして始まった．	石巻をはじめとする東北沿岸部には，さまざまな街でタクシー語り部が走っている．最近では，仙台のタクシー会社でも，要望に応じて語り部を兼ねた運転手を派遣するサービスを行っている．このサービスの利用者には，仙台周辺の具体的な街の様子を知りたいという少人数のグループが多いようである．
自発的な語り部	震災後に多く見られるようになった．この「語り部」は，NPOや観光協会，自治体などの正式な組織や支援を受けずに，地元で活動する個人が，出会った観光客に自分の体験を伝えるものである．	被災地の多くの町．

出所：筆者作成．

被災者の世代がいなくなると、津波の体験を語り継ぐ人がいなくなり、災害対策という点で危機であると考えている。その際には、原爆のトラウマ的な経験が今でも語り継がれている広島や長崎が、従うべき例としてよく挙げられている。誰が何について話すことができるかということをめぐる議論はまだ終わっていないようで、後ほど詳しく分析する。

本研究では、宮城県と岩手県の語り部に焦点を当て、とくに、南三陸町のホテル観洋による語り部バスツアーの事例に注目する。ここに挙げる事例は、震災後の東北地方の現実をすべて代表するものではない。この事例を取り上げることにしたのは、南三陸町は筆者がフィールドワークでより多くの時間を過ごした町だからである。ホテル観洋は筆者が初めて訪問した場所の一つであり、二〇一一年からホテルで毎年開催されているクリスマスパーティーのイベントの運営に、NPO法人OGA（現在は「Place to Grow」）のボランティアとして二〇一五年末に参加したことがきっかけであった。このイベントはエンターテインメント付きのクリスマスディナーで、南三陸町や近隣地域を中心に四〇〇人以上が参加している。筆者は二〇一六年と二〇一七年にもこのイベントにボランティアとして参加したが、その一方で「Place to Grow」のボランティアとして地域内の他のイベントにも参加していた。また、本稿ではホテル観洋の語り部バスを事例として取り上げたが、これは、時間的に確立された統一された物語が復興の過程で変化していく様を示すためでもある。

4　場所を語る——南三陸町の例

4-1「ホテル観洋語り部」のバスツアーの概要

この節では、筆者によるツアーの観察に基づいた民族誌的な報告を紹介する。南三陸町は、一九九六年に志津川町《しづがわちょう》と歌津町《うたつちょう》が合併して誕生した比較的新しい自治体である。総人口は二〇一一年一月の時点で一万七六六七六人であったが、(1) 同年一二月には一万五四八八人まで減少した（二〇一六年初頭の時点では一万三七八二人）。南三陸町のウェブサイトによると、津波による犠牲者は六二〇人、行方不明者は二一二人となっている。また、家や仕事を失った人たちが他の地域に移住したことも人口減少の要因となっている。

震災前の南三陸町は、漁業、農業、そして豊かな自然が経済の基盤であった。ただし、日本の多くの農村地域と同様に、この地域も過疎化の影響を受けていた。南三陸町の行政は、観光客を呼び込み、地域経済を活性化させるために、地域の歴史や伝統、工芸品や食品などを直接伝えることができるガイドの育成を計画している[Fulco 2017]。

南三陸町には「ホテル観洋」があり、震災時やその後も地域で重要な役割を果たしている。ホテルは町の入り口の岬にあり、そのおかげで甚大な被害は免れたが、津波は建物の一階と二階、そして浴場のある場所まで到達した。巨大な施設であったため、家を失った人々の一時的な避難所として利用された。瓦礫の撤去が完了した秋には、増え続ける訪問者の要望に応えて、語り部バスツアーを開始した。それ以来、バスは毎朝八時四五分にホテルを出発している。二〇一七年には、語り部バスツアーが「震災の記憶を風化させない」役割を果たしているとして、日本観光大賞を受賞している。残念ながら、二〇二〇年の二月から新型コロナウイルスのパンデミックに伴いホテルに宿泊者がいない日があり、そのような日は見学を中止している。

筆者は二〇一六年から二〇二一年にかけて、このツアーに何度か参加し、その内容について観察した。ここで年に一度開催される「全国被災地語り部シンポジウム」などの特定のイベントでは、バスが複数台編成されている(二〇一六年は四台)。二〇一六年三月二一～二二日にホテル観洋で開催された「語り部シンポジウム」の際にツアーに参加したところ、ツアーは混雑しており、プロの機材を持ったカメラマンもバスに乗っていた。この日は、参加者に配られたタブレット端末を使って、普段は語り部が手に持って説明している資料(写真や新聞記事等)を見せる試みが行われた。公式には八～一〇人の語り部ガイドがホテルに所属しているが、最も活躍しているのは三～四人である。語り部はホテルの従業員で、ツアーに参加していないときはホテルの受付などで働いている。団体がホテルを訪れる際には、南三陸町内の外部協力者に「語り部」を託す。旅の途中、とくに特定の場所で記憶が呼び起こされたときには、それぞれの語り部が自分の体験を語る。例えば、知り合いを亡くした場合はそのことを語り、仮設住宅での生活について語る者もいる。最年長者が、一九六〇年五月にチリで発生した近代最大級の地震(マグニチュード九・五)の後、七メートルの津波がこの海岸を襲い、この町だけで四一人の死者を出したという体験を語ることもある。このような違いはあるものの、ナレーションは通常、バスがまだ駐車場にいるときに始まり、バスが出発するときに語り部が自己紹介と運転手の紹介を行う。ちなみに、一九九六年に誕生した南三陸町は戸倉、志津川、入谷、歌津の四地区によって構成されている。冒頭で述べたように、市町村合併が行われるまでは、歌津は別の町であった。今でも、地元の人たちと話しているとライバル意識のようなものが伝わってくる。戸倉や志津川と歌津は、津波で道路が寸断されたこともあり、あまり近い関係ではない。戸倉、志津川、入谷の三地区のうち、海岸から離れた入谷のみは津波被害を免れたため、戸倉と志津川に注目している本ツアーでは訪れていない。

4-2 戸倉

通常、ホテルを出発したバスは、まず戸倉地区へ向かう。海岸沿いのルートであるため、最初は震災当日の様子や天気などが語られる。ただし、ここ二、三年は地域が大きく変化したこともあり、工事の様子なども語られるようになってきている。後述するように、戸倉の変化が語りの内容を変えたのである。この地域で見学する場所は、かつて戸倉小学校があった場所、天照大神が祀られており戸倉小学校の生徒九二人を含む一九〇人の避難所となっていた五十鈴神社、旧戸倉中学校（現在は戸倉公民館）の三か所が一般的であった。戸倉小学校の建物は、取り壊さなければならないほどの被害を受けていた。バスはまず校舎の近くに停車し、語り部は震災の話を始める。建物が取り壊された跡地では、語り部が写真を見せている。日本各地にある何万もの校舎と同じように真っ白い学校の写真だけが、以前の生活を想像するための唯一のヒントなのである。校舎は海から二二〇メートル離れた地点にあった。校長は埼玉県出身であったため、地元の人のように津波の避難方法を知らなかった。津波の数日前に、ほぼ同じ地域で地震が発生した。強い地震であったため、警報が発令された。その日のうちに、避難の際は全員が二階に避難することが決められたが、一人の先生が反対した。地元出身の彼女は「津波警報が出たら皆が高台に行くべきで、とくにこんなに海に近いところに建っている建物は信用できない」と教えられてきたからだ。その結果、三月一一日には、皆で五十鈴神社の丘を走った（写真４－１）。これにより、震災時に校舎にいた子どもたちや先生たちは命拾いをした。彼らは丘の上の小さな神社で一晩を過ごし、怖くて寒さと空腹に苦しみながらも生き延びた。

筆者が語り部のバスツアーに参加するようになってからは、五十鈴神社へのアクセスが容易になっている。語り部ツアーでは、丘の上に停車して参加者を連れてくるための十分な時間はなかったが（丘も急峻なため高齢者には適していない）、バスはいつも丘の近くに停車し、語り部は神社を指差し、子どもたちが怖くて寒くてお腹が空いていたにもかかわらず元気を出すために卒業の歌を歌ったという話をしていた。後ほど詳しく説明するが、筆者も語り部と一緒に神社を訪れる機会があった。ただし、戸倉地区の復興工事の結果、道が変わったことでバスは近づけなくなり、五十鈴神社を見ることはほとんどできなくなっている。語り部は丘を指差すが、神社は視界から隠れてしまっている。

［写真4-1］五十鈴神社（2019年）
撮影：筆者

戸倉小学校の話は旧戸倉中学校の話と一緒に語られている。旧戸倉中学校は、数百メートル離れた海抜二〇メートルの丘の上に建てられている（写真４－２）。そのため、安全であると考えられていた。だが、いったん避難した後で、持ち物を取りに戻ったり、建物の中に人がいるかどうかを確認しに戻ったりしたために何人もの人が命を落としてしまった。ここで、語り部は、二つの学校の話が同じ問題の異なる側面を表していると、観客に少しだけ伝えている。北東北の太平洋沿岸では、津波が来たときに避難することを「てんでんこ」と言う。この言葉は、一人でも多くの命を救うことの重要性を説いており、そのために津波が来たら誰もが自分の命を守るために真っ先に逃げなければならないという意味を含んでいる。どのような理由があっても、誰も戻ってはいけない。皆がこの教えを守れば、助かる命の数はもっと増えるはずだ。てんでんこは三・一一以降に生まれたものではなく、地域の防災意識文化の一部であり、歴史家の山下文男が一九三三年の津波の後に自らの体験を語ったことでより広く知られるようになったが［山下 2008; Kodama 2015: 361］、前回の震災経験を経て、同じような大災害が今後起こった場合に多大な損失を防ぐことを目的として、地域文化に再統合されるようになっている。

これらの物語は、災害の口承の教育的な目的を明確にするのに役立つ。とくに、二つの学校に注目しているため、子どもたちや学校関係者に災害のリスクを教えることの重要性が伝わってくる。

［写真4-2］旧戸倉中学校（現在は戸倉公民館，2021年）
撮影：筆者

4-3 志津川

戸倉を出発したバスは、志津川方面に向かうことになる。ここは南三陸町で最も被害の大きかった場所である。建物の七割が津波で破壊され、残りはその後の被害で取り壊されてしまった。現在は復興事業が進められており、二〇一七年三月には「さんさん商店街」という新しい商店街がオープンし、二〇二〇年には「南三陸町震災復興祈念公園」が開園するなど、すでに多くの進捗が見られている。この地域では、被災した建物として、防災対策庁舎と高野会館の二つしか残っていなかった。高野会館はホテル観洋と同じ会社が所有する施設で、結婚式や宴会などに使われていた（写真4－3）。震災当時は高齢者の集いが年に二回行われていたが、地震発生時にはちょうど集会が終わるところであった。この建物は屋根が高く、三階でも普通の住宅の五階くらいの高さがある。鉄筋コンクリート造であることも踏まえ、この地域では最も頑丈な建物の一つとされていたため、高野会館のスタッフは「ここを離れるより、ここにいた方が安全だ」と判断した。語り部は、震災後の新聞記事を示しながら、高野会館の職員が「生きたかったら、残れ！」と叫んで人々を説得したことを伝えながら、話を進める。この地区の語り部ツアーでは、建物の内部を見学できる場合がある（写真4－4）。その場合、三二七人の人々と二匹の小型犬が命を救った場所でナレーションが行われる。屋上のテラスでは、語り部が当時の写真を映し出している間に来場者が周りを見渡し、現在では何十個もの盛り土で構成されている景観やそれらの背後にある海を眺めながらあの日の様子を想像してみるという、感動的で説得力のある体験をする。志津川病院の話も、

［写真4-3］高野会館外観（2021年）
撮影：筆者

［写真4-4］高野会館内部（2017年）
撮影：筆者

高野会館のナレーションに入っている。高野会館では、志津川病院の話も紹介されている。志津川病院は通りの反対側にあったが、甚大な被害を受けたため解体され、今では写真でしか見ることができない。エレベーターが故障して最上階に患者を運ぶことができず、体が不自由で動けない社会的弱者が七〇人も亡くなった。

高野会館は所有する法人によって保存されることが決定しているが、民間の災害遺構であるため、当該地域の都市計画がこの建物をどう組み込むかはまだ決定されていない（二〇一九年一一月調査）。建物の用途もまだ決まっていない。現在、高野会館はホテル観洋語り部バスのツアーコースにのみ組み込まれている。この建物を十分に見学するためには、現在の一時間のツアーでは時間が短すぎるため、ホテルはこの建物を見学するための特別なツアーを用意するかもしれない。南三陸町には他にも語り部の団体があるが、ホテル観洋の従業員によると（二〇二一年三月調査）、現時点では誰も高野会館の見学を希望していないという。この状況は、震災の教訓を伝える上での語り部の必要性を誰もが認めているものの、コミュニティ内に残る意見の違いにより、同じ目的のために団結することが難しいことを象徴している。

二〇一七年の三月にさんさん商店街の工事が完了するまでは、今は解体されているもっと内側のエリアに仮設の商店街があった。その頃は、ホテルに戻る前に、バスがそこにもう一度立ち寄ることもあった。南三陸町には、東北沿岸部の他の町とともに、一九六〇年の津波で失われた南三陸町の四一人の命を追悼してチリから贈られたモアイ像がある。モアイ像は二〇一一年の津波で流されてしまったが、数日後に頭部のみ損傷した状態で発見された。破損したモアイは現在、志津川高校のグラウンドに置かれている。二〇一一年の津波から一年を迎えた記念式典でこのモアイを見たチリの代表団は、「新しいモアイを贈ろう」と決意し、翌年の二〇一三年五月二五日に到着した。最も熟練した職人によって造られた新しいモアイには珍しいとされる目があり、二〇一二年にオープンした仮設商店街の入り口に置かれていたという。二〇一七年に新しい商店街がオープンすると、像も同時に移転した。現在、ツアーバスはさんさん商店街に立ち寄る時間があまりないため、特別に長いツアーでない限り、モアイの物語はカットされるという。

二〇一五年一二月に初めて語り部のバスツアーに参加した際、防災対策庁舎の赤い鉄骨は、嵩上げのために積み上げられていた土のピラミッド群の中でも見ることができた唯一の目印であり、表には建物の名前が書かれた看板があり、ここが防災に特化した庁舎であることを示していた。この建物の話は震災の中でも最も感動的なものの一つであり、語り部はたいていの場合、ここでの出来事を説明するのに数分の時間をかけていた。二〇一六年三月から一年以上、工事のために建物の近くにバスを止めることができなかったときも、語り部のツアーには必ずこの場所が含まれていた。防災庁舎では多くの人命が失われたため、保存するかどうかの議論はとくにデリケートなものであった。賛否両論があったが、宮城県は、地域住民が議論してまとまった判断をする時間を確保するために、二〇年間は費用をかけて保存することを決めた。一〇年が経過した今、二〇年を過ぎた後のことについては何ら決定がなされていないだけでなく、筆者が聞いた限りでは、この問題はまだ公に議論されていない。震災遺構の問題は、三・一一の震災によって残された広大な被災地の多くのコミュニティに影響を与えている。宮城県は「震災遺構」の定義を作成し、リストに何を含めるべきかを評価するため専門家を委員会の委員に任命したが、リストに含めることができるのは公有の建造物のみである［Littlejohn 2020: 1］。

二〇二〇年に祈念公園（後述）が開園したときからこの物語を伝える物理的な場所が何度か変わっているが、語り部は今でもそれを伝えている。前述したように、防災庁舎の遺構は約一年間公開されていなかったが、二〇一七年三月、志津川の防災庁舎の目の前にある新しい商店街のオープンとほぼ同じタイミングで改修が終わった。改修後の遺構は、赤と白の鮮やかな色に塗り直されていた。建物の安全性を確保するためには改修が必要だった。錆びていた部分を取り除き、構造体にしっかり固定されていなかった部分も取り除いた。この色は、新聞でも報道されたように、震災直後の状態に近いものを選んでいる(2)。遺構となった建物の新しい姿を見て、人々はとても驚いた。地元の人たちと非公式に話した際には、「新しくピカピカにするのは被災者に失礼だ」と断言する人もいた。しかし、リフォーム工事がもたらした反応はそれだけではなかった。それは、震災廃墟をモニュメントに変えようとする自発的な行為であり、犠牲者に特別に捧げられた「震災遺構」であると考える人もいた。つまり、痛みを伴う残骸と確立された記憶の場所との間に距離を置く機能を持つように、改修は行われたのである［Nora 1989］。

4−4 南三陸町震災復興祈念公園の開園

二〇二〇年一〇月、新型コロナウイルス感染症のパンデミックのなか、「南三陸町震災復興祈念公園」が開園した（写真4−5）。この公園では、防災対策庁舎の遺構へのアクセスが困難になっている。八幡川《はちまんがわ》（志津川）は工事中に流路が変更され、現在は商店街と震災祈念公園の間を流れている。堤防はその流れを守るために造られたもので、右岸の堤防は防災庁舎跡の表に建っている。そのため、防災庁舎に向かうには、高台に設置された台の上に立つ必要がある。この遺構は、人々が手を合わせて津波の犠牲者に思いを馳せる場所、犠牲者の記憶をとどめる神聖な場所と考えられていた（写真4−6・4−7）。現在では、訪問者は上から下に向かって見なければならず、筆者が話を聞いた語り部によると、人々はこのことについて不快に感じている。上から見下ろすべき場所ではないので、違和感があるそうである（「見下ろせて、手合わせて、すごい違和感ありました」、二〇二一年三月調査）。

［写真4-5］南三陸町震災復興祈念公園（2021年）
撮影：筆者

震災から一〇年経った今も志津川が工事中であるため、祈念公園全体が町から切り離されているように見える。語り部バスにとって、今は話をするために防災庁舎の近くに停車できる場所がない。筆者が最後にバスに乗った二〇二一年三月には、バスは公園に沿って走る道路の真ん中に止まり、遠くに遺構が見えていた。きちんと停車して近くから見学するためには最低でも二時間のツアーが必要で、通常のコースではできず、特別なツアーを企画して事前に予約しなければならない。

現在進行中の復興事業による変化にもかかわらず、一時間のバスツアーは、当初、最も被害の大きかった二つの地域に時間を割くように設計されていた。当初は、戸倉と志津川の二つの被災地を中心とした一時間のバスツアーだった。ただし、前述したように、復興に伴う街の変化に伴い、一時間のツアーで選択する場所が少なくなり、以前と同じ場所に簡単にアクセスする機会がなくなってしまった。

［写真4-6・4-7］防災対策庁舎（2016年，2021年）
撮影：筆者

5 語り部の組織化と話す権利

ホテル観洋は、二〇一六年に「全国被災地語り部シンポジウム」が誕生した場所でもある。第一回目のシンポジウムは二〇一六年の三月二一日と二二日に開催されたが、参加料は無料で、事前に予約することが条件であった。その後、毎年開催され（二〇二一年はコロナ禍のためオンライン開催）、二〇一七年には淡路島、二〇一八年には熊本で開催され、東北と他の被災地との関係を強めている。全国的なイベントに加えて、東北の語り部のためにもう一つのローカルイベントが開催され、これは通常、ホテル観洋で行われる。これらのイベントの目的は、二〇一六年の第一回目の開催時に議論されたように、以下のとおりである。

・震災を風化させず、次の世代に引き継ぐための有効な手段についてのブレインストーミング
・復興過程における地域の本質的なニーズを考えること、とくに新しいまちづくりの計画について
・日本の他の地域での災害経験を聞き、そこから学び、今後の東北の経験を伝える方法を考える

この言葉から、語り部にとって、将来の世代への教育と復興支援が当初から重要であったことがわかる。教育の目的は語り部のコミュニティにも及び、他の災害の経験から学び、物語の伝え方を改善する必要がある。

これらのイベントは語り部コミュニティが復興の内外における自分たちの役割を振り返るために非常に重要であるといわれているが、すべての語り部の団体が参加しているわけではないのも事実である。例えば、全国シンポジウムや地域シンポジウムは観洋ホテルが主催しているが、南三陸町観光協会の語り部は参加しておらず、町内の他の団体も参加していない。各地に複数の語り部協会が存在し、共通のプロジェクトが存在しないことは南

三陸町に限ったことではない。被災した多くのコミュニティでも、同じような現象が見られる。多くの協会が年次総会や地域のシンポジウムに参加しない理由は、さらに調査する必要がある。この地域で活動している他の語り部協会を招待しているかどうかを組織の関係者に尋ねたところ、招待されているにもかかわらず、参加を断っているとのことだった。この地域の社会力学（人間関係）に関する筆者の部分的な知識から推測すると、あるネットワークに参加するかどうかは、各グループの活動目的と個々人の利害関係が影響しているのではないかと思われる。例えば、ホテル観洋で結ばれたグループにとって、「語り部」という言葉とそれに関連する実践を東北の境界線の外、さらには日本の外へと輸出することは非常に重要なことである。筆者自身、二〇一九年に開催されたこのイベントにおいて、「語り部世界へ」と題したパネルディスカッションに参加した。また、インタビューや非公式の講演では、イタリアに語り部のような実践があるかどうか、そして、筆者の研究によって語り部という言葉を海外に広めることに貢献しているかどうか常に尋ねられた。

ところが、他の語り部グループの中には、観光業の活性化より地元の影響力を強くすることを活動目的としているグループもある。活動目的が異なるグループが同じネットワークに参加することは難しい。

また、前述した語り部シンポジウムでは、講演者は協会やグループの一員であることが多いため、個人的な語りは、統一されたストーリーの下に隠されてしまうのである。最近、「誰でも語り部になる」という標語が、「みんなは語り部です」に変わってきた。米山リサは著書『ヒロシマの軌跡』の証言活動の章で、「個人的な記憶を公の場で語るだけで、自動的に証言者や語り部になるわけではない。このような自己定義は、与えられた文化的・社会的文脈に批判的に介入する試みを伴っている」と述べている［Yoneyama 1999］。話す必要性があり、自分の役割を認識している人という目撃者の概念は、津波を見た人、危険を逃れた人、家が流された人を目撃者として認定するのに有効である。ただし、文化的トラウマとは、「集団の構成員が、集団意識に消えない傷跡を残し、記憶を永遠に刻んで、将来のアイデンティティを根本的かつ取り返しのつかない方法で変えてしまうような恐ろしい出来事にさらされたと感じたとき」に起こるものである［Alexander et al. 2004: 1］ことから、目撃者の定義を広げて、津波の被害を受けた町の全住民を含めることができる。

理由はともかく、語り部コミュニティの間で共通のプロジェクトがないために、人的・経済的資源が分散してしまい、復興支援や教育目的で災害の教訓を伝えるという語り部の役割が弱くなってしまったと言える。

6 進行中の集合的記憶とトラウマのプロセス

二〇二一年、パンデミックの影響で旅行ができなかった時期を経て一年以上ぶりに南三陸町を訪れた際には、復興がかなり進んでいることを実感した。しかし、一〇年経ったことを考えると、想像していたよりもその進み具合が目立たないようにも感じた。ある語り部に話を聞いてみると、彼も筆者と同じ感想を持っていた。震災当時は、一〇年も経てば状況は変わるだろうと思っていたが、一〇年経った今、復興は思ったよりも遅れているようだと話した。

復興の物理的な進捗は震災の集合的な記憶の形成につながる過程を反映しており、異なる声や異なるニーズが融合するプロセスである。トラウマの記憶とその処理は、それ自体を形成するのに何年もかかり、通常は第二世代によって再構築されることで利益を得ることもある。ただし、語り部は震災直後から、外部からの訪問者に提供するサービスとして利用されており、コミュニティが多くの質問を受けたり、記憶する作業を求められたりするのを防ぐための情報ハブとなっていた。語り部を通して提示される物語、とくに公式で組織的なものは固定されているため、トラウマ的な経験を個人的に詳しく説明する余地はほとんどない。渥美［2004］が阪神・淡路大震災後の語りにおけるグループ・ダイナミックスの研究で指摘したように、トラウマ体験の語りは「言葉にならないもの」に満ちており、語りが安定するためには、それらを集団的に隠蔽しなければならない。物語を隠すための手法の一つとして、特定の社会・文脈で受け入れられやすいように様式化された支配的な物語を作ることがあるという渥美の言葉に筆者は同意する［渥美 2004: 168］。この点を明らかにするための例として、第四節第二項で述べた戸倉小学校の避難に関することが挙げられる。先に述べたように、五十鈴神社への避難を詳細に記述したが、そこには卒業の歌を歌う子どもたちの話も含まれている。

二〇一六年に一度だけ、筆者が自然発生的な語り部と定義する男性と一緒に神社のある丘を訪れたことがある。彼と出会ったのは、東京のオーストラリア大使館が主催したイベントで、彼は津波の中で生き残った話をするために招かれたのである。彼と知り合った後、筆者は南三陸町の彼に連絡を取り、彼は筆者を五十鈴神社の坂道に連れてきてくれた。彼は戸倉地区で車ごと溺れた後、波が引くまで電柱の電線を手首に巻いて命をつなげ、その後に坂道に避難していた人々に助けられたのである。彼はその経験と神社で一夜を明かした震災体験を語ったが、その話の中で、子どもたちの歌のことは一切触れていない。子どもたちの様子は、泣いていたこと、寒くてお腹が空いていたこと、恐怖を感じていたことなどが中心に語られている。バスの中で語られる公式の話と、一人の語り部が語る個別の話の違いは、誰かが嘘をついていて、誰かが本当のことを言っているということではない。集団的な物語は、渥美が指摘したように、「語り得ないもの」を隠し、統一された声を生み出すのが常である。このようなプロセスを経ることで、物語はコミュニティ全体の表現となり、同時にその結果は必然的に統合されたものとなる。私的な意味を公的な意味に変えるために、口承も書かれた物語も、一つの声が一つのコーラスになるための「交渉」を行っているのである。口承が私的な意味を公的な意味に変換するための戦略であるという考えが正しければ［Jackson 2002］、公的・政治的な言説が、何を語るのか、語らないのかを整理することによって、個々の物語に影響を与えることも事実である。

この説のもう一つの例は、語り部による公式の語りからは、犠牲者の遺体の発見に関する話がほとんど聞こえてこないことである。誰かが後で発見された、または誰かがまだ発見されていないといった話が物語の結末として軽く触れられることはあっても、詳しくは触れられない。遺体の発見を取り囲む状況が非常に劇的なものであることは、個々の物語の中では聞くことができても公式の物語の中ではほとんど語られない(3)。

文化的トラウマを処理する［Alexander et al. 2004］ためには時間的な距離が必要であり［Caruth ed. 1995］、多くの場合、これはハーシュが「ポストメモリー」と定義するものを形成するのに役立つ第二世代の形成によっても起こる［Hirsch 2008］。部外者である訪問者が、地域経済の支援や防災のための興味深いツールとして貢献することに関連した支配的なストーリーを形成することは、コミュニティ内でのトラウマの形成にダメージを与える可能性がある。

例えば、語り部プロジェクトが行われている学校があるにもかかわらず、筆者が最後に南三陸町を訪れた際には、ある語り部（二〇二二年三月インタビュー）が、小さな子どもたちの多くが震災の話を正確に知らないと話していた。語り部プロジェクトが行われている学校は、そのほとんどが高校か中学校である。情報提供者によると、これらの生徒たちは二〇一一年の時点ですでに生まれていたが、震災を経験していない小さな子どもたちに話をするのはより困難である。日本各地からやってきた子どもたちは地元の語り部から震災のことを聞いているが、南三陸町の子どもたちは、学校でも家でも震災について知らされていない。若い世代に震災を教えるという目的とは矛盾しているように見えるかもしれないが、それはむしろ、文化的トラウマの処理を通して集合的記憶を統合するプロセスの一部である。このプロセスはスムーズではなく、直線的でもなく、処理するのに長い時間を必要とする。

7 結論

本章では、震災後の東北における語り部の役割を、復興プロセスの支援と防災教育の普及手段としての重要性に焦点を当てて検討した。筆者らは、外部からの訪問者が災害体験について知りたいという要求をフィルターする仲介者としての語り部の役割を探った。たしかに、語り部は訪問者を特定の場所や物語に惹きつけ、集中させる役割を担っている。

各地域の物語を統合し、震災時に人命救助に貢献した点を指摘した語り部は、日本各地から訪れる学生だけでなく、大人のグループや個人に対しても、災害リスク教育に有意義な貢献をしている。ただし、コミュニティの中で震災について語ることはまだ難しい。しかしながら若い世代を教育する必要はある。さまざまな語り部のコミュニティが団結していないなかで、防災教育に関しては外部に東北を紹介したいというメッセージがあり、被災地の内外に向けたメッセージには矛盾が見える。しかし、筆者はそれを矛盾としてよりも集合的記憶のプロセスにおいて必要とされる生理的な時間に関連していると主張したい。

語り部は、物語の選択から始まり、コミュニティにとって重要な場所を巡回し、さまざまな声を「交渉」し、将来の世代へのメッセージを含む一つまたは複数の支配的な物語を生み出す成文化および組織化された物語のパフォーマンスを表しているため必要不可欠である。同時に、地域コミュニティは、トラウマ的な経験を地域のアイデンティティに含める新しい集合的な歴史を構築するために、人々が意図的かつ意識的に災害の記憶に捧げられた場所を訪れることができるコミュニティのための活動をもっと組織化する必要があるだろう。

註

（1） このデータおよび以下のデータは、南三陸町のウェブサイトに掲載されている情報に基づく。

- 「人口・世帯数（平成二三年分）」（http://www.town.minamisanriku.miyagi.jp/index.cfm/10,801,56,239,html）
- 「人口・世帯数（平成二二年分）」（http://www.town.minamisanriku.miyagi.jp/index.cfm/10,800,56,239,html）
- 「東日本大震災による被害の状況について」（http://www.town.minamisanriku.miyagi.jp/index.cfm/17,181,21,html）

（2） 産経新聞「防災庁舎の補修工事完了　南三陸、三カ月ぶりに姿」二〇一七年二月一五日。（https://www.sankei.com/photo/story/news/170215/sty1702150004-n1.html）［二〇二二年一二月一日アクセス］

（3） 例外として、七四人の生徒が亡くなった大川小学校の語り部では、犠牲者の両親が遺体発見の状況を語る際に、今でも語り部訪問を行っている。

文献

渥美公秀［2004］「語りのグループ・ダイナミックス――語るに語り得ない体験から」、『大阪大学大学院人間科学研究科紀要』三〇：一六〇―一七三

佐藤一子［2013］「昔話の口承と地域学習の展開――岩手県遠野市の『民話のふるさと』づくりと語り部たちの活動」、『法政大学キャリアデザイン学部紀要』一〇：三三九―三八二

冨永佐登美［2014］「非経験者による被爆をめぐる新しい語り――ピースバトンナガサキの実践を手がかりに」、『文化環境研究』七：一九―二九

山下文男［2008］『津波てんでんこ――近代日本の津波史』新日本出版社

Alexander, Jeffrey C., Ron Eyerman, Bernard Giesen, Neil J. Smelser and Piotr Sztompka [2004], *Cultural Trauma and Collective Identity*, Berkeley: University of California Press.

Burawoy, Michael [2003], “An Outline of a Theory of Reflexive Ethnography,” *American Sociological Review*, 68(5): 645–679.

Caruth, Cathy ed. [1995], *Trauma: Explorations in Memory*, Baltimore: Johns Hopkins University Press.

Fulco, Flavia [2017], “Kataribe: A Keyword to Recovery,” Japan-Insights Website. (https://topics.japan-insights.jp/#kataribe) [Accessed on October 15, 2022]

Gerster, Julia [2019], "Hierarchies of affectedness: *Kizuna*, perceptions of loss, and social dynamics in post-3.11 Japan," *International Journal of Disaster Risk Reduction*, 41(6): 101304.

Halbwachs, Maurice [1992], *On Collective Memory*, Chicago: University of Chicago Press.

Hirsch, Marianne [2008], "The Generation of Post-memory," *Poetics Today*, 29(1): 103–128.

Jackson, Michael [2002], *The Politics of Storytelling: Variations on a Theme by Hannah Arendt*, Copenhagen: Museum Tusculanum Press.

Kodama, Satoshi [2015], "Tsunami-tendenko and morality in disasters," *Journal of Medical Ethics*, 41(5): 361–363.

Littlejohn, Andrew [2020], "Museums of themselves: disaster, heritage, and disaster heritage in Tohoku," *Japan Forum*, 33(4): 476–496.

Maly, Elizabeth and Mariko Yamazaki [2021], "Disaster Museums in Japan: Telling the Stories of Disasters Before and After 3.11," *Journal of Disaster Research*, 16(2): 146–156.

Meskell, Lynn [2002], "Negative Heritage and Past Mastering in Archaeology," *Anthropological Quarterly*, 75(3): 557–574.

Nagamatsu, Shingo, Yoshinobu Fukasawa and Ikuo Kobayashi [2021], "Why Does Disaster Storytelling Matter for a Resilient Society?" *Journal of Disaster Research*, 16(2): 127–134.

Nora, Pierre [1989], "Between Memory and History: Les Lieux de Mémoire," *Representations*, 26(special issue, Memory and Counter-Memory): 7–24.

Ortabasi, Melek [2009], "Narrative Realism and the Modern Storyteller: Rereading Yanagita Kunio's Tōno Monogatari," *Monumenta Nipponica*, 64(1): 127–165.

Slater, David H., Rika Morioka and Haruka Danzuka [2014], "Micro-Politics of Radiation: Young Mothers Looking for a Voice in Post–3.11 Fukushima," *Critical Asian Studies*, 46(3): 485–508.

Yoneyama, Lisa [1999], *Hiroshima Traces: Time, Space, and the Dialectics of Memory*, Oakland, CA: University of California press.

第五章

被災者の記憶と葛藤
――なぜ震災遺構を解体したいのか

坂口奈央
SAKAGUCHI Nao

1 震災遺構をめぐる議論の本格化

1―1 加速化した保存への動き

本章では、震災遺構の保存と解体をめぐる議論を取り上げ、解体を望む被災当事者の事例分析を通じて、彼らが震災遺構を媒介に、どのような記憶を創り、社会に何を提示しているのかを明らかにする。

東日本大震災は、震災遺構といかに向き合うのかという問題を、広範囲にわたり、かつ本格的に初めて提起した災害といえる。その一つは、行政が保存に向けた制度設計を初めて行ったことである。国は、発災から三か月後、復興構想七原則の第一に、震災の記録および教訓を伝承していく方針を打ち出した（東日本大震災復興構想会議、二〇一一年六月二五日発表）。この時点では、まだ震災遺構という名称はもちろんのこと、保存や具体的な対象について示されていない。震災から一年後の二〇一二年三月には、国土交通省が「災害遺構」という表現を用いて、東日本大震災以前に起きた災害による国内の被災構造物や、東日本大震災の被災の程度を顕著に遺す二一の自然物・地形と被災構造物について整理・提示した。こうした流れを受けて復興庁では、二〇一三年一一月一五日に各自治体に対して、建造物の保存にかかる初期費用を国が負担することを表明した。このように国の複数の省庁が、震災遺構の価値を認め、保存実現に向けて大きく動き出した。また被災した地方自治体でも、震災から二年の間に、震災遺構の保存を検討する委員会が相次いで設置された。その会議の構成メンバーや開催場所、議論の過程を分析すると、震災遺構を保存させたい行政の思惑が確認されたほどである〔坂口・佐藤 2020〕。

では、震災遺構のどのような点が、保存する価値があるというのだろうか。国土交通省都市局の報告書で提示された二一の震災遺構は、復興祈念公園を設置する際の象徴となるよう、被災の痕跡が顕著なインパクトを重視したものとなっている〔国土交通省都市局 2012〕。これまでの国の方針は、被災の痕跡が震災の記録および教訓の伝承媒体となり、防災や減災につながる教育的価値が高いものとしてきた。一方で内閣府が二〇一六年に公表した防災白書では、三陸の人々が昭和三陸地震津波(一九三三年)など過去の災害の教訓を後世に伝えるための石碑を集落ごとに設置するなど、日常生活の中にこそ、災害の教訓を伝承する媒体を遺す意義に着目している。このため、内閣府は震災遺構の定義を、「過去に災害で被害にあった人達が、その災害からの教訓を将来に残したいと意図して残された構築物、自然物、記録、活動、情報等である」と提示した〔内閣府 2016〕。内閣府によるこの定義は、震災から五年の間に顕在化した震災遺構の価値として、災害の歴史を日常の中に織り込んできた三陸の人々の経験と、蓄積された災害文化を抜きにしては論じられないことを示したものでもある。

また学術の領域でも、震災遺構に関する研究の蓄積が見られるようになった。先行研究において、震災遺構は防災や減災上の教育的価値が高いものとして、保存を前提に論じられている〔石原 2017; 石川 2017〕。このように震災遺構のもつ価値は、発災後、加速的かつ広域的に認知されるようになり、被災経験のない一般の人々にも震災遺構の存在が知られるようになった。

震災遺構には、災害の脅威を大きく可視化させるインパクトがあり、防災や減災上の教訓として活かすことなどへの期待は大きい。震災遺構を保存することで社会が求めたのは、被災時に焦点化した被災の記憶である。また、震災遺構が社会的価値のあるものとして認識されることで、被災当事者が経験した被災の記憶は、公的記憶へアクセスされ、開かれていく。高まる震災遺構保存論という社会的なうねりの中で忘れ去られていったのが、震災遺構の保存に反対した被災者の声である。

1-2 揺れ動く記憶

被災地では、震災遺構を保存するか解体するかをめぐって議論が活発化し、地域によっては住民の間で対立が起きたほどである。中でも、東日本大震災後の被災地をポジティブに変換させる論として提示されたダークツーリズム論は、被災地で暮らす人々にとって、突如降ってわいた暴力的な議論となった［東 2019; 井出 2015, 2018］。論者の一人である井出明は、ダークツーリズムの定義について、「筆者が強調する『祈りと記憶の継承』」［井出 2015: 49］と示す一方で、被災者からの反論に対しては、「地元民にとって心地の良いアドバイスは受け入れるものの、それ以外の言説に関しては、『ここに住んでから言え』というマジックワードで拒絶するようになってしまった。この言葉がもつ全能感は強力で、これを言われてしまうと理論的に『当事者とは何か？』という概念を説明しようとしてもなかなか受け入れてもらえず、現地住民と知識人との乖離は広がっていった」［井出 2018: 216］と述べる。井出は、被災者らがダークツーリズム論に対して感情的で、議論にすらならなかったと指摘する。

震災遺構のあり方をめぐり、とくに解体を望む被災者の理由およびその背景については、これまで論じられることはもちろんのこと、着目されることすらほとんどなく、被災によるつらい記憶を想起されることに抵抗した感情論によるものとひとくくりにされてきた。たしかに、被害の痕跡をとどめる震災遺構には、被災時の様相をリアルに想起させるインパクトがある。震災遺構の解体を望む被災者は、被災時に焦点化した記憶に抗《あらが》うことだけを理由としているのだろうか。被災による「負」の記憶について論じた、先行研究を以下参照する。

震災遺構に付着する「負」とは、災害の犠牲になった人々の突然の死、被害をこうむった土地、生き残った人々が抱える苦しみなどを指すという〔遠藤 2016〕。こうした「負」の性質には、「過去の出来事を記憶のなかに位置づける他の遺産と異なり、強い喚起力や不安を引き起こす力をもっているがゆえに、記憶のなかに安置させることを許さない」〔竹沢 2016: 2–3〕ほどのインパクトが備わる。このため、震災遺構に注目が集まることで、被災当事者だけの記憶にとどまらない、新たな記憶の場がつくりあげられるという力学が働くことになり〔Nora 1984〕、観光の目玉になりやすい。震災遺構がもつ負の側面は、外部者にとって魅力的であり、興味を強くひきつけていく。被災経験のない来訪者など外部者にとって、震災遺構にまつわる記憶とは、被災地とのアクセスを求めて、被災時に焦点化された好奇さを伴うものとなる。

一方、被災当事者にとっては、震災で体験した多くの犠牲は異常事態であり、突然降りかかった大きな悲劇＝カタストロフである。寺田匡宏は、災害によるカタストロフについて、「人に強い情動の動きを与えるが、同時に、それを記憶として残してゆく際にも人に感情の動きをもたらす」〔寺田 2018: 563–566〕性質があるという。震災遺構を前にした被災者は、激しい情動を伴う感情と記憶が絡み合い、葛藤を抱く。なぜ葛藤するのか。被災当事者にとって震災遺構を前に誘発される記憶とは、さまざまな記憶に連結されていく「厄介なもの」だからである。岡真理は、「記憶の回帰とは、根源的な暴力性を秘めている」〔岡 2000: 5〕と指摘する。つまり、自分の意志とは関係なく無意図的に記憶が想起されるため、記憶のコントロールができない。カタストロフな出来事によって想起される記憶は、被災当事者にとって、想起したくなくても一方的に向こう側からやってくる強い喚起力とともに不安にかられるため、厄介なものとなる。

一方で、被災当事者にとって震災遺構を前に想起される記憶とは、必ずしも被災の記憶ばかりではない。東日本大震災で被災後に残っていた日常にまつわるモノがもつ意味について論じた葉山茂の論考は、興味深い。葉山は、モノを起点に記憶が広がること、そして人々が記憶について語る行為には、「決して過去の状態には戻れないという現実」を被災者が認識し現実と向き合おうとすること、さらには、「災害前の暮らしや災害の記憶を含む過去と人びとがどのように折り合いをつけて」いくのかの過程、そして再び「自分の人生自体を位置付けていく過程」［葉山2018: 6］であることを指摘する。

葉山の主張をもとに捉え直すと、次のとおり整理できる。被災者にとって震災遺構を前に想起される記憶とは、過去への記憶を開く契機であること、その過去の記憶とは、被災以前の日常にまつわるノスタルジーを伴うこともあれば、記憶およびカタストロフの性質に伴い、思い出したくない記憶もまた引きずり出される。さらには、三陸の地でこれからも生きていくことを問い直すことにも関連していく。つまり被災当事者らは、震災遺構という遺されたモノを介して、人生を捉え直すための新たな記憶の創出過程にあるのではないだろうか。震災遺構に対して想起される被災以前の日常の記憶は複層的となり、混沌とした記憶である。だから被災当事者は、震災遺構をめぐり葛藤し、苦悩する。

以上を踏まえて本章では、伝承や防災につながる震災遺構としてではなく、被災当事者の視点からみた震災遺構とは、自らの人生の記憶を喚起するものと定義する。事例で取り上げる震災遺構は、保存か解体かという論争に発展した対象物とし、これまで明らかにされてこなかった被災当事者が解体を望む理由を探究する。その上で、震災遺構によって想起される記憶を、被災当事者がどのように語りながら、どのように新たな記憶を創出していくのかを明らかにしていく。

2 解体に至る経緯

調査対象地である岩手県大槌町《おおつちちょう》は、東日本大震災による津波で甚大な被害を受けた自治体の一つである。震災による死者・行方不明者の割合は、人口の八・四%、倒壊した家屋は、全体の七六・九%に相当し、被災した自治体の中でもワースト3に入る（表5－1）。

大槌町では、町長と多数の職員が逃げ遅れて犠牲になった旧役場庁舎（写真5－1）を保存するか否かをめぐり、議論が起きた。地震発生直後、旧役場庁舎前で、津波襲来までのおよそ四〇分間、役場職員が被害状況を把握し対応にあたる準備を行っていたことが原因で、町長と職員二八人が逃げ遅れて犠牲になった。そして、二階建ての旧庁舎は津波にのみ込まれ、建物は使用不可能となり、半年間、大槌町の行政機能は麻痺状態になった。これら被災時における行政の対応のあり方が、震災遺構をめぐる議論をヒートアップさせた背景要因の一つとなっている。

［表5-1］大槌町の人口・世帯数の推移

	2010年	被害状況（割合）	2020年
人口	15,276	1,286（8.4%）	11,507
世帯	5,689	4,375（76.9%）	5,310

出所：2010年は「いわて統計情報」，2020年は大槌町ウェブサイトの6月末時点のデータを用い，筆者作成．

［写真5-1］震災後の旧役場庁舎（2014年9月）
撮影：筆者

旧庁舎の保存と解体をめぐる主な経緯については、**表5－2**にまとめた。とくに二〇一五年の町長選挙以降、解体された二〇一九年にかけて、町内ではさまざまな動きが相次いだ。その発端は町長選で、「一部保存」とした町長が落選し、「解体」を主張した平野公三氏が初当選したことであった。平野氏は津波襲来時、旧庁舎前で準備を行っていた役場職員の一人であり、自身は旧庁舎の屋上に逃げて生き残ることができたが、目の前で同僚が津波にのみ込まれていく様子を目撃していた。平野氏は、選挙運動期間中、町民から旧庁舎

［表5-2］旧役場庁舎の保存／解体をめぐる経緯

年月日	事　項
2011/3/11	旧庁舎前で対策本部を開いていた町長と役場職員28人が犠牲に
2011/8	新町長選出（碇川豊氏）
2011/12/22	住民や外部支援者が保存を求める請願書を町議会が不採択（署名2,850筆）
2012/6/13	町議会が旧庁舎の保存請願を提出するが不採択
2012/7/18	2度目となる保存を求める請願を議会提出も不採択（署名685筆）
2012/10/1	町が「大槌町旧役場検討委員会」を設置し，遺族・職員へのアンケートや意見公募を実施
2013/3/15	「大槌町旧役場検討委員会」より町長へ報告書提出
2013/3/23	碇川町長が「一部保存」を表明
2014/4/10	一部解体の工事が7割進んだところで技術上の問題から解体休止
2015/8/9	町長選で解体を主張する平野公三氏が当選（投票率77.81％）
2015/9	町議会で旧庁舎前での対策本部の様子を撮影した写真28枚が公開される
2015/11/5～19	町長による「解体」説明会が，商工関係者や高校生など町内7団体を対象に開催 （高校生との意見交換会で町長が高校生に感情を露わにし怒鳴る場面も）
2015/11/23	「解体」説明会全体会に住民100人が参加．意見真っ二つに分かれる
2015/12/4	県立大槌高校の生徒6人が町長に判断の先送りを求める要望書を提出
2015/12/8	町長が改めて年度内解体を明言
2015/12/15	町議会は解体関連経費を盛り込んだ補正予算案を見送り，年度内解体断念へ
2016/4/18～28	町議会主催の旧庁舎に関する意見交換会実施（町内17か所）
2017/8/21	旧庁舎前の対策本部設置に関する2度目の検証報告書まとまる
2017/12/8	町長が解体関連予算案提出を表明
2018/2/10	拙速な解体に反対する住民有志「おおづちの未来と命を考える会」結成
2018/2/13	「考える会」が平野町長と町議会に熟慮を求める請願書提出
2018/2/16	平野町長が解体後の旧庁舎跡地を防災用の空き地とする方針を初表明
2018/2/17	町主催の解体に向けた町民説明会開催
2018/3/15	町議会で解体予算が可決
2018/4	「考える会」が町に質問状を2回にわたり提出
2018/5/28	「考える会」が解体予算計上の違法性を指摘し，住民監査請求
2018/5/31	町の監査委員は「考える会」の書類に不備があるとして住民監査請求却下
2018/6/4	「考える会」が住民監査を再請求
2018/6/11	「考える会」が解体工事の差し止めを求め，盛岡地裁に仮処分申請
2018/6/14	報道機関に旧庁舎内部公開
2018/6/18	旧庁舎の解体工事開始
2018/6/22	解体工事に伴うアスベスト調査の未実施や手続き上の違法性が判明し，工事中断
2018/7/26	「考える会」による住民監査再請求を町監査委員が棄却
2018/8/1	検証報告書の職員80人への聞き取り資料を担当者が破棄していたことが発覚
2018/8/18	「考える会」代表らが解体工事の差し止めを求め，盛岡地裁に住民訴訟を提訴
2018/10/22	アスベスト処理に関する新たな契約のため，解体工事の再々延期（翌年1月）を発表
2019/1/17	盛岡地裁は解体差し止めを訴える原告側の請求を退ける判決を下す
2019/1/19	旧庁舎解体工事再開

出所：「朝日新聞」「岩手日報」の記事および筆者が出席した集会の資料をもとに筆者作成．

［写真5-2］解体初日の旧庁舎を撮影しようと集まった報道陣（2019年1月19日）
撮影：筆者

を解体してほしいという声を多数聞いたとして、旧庁舎は解体すべきとする姿勢を貫いた。

平野氏の主張に対して、保存を望む人たちが動き出した。町内の高校生たちは、まずは議論の猶予を認めてほしいとする要望書を町長に提出した。高校生の動きは、旧庁舎がどのようにあるべきかを多くの町民が考える契機となり、議論が活発化していく。旧庁舎に対する町民の意見が多様であることを認識した町議会が、翌年、町内一七か所で意見交換会を開くと、参加者数は三〇〇名を超えるほどだった。旧庁舎のあり方をめぐり、町民の関心がいっそう高まっていく様子が外部の者にも確認できるほどであった。さらには、解体を主張して譲らない平野氏に対抗するため、保存を望む住民グループが二〇一八年に発足した。この保存派グループは、解体を阻止するため、住民訴訟に踏み切るなど法的手段に打って出た。大槌町内では、解体を望む行政のトップと、それに対抗し保存を主張する住民グループという構図が先鋭化し、その様相はマスコミを通じて全国に発信された。報道では、町が解体工事を進めるための書類に不備があったことや、震災時の行政の対応についてまとめた検証報告書に関する資料を担当者が破棄していたことなど、役場の不手際まで、震災遺構をめぐる一連の出来事に関連して相次いで発信された（「朝日新聞」二〇一八年一〇月一二日など）。町民にとって旧庁舎は、次第に大槌町の負の象徴とされ、解体を望む声も大きくなっていった（「河北新報」二〇一八年三月二日）。結果、二〇一九年一月に解体が挙行された（写真5－2）。

3　多様で断片的な記憶

大槌町では、旧庁舎のあり方をめぐり、とくに解体を望む人たちから象徴的な語りが聞かれた。それは、旧庁舎を「恥の場だから解体すべき」とする語りである。この語りは、二〇一五年一〇月から二〇一八年二月にかけて開かれた旧庁舎に関する集会（全二五回）のうち、筆者が参加した七回の集会（参加者総数のべ一八三人）で、一二人が発言していた。また、「恥の場だから」という発言があるたびに、解体を望む人たちからは「そうだ、そうだ」という同意の声や拍手が起こった。この発言は、「朝日新聞」二〇一九年一月二一日付の記事や、集会を知らせるチラシにも取り上げられているほど、町民の間で周知の考え方であり、特徴的である。

「恥」とは、日本人独特の文化であり道徳基準の一つとされている。日本人にとって「恥」の文化とは、他者から嘲笑されることを意味する［Benedict 1946］。彼らにとって、多数の犠牲者がでた旧庁舎を震災遺構として保存することは、屈辱的と感じられ、解体すべきという決定的な意味を持っていた。

そこで、集会で「恥の場」と発言していた一二人を対象に、インタビュー調査を二～三回実施した（二〇一六年四月から二〇一九年九月にかけて聞き取り調査を実施）。調査では、筆者からの質問は最小限にとどめた。理由は、自由に対象者の人生を振り返ってもらうため、そして、旧役場庁舎という震災遺構に対して、人生とどのように関連させながら捉えているのかを、明らかにするためである。また参与観察では、二〇一六年四月に行われた、町議主催による旧庁舎のあり方に関する意見交換会に五回、二〇一八年二月に開かれた町長主催による「解体説明会」、保存派のグループが開催した町民集会（二〇一八年二月、同年六月）に参加した。

聞き取り調査によって、「恥の場」と主張した一二人から次のような共通点が浮き彫りとなった。それは、震災時の年齢が六〇代という世代の男性であること、彼らの「職歴」と「地域活動への関与の有無」に関係している点である。さらに、彼らのいう「恥」という表現は、次の二つの意味に分けることができる。一つは、地域のリーダーとしての自負から行政を批判し、それを「恥」と表現していたこと（A～F氏）、もう一つは、「退職前の職業」や「転職経験」をもとに、被災時の出来事や被災前の町の社会状況を客観的視点で捉え、自分自身にもその責任があるという意味で「恥」と表現したこと（G～L氏）である。詳しくは、**表5-3**にまとめた。

以下では、これらの要因をもとに、聞き取りを行った一二人を二つのグループに分ける。そして、代表的事例として二人の具体的な語りを取り上げながら、震災遺構に対する記憶の内実を明らかにする。

3-1　地域防災が失敗したことに対する「恥」

・事例：C氏（二〇一八年一一月四日、二〇一九年一月一〇日聞き取り）

C氏は、一九四三年に大槌町の中心部で、旧庁舎のすぐそばにあった実家で生まれ、大槌で育った。高校卒業後は東京の大学に進学した。東京の大手企業に就職したのち、一九七〇年、二七歳のときに、高校時代の同級生一〇人と起業し貿易会社を設立したが、会社は一九七四年に倒産。実家の家業（鍼灸院）を継ぐため、県外の専門学校で資格を取得後、一九七八年に大槌町に戻った。Uターン後は、実家で自営業をしながら町議を三期務めた。また、町内会や自主防災組織を立ち上げた。震災で自宅は全壊した。震災後は、来訪者に旧庁舎での出来事を伝える語り部ガイドを務めていた。

俺はね、いろんなことやりたくって、震災前も地域のこと必死にやってきたの。でもこのざまよ。なんにもなくなっちまった。おかげでさ、この津波で昔の古いしがらみ、人間関係も全部流されて、新しい大槌町をつくるチャンスになった。旧庁舎は、昔のいやなこと思い出す。だからない方がいい。

C氏の怒りの矛先は行政機能に向けられていたが、それは、被災時の出来事だけに限定されていない。彼は、いつの、どのような出来事に対する怒りを、旧庁舎に重ねているのか。それを理解するために、C氏に昔の嫌なこととは何かと質問すると、大槌町に戻ってきた一九七八年頃の記憶について、次のような語りが聞かれた。

俺が議員になる前から、役場の建物が古くて問題になってたの。災害があったときに大変なことになるって、何度も言ってきたけど、建物を新しくする金も、町にはねぇってことなんだよ。町民の所得だって、岩手でも最低ランクだ。もう役場は何やってんだって話よ。(震災遺構として)保存するっていうことは、行政

	震災時			震災後		
	自宅被災	津波に流されたか	家族の犠牲	避難所リーダー	意見の変容	語りの特徴
	全壊	なし	なし	リーダー	なし	怒
	全壊	なし	なし	リーダー	なし	怒
	全壊	なし	なし	リーダー	なし	怒
	全壊	なし	母・妻・息子犠牲	サブリーダー	なし	時折怒
	全壊	なし	なし	リーダー	一時保存も検討	怒
	全壊	あり	なし	リーダー	なし	怒
	なし	なし	なし	サブリーダー	解体→悩む	自省
	半壊	なし	なし	×	解体→悩む	自省
	全壊	あり	母犠牲	×	解体→悩む	自省
	全壊	あり	父犠牲	×	解体→悩む	自省
	全壊	なし	なし	×	なし	自省
	全壊	あり	母・妻犠牲	×	検討の余地	自省

［表5-3］旧庁舎を「恥の場」と語る震災時60代男性の聞き取り一覧表

	震災時の年齢	震災前						
		大槌町を離れた時期	退職前の職業	転職経験	地域活動リーダー経験の有無	自主防災組織の発足	漁業者との関係	大槌町に対する誇りの原点
A	69	1960～1963年	漁協職員	なし	あり：町内会長	関与	なし	地域活動立ち上げ
B	66	1965～1966年	自営業	なし	あり：自治会長	関与	（店の客）	地域活動立ち上げ
C	69	1961～1978年	自営業，町議	あり	あり：自治会長	関与	（店の客）	地域活動立ち上げ
D	70	1965～1967年	消防士，自営業	なし	なし	関与	（店の客）	防災活動
E	60	1966～1967年	自営業	なし	あり：自治会長	関与	なし	防災活動
F	65	1955～1970年 1989～2001年	サラリーマン ＊隣接市に通勤	あり	あり：公民館長	関与	弟2人が遠洋漁船乗組員	防災活動
G	69	1993～1999年	銀行員 →サラリーマン ＊隣接市に通勤	あり	あり：町内会長	関与	実家が漁家	漁業の発展
H	66	1959～1972年	遠洋漁船乗組員 →漁協職員	あり	なし	なし	元遠洋漁船乗組員	漁業の発展
I	63	1968～1972年 1972～1977年	銀行員 →役場職員	あり	なし	なし	妻の実家が漁家	漁業の発展
J	62	1978～1982年	役場職員 ＊隣接市に通勤	なし	なし	なし	実家が漁家 叔父が船主	海との思い出
K	65	1964～1968年	行政職員	なし	なし	なし	妻の実家が漁家	海との思い出 祭り
L	66	1964～1968年	サラリーマン ＊隣接市に通勤	あり	なし	なし	祖父が漁家	海との思い出

出所：聞き取りをもとに筆者作成.

［表5-4］大槌町内中学校卒業者の進路状況

年	卒業者数	就職者数	高校進学者数	高校進学率
1965年	566	12	311	57.10%
1975年	388	10	348	92.30%
1985年	431	5	406	95.40%

出所：大槌町［1981］をもとに筆者作成.

［表5-5］大槌高校卒業者の進路状況

年	卒業者数	進学者数	進学率	教育訓練機関	就職者数	無職者数
1970年	249	9	3.61%	–	170	–
1975年	208	21	10.10%	25	157	5
1983年	171	18	10.53%	37	111	5

出所：大槌町［1984］をもとに筆者作成.

の危機管理意識がなかったことを社会に広めるってこと。町内会長として毎年、避難訓練だって率先してやってたのに、役場職員は逃げなかった。俺はそういう行動は許せない。

C氏は、行政職員が多数犠牲になった被災時の出来事や、経済的に衰退していく被災前の大槌町の記憶が整理されず、混沌とした状態で想起されるなかで行政を批判している。また、C氏は語り部ガイドをしているが、その理由について聞くと、「恥だからこそ、俺はいろんな人にそのことをちゃんと伝える義務がある」と語る。彼は、積極的にマスコミの取材にも応じ、旧庁舎は「恥の場」だから解体すべきと堂々と語っていた。その理由は、大槌町のまちづくりを立て直すために必要だからという。しかし筆者は、語り部ガイドをしているときのC氏の様子を参与観察しているが、「恥の場」であることを他者に語ることで、悔しさを解消しているような一面もみてとれた。

なぜ、「恥」というインパクトのある表現を使って行政批判をするのか。その理由は、精力的な地域活動と彼らの職業の状況からも裏付けることができる。

A～F氏の六名は、自営業者またはサラリーマンで、町の経済状況を身近に観察できる労働環境にあった。震災時六〇代の世代

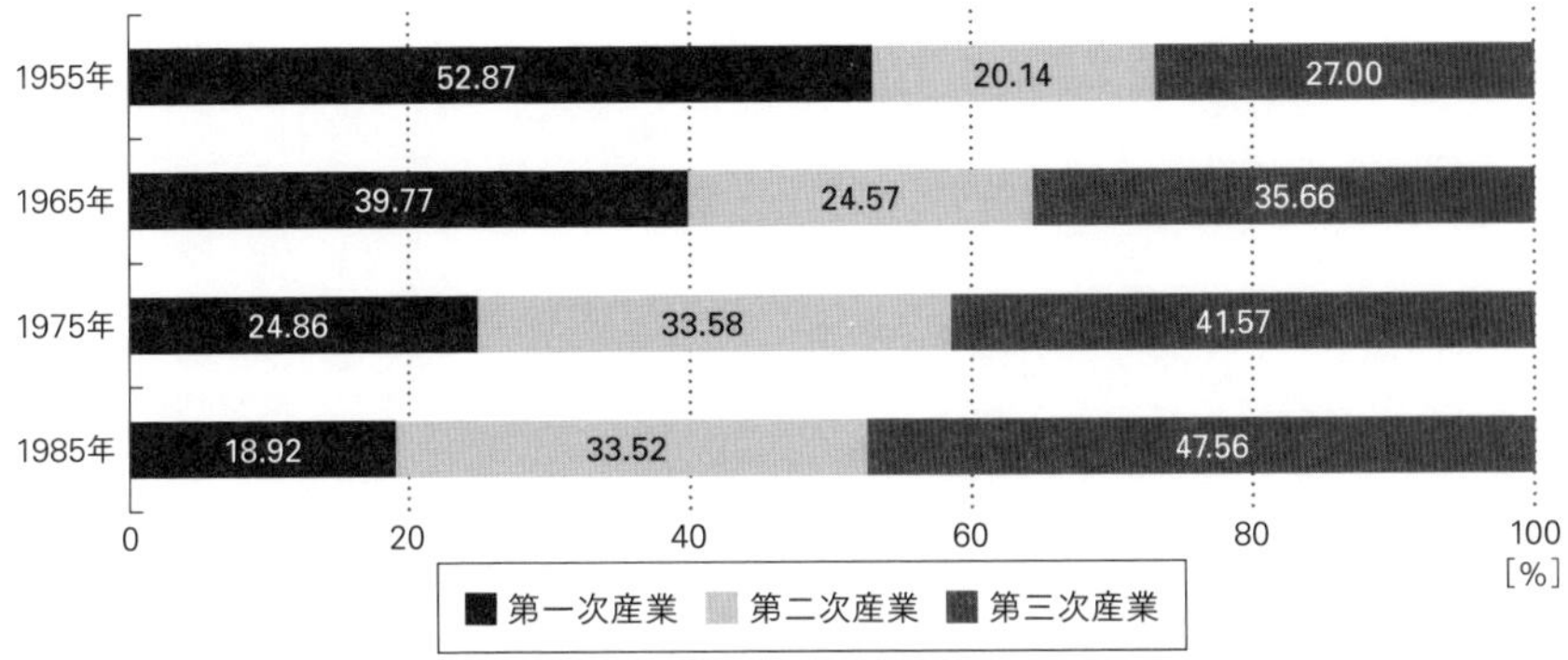

［図5-1］ **大槌町の産業従事者数の変遷**
出所：国勢調査をもとに筆者作成.

の男性は、青年期にあたる一九六〇年代から七〇年代にかけて、大槌町を離れ、大槌町外の高校や大学に進学したり（表5－4・5－5）、経済的に不安定な漁業に従事するのではなく、安定収入を得るサラリーマンの仕事に就くようになった（図5－1）。

こうした社会変動は、海沿いの地域社会の構造を大きく変えた。例えば、三陸沿岸では一九七〇年代頃まで、漁撈で地域を留守にする男性が多く、地域活動は女性が中心だったが、漁業が衰退していくにつれて、男性が積極的に参画するようになった［坂口 2021］。とくに大槌町では、一九九〇年代以降、自主防災組織や自治会など住民自治組織結成の動きが活発化した。この活動の中心を担っていたのが、震災時六〇代の世代の男性だった。

中でもA～F氏は、地域活動のリーダーだった。次項で取り上げるG～L氏は、地域活動に参加していたものの、地域住民を牽引する立場にはなかった。とくに、自主防災組織発足への関与の有無が、行政批判に大きく関連する。というのも三陸沿岸は、津波や火災など自然災害が繰り返し発生してきたため、防災活動のリーダーを務めていた人物ほど、津波など非常時の対応に備えてきたという自負がある。彼らは、自分たちの地域は自分たちでつくってきたという実績と自負をもとに、大槌町に対する誇りが形成されていた。

一方で、大槌町の代表的存在は行政である、と彼らは認識している。

このため、津波で行政職員が多数犠牲になったという出来事が契機となり、彼らにとって旧庁舎が保存されることは、被災時だけでなく、被災前の行政の問題点も含めて、報道を通じて行政の不備が全国に知れ渡ることでもあった。郷土への誇りを抱く彼らにとって、大槌町が外部者から嘲笑されるようで、耐えられなかった。

彼らの記憶の扉は、報道などの語られ方によって強制的に開かれ、その原因をつくった行政を「恥」という表現で強く非難した。以上のことからA～F氏の六名は、旧庁舎を解体すべきという意見が揺らぐことはなく、一貫して強い口調で解体を主張していた。

3－2 自責としての「恥」

次は、前項で論じたような怒りを伴いながら語られる「恥」とは対照的な事例となる。表5－3のG～L氏の六名に共通していた点は、転職経験を持つか勤務先が町外にあるなど、大槌町の社会状況を客観的にみていたこと、そして旧庁舎での悲劇の原因は自分にも責任があるとして、被災前の自身の活動に関する反省や後悔を静かに語っていたことである。その語りには、漁業や海など風景に対するノスタルジックな思い出も表れるほど、被災前の記憶は複層的だった。以下ではH氏の事例をもとに、その記憶の内実を探究する。

・事例：H氏（二〇一八年一一月五日、二〇一九年八月二四日聞き取り）

H氏は一九四四年、山形県で生まれた。小学校入学のときに、父の実家がある旧庁舎の隣地区に転入してきた。中学卒業後から大槌町を離れ、岩手県内の水産高校に進学。一九六二年からは静岡県の水産会社に就職し、遠洋マグロ漁船の乗組員として、アフリカやブラジルなど海外を基地にした漁撈活動に従事した。一九七二年、結婚を機に大槌町へ戻り、漁協職員として漁業の仕組みづくりや制度づくりを行ってきた。震災でH氏の自宅は一階が浸水した程度だったため、被災後も自宅で生活することができた。自宅は旧庁舎まで歩いて数分程度と近い位置にあるが、H氏にとって被災した旧庁舎は、震災後、その姿をあえて見ないように生活してきたと話すなど、苦悩を想起させられる存在だった。

旧庁舎を見ようと、あそこに行ったことがないんですよ、それだけ役場とのつながりもいろいろあったから。職員が亡くなったっていう気がしなくてね。あそこは、仲間との大切な思い出があるところなのに、外の人たちがなんか騒いでさ。(退職後は)行政改革。課長連中集めて、合理化対策とか取り組んできたんですよ。職員数も減らしてさ。でも震災で、課長連中が亡くなってしまった。そういうどこか寂しい大槌をつくってしまったのは、自分たちの責任でもあるの。旧庁舎って壁が今にも崩れそうでしょ。とてもじゃないけど見られないよ、自分たちの責任を問われてるようでさ。

H氏は、一八歳から一〇年間、遠洋漁船乗組員として世界の漁港を回り、港の状況や漁港のあり方についてみてきた。彼は、こうした経験を大槌町で活かしきれなかった自らの責任を問い続けている。こうした語りに基づく彼の記憶は、大槌町に戻ってきた一九七二年からの漁協職員としての日々を想起している。彼は、大槌町を漁業の町として立て直そうと、新たな漁場をつくり、定置網漁業を始めるなど、さまざまな試みを実践してきた。しかし結果的に利益が出たのは、最初の数年だけだった。しかも大槌漁協は、震災の翌年に経営破綻している。それは、H氏が退職してから八年が経過していたが、その責任は自分にもあると話す。H氏は、経済的に衰退していく大槌町と、津波にのみ込まれて、壁がいまにも崩れそうな旧庁舎、この二つの光景を鏡に見立てて、自分自身のかつての人生を想起していた。こうした寂しい光景はH氏にとって、震災前に漁協および行政に対して、自分自身が働きかけるべきことがあったという反省を突きつけられるものだった。被災した旧庁舎の光景は、H氏にとって、見た目だけのインパクトにとどまらない、再帰性を伴うインパクトがあった。

G~L氏に共通する経験は、生活の場は大槌町だが、就労を通じて大槌町を客観的にみてきたことである。彼らの職業は、銀行員や役場職員などである。彼らは、地域経済の状況を把握し、大槌町の状況を客観視できる労働環境にあった。これが、旧庁舎での悲劇に対する当事者意識につながっているとみられる。

以上を整理すると、G~L氏は、被災前の記憶が多様に想起されている。一つは、被災前の経済活動を起点にした自省として、もう一つは、青年期の、海や漁業を通じた人とのつながりを懐かしむ記憶である。この六名の記憶は、複層的な記憶の間で、揺れ動いていた。

彼らは、被災前の多様な記憶の中で揺れ動きながら、過去の自分と折り合いをつけていく過程にあったのではないか。これは、前項の六名が解体すべきと固持していた意見と大きく異なる点である。

4 解体を望む被災者にとっての震災遺構

震災時六〇代の男性が、解体の理由を「恥の場」と語った背景には、旧庁舎という大槌町を代表するモノを通して想起される、彼らのダイナミックな生活経験に関する多様で混沌とした記憶が大きく関係していた。彼らの世代が経験してきた社会的状況と、それに伴い彼らがどのような経験をしてきたのかを、以下、概観する。

震災時六〇代の男性が青少年期を過ごした当時、日本社会全体が高度経済成長期にあり、東京から六〇〇キロメートル離れた大槌町でも日常生活が大きく変化した。大槌町でも一九七〇年には一家に一台テレビが設置され、情報化社会に転換していく［大槌町 1973］。大槌町民一人あたりの平均給与も、一九六〇年の二万五四二四円から一九七六年には一五万三二一円と一五年間で六倍となり、地域経済も発展した。

しかし、繁栄の時代は長く続かなかった。一九七〇年代に発生した二〇〇海里問題やオイルショックによって、遠洋漁業は規模縮小を余儀なくされた。同時期に並行して、大槌町に隣接する釜石市の主要企業、新日鉄釜石は事業規模の縮小を余儀なくされ（一九八〇年代）、また釜石信用金庫は破綻した（一九九三年）。三陸沿岸の経済は大きく揺れ、人々の生活にも影響を及ぼしていく。

震災時六〇代の世代は、この頃、二〇代から四〇代である。彼らは、一定の労働経験を重ね、成熟していく壮年期に、大槌町に戻ってきた。その主な理由は、家族から、家業の立て直しに対する切実な訴えを受けたためである（C・F・I・J氏）。このうちF氏は、「戻ってきてからの大槌町での毎日は、挫折を意識させられるようだった」と語る。またC氏は、大槌に戻ってきた一九七八年頃の状況について、「都会と田舎の格差っていうか、大変な時期。船を手放したり店畳んで夜逃げしちゃう人もいた」と話す。彼らは、人やモノ、情報であふれる首都圏での魅力的な生活から地元に戻り、経済的な不安定を抱えながら家族の生活を守るために、厳しい決断や覚悟を強いられた。

三陸沿岸では、高速交通の整備が進まず、人やモノの流れが停滞していたことも、経済格差を生み出す要因となっていた。しかも大槌町は、岩手県の中心部から最も遠い不便な場所にある。町の人口は、一九八〇年の二万一二九一人を境に五年おきに千人単位で減少し続け、国から過疎指定を受けていた。彼らは、都会での生活と比較し、閉塞感が漂う大槌町に対して潜在的な悔しさや挫折感があった。

震災は、震災時六〇代の世代にとって、大槌町を再建するチャンスだった。事例で取り上げた一二名には、共通する語りがある。それは、C氏も語っていたように、「津波で建物がすべてなくなった。人との面倒な関係性とかも、全部流された。本当の新しい大槌をつくる良いチャンスになった」という語りである。彼らは震災後、当初はこれからのまちづくりに対する希望を抱き、復興への記憶を創ろうとしていたのである。

しかし、旧庁舎をめぐる一連の出来事が報道されるたびに、彼らは次第に、被災前の社会状況に起因した挫折感を露わにしていった。彼らは、大槌町イコール負を生み出す町というイメージが、震災遺構のあり方をめぐる問題と混交して広まると捉えていた。彼らにとっての震災遺構のインパクトとは、震災遺構にまつわる出来事によって、地域社会のイメージが一義的に固定され、社会に流布してしまうことだった。震災遺構には、こうした社会的なインパクトがあることを、解体を望む彼らは認識していたのである。このため彼らにとって、大槌町を代表する旧庁舎が負のエピソードで語られることは、大槌町で生きてきた自身の人生も否定されるようだった。それほど彼らの地域愛は深い。

彼らにとって旧庁舎とは、被災前の閉塞感漂う大槌町に対する悔しさ、そして、震災後の旧庁舎をめぐる負の出来事が全国に広まっていく悔しさ、この二重の敗北感や葛藤が映し出された象徴だった。負の遺産というと、犠牲者が出た場を一般的に示すが、被災当事者は、被災による犠牲だけに焦点化したものにとどまらず、被災を契機とした出来事や、それ以前の出来事にまでその射程を広げて捉えている。そして、集会などで「恥の場」と語られるようになったことで、二〇一五年以降、大槌町では旧庁舎をめぐる記憶が集合化され、その結果、負の遺産は後世に残すべきではないとして、解体を望んだのである。彼らにとって「恥」という語りは、負の出来事が公的記憶となることを遮断させ、新たに復興への記憶を創りだすための手段の一つとも考えられる。震災遺構には、気持ちの切り替え装置としての役割もあることがわかる。

解体を望んだ被災者は、一般的に論じられる防災や減災のための被災体験の伝承といった観点ではなく、自らの生活と来歴という脈絡の中で震災遺構を捉えている。また、〈モノ―記憶―語り〉の中で彼らは、自身の生活や行為と向き合う契機となる。彼らは、たとえ大槌町に対する挫折感や悔しさというネガティヴな記憶が想起されたとしても、その語りは豊かさにあふれ、語りを通じて生まれ育った地域社会に対する誇りや愛着の再確認をしていた。被災当事者は、震災遺構が備えるインパクトを豊かに幅広く捉えている。そして、解体を望む被災当事者は、こうした記憶の豊かさとともに、伝承の波及力を強く認識した人たちと言えるだろう。そう考えると、震災遺構の解体を望む被災当事者ほど、伝える力を強く持っている人たちである。解体を望む声は感情論にすぎないと一概に切り捨てるのではなく、なぜ彼らが解体を望むのか、その背景を記憶の内実とそのプロセスから探

［写真5-3］解体から半年後の旧庁舎前（2019年8月）
写真提供：佐藤孝雄

究することは、これまでの災害伝承を見直すことにもつながる。

二〇一九年一月に解体された旧庁舎の周辺は、その後、自然発生的にクローバー（しろつめくさ）が広がり、気づくと一面緑に埋め尽くされていた（写真5―3）。建物は解体されたが、旧庁舎の前に置かれていた地蔵と花や賽銭を納めるところは、現在も残されている。今では、遺族や町民が、犬の散歩や、震災当時まだ生まれていなかった子どもや孫を連れて訪れる場所に変化している。ある町民は、「旧庁舎がなくなったことで、逆にいろんな出来事を想像させる強さを持つ場になった」と語っている。たとえ震災遺構という被災の痕跡をとどめた建物が解体されたとしても、そこで何があったのかを創造させる場としての機能は、失われていない。大槌町が、復興への記憶をどのように紡いでいくのか、震災から一〇年が経過した今、始まったばかりである。

付記

本研究は、ＪＳＰＳ科研費２０Ｊ００５５８の助成を受けた。なお本稿は、“Memories and Conflicts of Disaster Victims: Why They Wish to Dismantle Disaster Remains,” *Journal of Disaster Research*, 16(2): 182–193（二〇二一年二月）の内容をもとに加筆、修正したものである。

文献

東浩紀［2019］『テーマパーク化する地球』ゲンロン
石川宏之［2017］「持続可能な地域の発展に災害遺構を活かすための住民活動の経緯と大学関係者の役割に関する研究――洞爺湖温泉の五六〇万人観光地づくりを考えるワークショップを事例として」、『静岡大学生涯学習教育研究』一九：三―一四
石原凌河［2017］「災害の記憶をどうつないでいくか――災害遺構の保存をめぐって」、『都市問題』一〇八（三）：三七―四七
井出明［2015］「ダークツーリズムの真価と復興過程――〝復興〟のさらに先にあるもの」、『復興』七（一）：四九―五六
井出明［2018］『ダークツーリズム――悲しみの記憶を巡る旅』幻冬舎新書
遠藤英樹［2016］「ダークツーリズム試論――『ダークネス』へのまなざし」、『立命館大学人文科学研究所紀要』一一〇：三―二二
大槌町［1973］『おおつち　昭和四八年度版』
大槌町［1981］『町勢要覧一九八一』
大槌町［1984］『大槌町統計書　昭和五九年版　第二号』
大槌町［2014］『東日本大震災津波　大槌町被災概要　平成二七年四月一日現在』
岡真理［2000］『記憶／物語』岩波書店
国土交通省都市局［2012］「東日本大震災に係る鎮魂及び復興の象徴となる都市公園のあり方検討業務　報告書」（https://www.mlit.go.jp/crd/park/joho/dl/fukko/index.html）［二〇二二年八月三〇日アクセス］

坂口奈央［2021］「漁業集落に生きる婦人会メンバーによる行動力とその源泉――遠洋漁業に規定された世代のライフヒストリー」、『社会学研究』一〇五：三三―六〇

坂口奈央・佐藤翔輔［2020］「検証　震災遺構のあり方を巡る合意形成過程」、『震災学』一四：一五〇―一五九

竹沢尚一郎［2016］「時の流れにあらがいつづける遺産」、『月刊みんぱく』四〇（八）：二―三

寺田匡宏［2018］『カタストロフと時間――記憶／語りと歴史の生成』京都大学学術出版会

内閣府［2016］『平成二八年版　防災白書』

葉山茂［2018］「気仙沼・尾形家と文化財レスキュー活動から見えた課題」、『モノ語る人びと―津波被災地・気仙沼から』歴博映像フォーラム一二、国立歴史民俗博物館、三―七
(https://www.rekihaku.ac.jp/events/forum/old/f2018/pdf/eizo12.pdf)［二〇二二年八月三〇日アクセス］

Benedict, Ruth [1946], *The Chrysanthemum and the Sword: Patterns of Japanese Culture*, Boston: Houghton Mifflin.

Nora, Pierre [1984], *Entre mémoire et histoire: la problématique des lieux*, Les Lieux des Mémoire, vol. 1 La Republique, Paris: Galimard.

第六章

東日本大震災後の日本における変化した（文化的）景観

——海岸線の変化が「場所への愛着」に及ぼす影響

アリーン・エリザベス・デレーニ
Alyne Elizabeth DELANEY

本章では、宮城県において東日本大震災後に沿岸部の景観が劇的に変化したことによる影響を探る。沿岸部の文化は、社会や海岸環境との関わりのなかで徐々に進化している。この文化と環境の相互作用において、人間の活動は自然に影響を与えるが、信念、価値観、アイデンティティ、世界観の形成に環境が与える影響も同等に重要である。その地域に対する個人の経験は、場所に対する感情的な愛着につながる。このように、沿岸部の住民が見て体験する土地や海の風景は、沿岸部の文化や文化的慣習、人々の幸福感にとって非常に重要なものである。

本章では、宮城県沿岸部で過去一〇年間にわたって行った民族誌学的なインタビューをもとに、風景の変化に伴って、それが場所への愛着をどのように顕在化するかについて説明する。民族誌学に基づくこの研究では、災害後に復旧・復興の段階に移る際に人々の場所への愛着を考慮するなど、コミュニティが持続可能で健全であるためには人と文化への配慮が必要であることを主張する。沿岸地域のコミュニティは、個人の生活の単なる集合体ではなく、個人の経験、人と人とのつながり、共有された文化などで構成されている。これらを考慮に入れることで、マイナスの影響を軽減し、回復力を強化することができる。

1　はじめに

人間であるということは、意味を持つ場所に満ちた世界に生きることである［Relph 1976: 1］。

私たちの多くは、二〇一一年に日本の沿岸部で発生した東日本大震災の映像が脳裏に焼き付いている。それは、津波が防潮堤や地域を襲う光景や、逃げようとしている人や車の光景であった。本書の多くの著者とは異なり、筆者は二〇一一年三月一一日の当日には日本にいなかった。しかし、筆者は日本との長い付き合いがあり、震災が起こる何年も前から宮城県に住み、フィールドワークを行ってきた。その日、私はヨーロッパを旅行していた。早朝にコペンハーゲンのカストラップ空港を通過する際に、双子の妹にオンラインでメッセージを書こうと少しだけ喫茶店に立ち寄った。次のフライトの搭乗まで二〇分しかなかったので、それはまさに「短い休憩（pit stop）」であった。妹は、宮城県の太平洋岸に住む漁師の家族や学校の友人、かつてのホストファミリーなど、日本にいる私の友人たちの様子を尋ねてきた。私は、皆が無事で、海苔筏がいくつか破損しただけだと伝えた。ノートPCの画面を閉じながら、彼女の質問が少し唐突で奇妙だと思っていた。しかし、三月九日に地震があったし、彼女はカリフォルニアに住んでいるので、きっとニュースで九日の地震のことを聞いたのだろうと軽く受け流し、席を立ったのであった。

今の読者は当時の私より多くのことを知っているであろうし、次の展開も予想できることであろう。喫茶店を出ようとしたとき、私はテレビの大画面で、波止場、突堤、防潮堤、そして家々に押し寄せる黒い波の恐怖を見たのである。私は、被災した地域に以前住んだことのある住民として言葉にできないショックを受け、搭乗時間までの間に生じたパニックは、その後数日間でさらに大きくなっていた。私はテレビやインターネットから離れて、アイルランドの小規模漁師や島民と一緒にボランティア活動をして週末を過ごすことになっていた。実際、三日以上も被災地の友人や知人の消息がわからなかった。

時間が経つにつれ、他の著者が指摘しているように、死者と破壊の規模が信じられないほど大きいことがわかった。一万八四〇〇人以上が死亡（一万五八九九人）または行方不明（二五二六人）となった［NPA 2021］。物的損害では、一二〇万棟を超える建物が破壊または損傷した。福島県、宮城県、岩手県はいずれも大きな被害を受けたが、死者の半分以上と、二番目に被害の大きかった岩手県の五倍以上の倒壊が宮城県で起こっており、震災による死者と被害の大きさが不釣り合いであった［NPA 2021］。

地形や文化的景観の変化も同様に劇的なものであった。しかし、これらの沿岸地域で見られる変化は大規模な防潮堤の建設にとどまらず、河川のコンクリート化、沿岸の土地の隆起、丘や山の平坦化なども含まれている。このような変化を目の当たりにして、私は、「この変化が沿岸住民やその地域の文化にとって意味があるとすれば、それは何か」と考え込んでしまった。しかし、生まれたときから住んでいた家から見える風景の変化についてインタビュー調査で泣きながら語る情報提供者の姿を見て、「これは大きな意味があるかもしれない」と考えるようになった。

本章では、コミュニティが持続可能で健全であるためには、災害後の復旧・復興の段階で、人や文化を考慮に入れる必要があることを論じる。復興においては、単にインフラを整備し、助かった一人ひとりの命を数えるだけでは十分ではない。沿岸地域のコミュニティは、個々の鼓動する心臓の集合体などではなく、人々の経験、人と人とのつながり、共有された文化などで構成されている。従来、これらの地域で共有されていた文化は「漁民文化」として分類されていたが、現在の沿岸地域のコミュニティは漁師の家族だけではない。そして実際に、海岸沿いの地域やコミュニティに存在し、交流があるというだけで、共有された海岸沿いの文化が生み出されている。この共有された文化は人々を結びつけ、アイデンティティと目的を与え、幸福感を高める。社会的なつながりや共有された経験が将来にわたって継続されることで、生活の質が向上し、生存者に命のみならず、生きがいのある人生を与えることができる。同じように、周辺の景観は文化遺産の一部であり、人々のアイデンティティを伝え、彼らの幸福感を支え、生活の質を高めるのである。

2　災害後の対応を理解する

本章では、宮城県の松島湾周辺のコミュニティに焦点を当てるだけでなく、宮城県の他の場所での経験も踏まえながら、政府が千年に一度の津波という「問題」に対する科学技術的な「解決策」を選択する際に考慮しなかったこと、すなわち、政府から保護されるべきといわれている人々の文化や幸福感について考察する。ここでの問いは単に防潮堤の高さにとどまらず、人々の相互関係や土地・海の風景との関係を含む沿岸文化を保存できる方法で、いかにしてより良い公共安全インフラを構築するかということが問われている［Kimura S. 2016］。このような土地や海辺の風景との関係は、しばしば「場所への愛着」と表現される。

多くの地元の人々は、この人間の土地と海の風景の関係が維持されるならば、海の近くにいても自然災害から身を守ることができると考えている。フィールドワークの際に、例えば松島湾の島民の多くは、防潮堤は必要なく、「必要なのは避難路の整備だ」と長々と語っていた（桂島《かつらしま》、野々島《ののしま》での調査時のインタビュー、二〇一四年七月）。フィールドワークのワークショップに参加した地域社会のメンバーは、お互いに気を配っていることを強調していた。区長は、「佐藤さん[(1)]は耳が聞こえにくいので、彼に気をつけていました」、「渡辺さんは歩くのが大変だったので、彼女に注意していました」(区長、塩竈市浦戸《うらと》諸島、二〇一四年七月)と、お互いに顔見知りであるため、助けが必要なときに誰に気をつければよいかがわかっていたと述べている。彼らはまた、「家にいれば大丈夫」と言う住民に対して避難すべきと主張するための十分な社会関係資本、つまり信頼関係や地域のつながりを持っていた。「家にいたいと言う人もいましたが、ボランティアの消防隊員が迎えにきて連れて行ってくれました」(同前)。このように、島民の間では、避難経路と適切な避難場所があれば十分であると考えられていた。このような解決策があれば、安心して海の近くにとどまり、海とつながっていられるのである。

地域の視点や見解の変化、社会関係資本などの特性の重要性は時間の経過とともに明らかになるため、時間は、災害後の対応を理解する上で重要な概念となっている。東日本大震災の直後、政府は断固とした行動を取るように迫られた。また、住民は、東日本大震災の直後のショックで、彼らが何に同意しているのか実感できないまま、再建計画に同意してしまった可能性もある[Kimura S. 2016]。近年の大規模災害の多発により、日本の行政機関は実際の災害時に計画どおりに機能しないことを認識し、意識改革が行われた。東日本大震災の津波は非常に大規模で稀な津波と表現されるようになり、日本工学会では「レベル2(L2)イベント」としている[CDMC 2011; Santiago-Fandiño et al. eds. 2014]。(2) これまでは、災害対策の中心は「防災を考えること」であった。しかし、東日本大震災の災害では、人命の損失やインフラの被害の大きさ、地理的な広がりの大きさから、東日本大震災直後に設立された復興構想会議では、「減災」を取り入れた考え方が今後非常に重要であると宣言している[Kanbara et al. 2016]。このように、日本の災害対策を考える上でのキーワードは、災害を防ぐ「防災」から、災害を減らす、あるいは緩和する「減災」へと変わってきている。

この場合の減災計画とは、防潮堤の建設だけでなく、新たに指定された危険区域(災害危険地帯)にあるすべての内部空間を規制することも含まれる。これらの新たに指定された「災害危険地帯」が、沿岸のコミュニティや景観に大きな変化をもたらす原因となっている。地方自治体は、これらの地域に住宅を建てることを禁止するなどして、土地利用を再構築することが期待されていた。

当時の私は知る由もなかったが、東日本大震災から半年後に七ヶ浜町《しちがはままち》の小さな集落で行った私の最初の正式なインタビューの一つは、この新たに指定された災害危険地帯に関連したものであった。その日、私は地元の一人暮らしの渡辺さんと話をしていた。外で話をしていると、住宅の基礎以外は何も残っていない地域で被害状況が目に入り、破壊された物を見て衝撃を受けるとともに、すでに多くの片付けがボランティアにより行われていることに気づかされた。渡辺さんに、これからどうするかを聞いてみたところ、元の集落に戻りたいと率直に語り、自宅を再建したいときっぱりと言っていた。「でも、どうなるかはわかりません。私には何もできませんが、（政府の決定を）待つしかありません」とも言っていた。わからないこと、帰れないことへの不安が伝わってきた。

渡辺さんの状況は、彼女に限ったものではない。彼女は、未来の命を守るための国の新しく厳しい規制によって、元の土地への帰還断念を余儀なくされたのである。彼女や近隣の人々にとってより深刻なのは、彼女の町が宮城県にあり、その県の知事がこの新しいシステムの全面的な導入を推進していたことである［Kimura S. 2016］。しかし、トップダウンで意思決定を行うと、グッドガバナンスが守られているのかという疑問が生じる。他の県は建設に向けてそれほど極端ではないアプローチを選択したのに、宮城県は最も厳しい対策に固執したのである。そして、そのために、地元の利害関係者は変更を求めて戦わなければならず、防潮堤の建設やその後の大規模な沿岸工事を止めることはほとんど不可能であった［Onoda et al. 2018］。

このトップダウン型の国家レベルでの意思決定は、考え方が変化したものなのである。一九六一年以前は、災害救援や災害対策は主に地方自治体の領域であった。第二次世界大戦後には災害関連の法律（災害救助法や水防法など）がいくつか制定されていたが、より具体的で広範囲な対策が取られるようになったのは五千人以上の死者を出した台風ベラ（一九五九年、伊勢湾台風）以降のことであった。災害対策基本法の立法化（一九六一年成立）の最中に、一九六〇年のチリ・バルディビア地震（チリ地震）による津波が発生したことで、この課題の重要性が高まった。

災害対策基本法では、国の責任を明確にし、防災体制を整え、県や国が地元の意見を聞きながら地方自治体を支援することを明記した。災害対策基本法は、日本の災害対策の基本となる法律であり、他の大規模災害の教訓を踏まえて、継続的に見直され、改定されている。一九三三年の三陸津波の後に見られた海岸防御の移転や防御の強化という考え方は、災害基本法の成立後に大幅に拡大された。このときに行われたいくつかの措置（住宅地を斜面に移すなど）は地元の人々に歓迎されたが［Noh 1966］、その規模と範囲は、三・一一以降の施策とは比較にならないほど小さいものであった。

3 文化的景観――海岸線と環境の相互作用の変化

海岸の文化は、その海岸や海の環境との相互作用によって、時間とともに進化する。この文化と環境のフィードバックループにおいて、人間の活動は自然に影響を与えるが、文化的モデルの形成に環境が与える影響も同等に重要である。文化的パターンとは、「人々が世界について受け取る情報にフィルターをかける、信念、価値観、経験のレンズ」のことである［Hall-Arber et al. 2009: 309］。環境とのこれらのフィードバックの相互作用は、時間と組み合わさり、場所への愛着につながる。

場所への愛着とは、ある場所に対する感情的な愛着のことである。人は一生を通じて、自分の家や地域に強い愛着を持つものである。これらの愛着は、アイデンティティや前向きな経験を促進する［Brown et al. 2012］。愛着を持つ場所には時間的な側面があり、古い愛着が進化または破壊され、新しい愛着が形成される。地球規模の気候変動やその他の自然災害、社会的・政治的災害に関連する環境や社会の変化は、場所への愛着をますます脅かすことが予想され、研究者は場所への愛着がその保全にどのように貢献できるかに注目している。このように、沿岸住民が見たり体験したりする土地や海の風景は、沿岸の文化、文化的慣習、個人の幸福感にとって非常に重要である。

本章では、この一〇年間に行った民族学的なインタビュー[(3)]に基づいて、喪失、受容、新しい風景への移り変わりの体験を紹介している。次節では、筆者が現在行っている「場所への愛着」という観点からの景観の変化に関する研究と、難しいテーマに取り組むために用いたさまざまな研究手法について説明する。文化は、人間とその地域の環境との相互作用によって時間をかけて発展していくものであり、その中には共進化も含まれることが明らかになっている[Geertz 1963]。沿岸地域の住民にとっての環境とは、その地域の土地や海の景観、さらには漁業を行い交流する場である沿岸部や海域の水を含む。愛着とは、多くの場合、無意識のうちにある場所につながりを感じ、そこに住むことで自分のアイデンティティを獲得することである[Cross et al. 2011]。地元の人々の個人またはグループのアイデンティティの感覚は、「地域社会の関係性や人々が場所をどのように認識しているかについての視点を提供する」ことで、場所から生まれる[Acott and Urquhart 2014: 260]。人は場所への愛着や場所への依存によってアイデンティティを確立することができる。これは機能的愛着とも呼ばれ、人は自己効力感によって場所との関係でアイデンティティを構築する[Convery et al. eds. 2014]。言い換えれば、場所の特徴は、個人、グループ、または社会的アイデンティティの実現を可能にする。このように、多くの復興計画の難しさは、アイデンティティや生き方を築いてきた環境や場所から人々を遠ざけてしまうことにある。

4　場所への愛着

沿岸のアイデンティティは、「場所の感覚」を通じて場所と結びつくことがある。この感覚は、ある特定の場所の特徴（場所のアイデンティティ）、または場所がどのように体験されるかのいずれかを指すと理解できる[Acott and Urquhart 2014; Convery et al. eds. 2014]。このような経験が、人々の生活の中で「意味のある場所」を感じさせるのである。意味のある場所は、人々とその故郷やコミュニティとの長期的な結びつきを示す「アンカー」[Marcus 1992]としての役割を果たすことで、人々に「安定と安心」[Brown and Perkins 1992]をもたらす。そのような場所には、強い感情的な意味が込められており、設定を変えようとする試みに対して、集団的感情が強く抵抗する可能性がある[Mazumdar and Mazumdar 2004]。

また、場所の感覚は、「地域社会の関係性や人々がその場所にどのように帰属しているかについての洞察を提供する」ことで、人々のアイデンティティと場所とを結びつける[Acott and Urquhart 2014: 260]。人々は、場所を通して自分のアイデンティティを確認し、構築することができる。このような人々は、感情的、行動的、認知的側面で、彼らが暮らしたり働いたりしている場所との関係を結びつける「場所の感覚」を持っていることが多い[Cheng et al. 2003; Jorgensen and Stedman 2006]。もちろん、場所というものは複雑で、さまざまな人やさまざまなアイデンティティの違いや葛藤がある。

構成要素としての場所への愛着は、場所のアイデンティティと場所への依存性を含んでいる[Williams and Vaske 2003]。人は、ある場所との壊したくないと思えるようなつながりを感じ、特定の場所や地域との関連性を通じてアイデンティティの感覚を得ることがある[Cross et al. 2011]。アイデンティティは、「場所の感覚」を通じて場所と結びつけることができる。これは、特定の場所の特徴(場所のアイデンティティ)、またはこれらの場所がどのように経験されるかを意味する。

Masterson et al.[2017]は、社会生態学的システムにおける場所への愛着の重要な二つの側面を詳述しているが、これは、かつて活気のあった地域が「危険区域」に指定され、防潮堤が海への眺望や「つながり」を遮断している東日本大震災以降の宮城県の沿岸地域のコミュニティにも関連している。

人々の景観に対する認識は、彼らがどのように景観と関わっているかに依存している[Masterson et al. 2017]。人類学者は、場所への愛着の重要な部分は、場所内で行われる社会的な関わりと同様に、個人の記憶の中の「場所」との関わりから生じることを知っている。人類学者は、ある場所への愛着の大部分は、その場所で行われる社会的相互作用だけでなく、「場所」との相互作用の記憶から生じることを知っている。そのため、例えば、その地域で育ち、漁業や養殖業の分野で働いてきた旧住民は、新住民や外国人とは違う感覚を持っている。海に関わる仕事をしている人の中には、破壊されてもなお、海の見えるところにいたいと願う人も多い。これは日本のメディアでも繰り返し報道され、学術研究でも議論されている［cf. Kimura S. 2016］。私が行ったインタビューでは、漁師たちは男女を問わず（今となっては現実になった）海が見えなくなることへの不安を、「どうしても、海、見たいね」（フィールドワークインタビュー、七ヶ浜町、二〇一三年）といった言葉で表しており、住民たちの多くも同様の不安を抱えていた。

二つ目の説は、先に触れたように、場所への愛着は環境や風景との相互作用によって生まれるという考え方である。したがって、環境的な相互作用が文化を形成するのと同じように、環境的な相互作用は、私たちの経験を可能にしたり制限したりすることで、私たちの場所への意識にも影響を与える［Masterson et al. 2017］。例えば、自宅から毎日見える丘陵地は、「帰属意識」を生み出す。このように、現在行われている津波災害の復旧作業の多くは、アイデンティティや生活様式、幸福感を築くのに役立った環境や場所から人々を遠ざけてしまうという文化的課題を抱えている。

災害時のことを考えると、場所への愛着は地域社会の回復力にも重要な意味を持つ［Berkes and Ross 2013］。しかし、景観に加えて場所の社会的側面［Masterson et al. 2017］も含む地域の景観や社会の変化は、強い反応や感情的なストレス［Jacquet and Stedman 2013］、アノミー（個人的疎外感）につながる可能性がある。時間の経過による変化は避けられない。そして、多くの情報提供者が私に言ったように、それは自然に起こることである。しかしながら、その変化の規模や手段は驚くべきものである。東北の太平洋沿岸部で起きている大きな変化は、自然やゆっくりとした社会文化的変化からではなく、工業化のために実施された政府の政策や、東日本大震災津波などの災害への対応によるものなのである。

「場所」に焦点を当てることは、人類学ではしばしば「帰属意識」の概念が中心となっていることが多い［Benson and Jackson 2013; Degnen 2016］。しかし、とくに長期の居住地が突然破壊されたこれらのコミュニティでは、個人が体得した知識、社会的記憶、そして時間の経過［Degnen 2016］は、社会的環境や自然環境とのつながりを通じて、人々の生活や幸福感における「場所」の重要性を示している。

防潮堤と幸福感

災害時に起こるような社会的・生態的変化の際には、場所への愛着は地域社会の回復力を高めるために重要な意味を持つ。しかし、地域の景観や社会の変化が、強い反応を引き起こすこともある。さらに北上した所にある南三陸町では、ある地域で行われた防潮堤建設に関する住民説明会で、地元の砂浜がコンクリートで覆われることが明らかになった［Littlejohn 2020b］。しかも、「コンクリートで固めてしまうと、〝彼らの誇りと喜び〟を奪い、〝海と海岸を守る生き方〟を復活させることができなくなってしまいます」。それはまた、「場所としてのアイデンティティ（地域性）、つまり親らしさ（Oya-ness）を失うことを意味し……壁は……その上や周囲に築かれたアイデンティティを脅かすことになります」［Littlejohn 2020b: 34］。精神的なストレスについては、景観の変化だけでなく、環境の質にも影響を受ける。人工的な硬い構造物（巨大な防潮堤など）がある地域の住民は、より「自然」で「地味」な構造物がある地域の住民よりも、高レベルのストレスを感じる［Tashiro et al. 2021］。

沿岸域の変化を考える際には、時間の経過と日本の工業化の影響を考慮する必要がある。日本の海岸の風景は、この五〇年間で大きく変化している。ほとんどの場所で、地味な構造物や自然の障壁は、高さと長さを増したコンクリートの壁に置き換えられた。

現在行われている防潮堤の再建や、かつて人が住んでいた地域に家を建てることを禁止する「危険区域」の指定には、人々のアイデンティティや生き方を築いてきた環境や場所から人々を遠ざけてしまうという問題がある。ある文化圏の人々は、時間の経過とともに、地域の景観や地域の環境との文化的・環境的な相互作用を通じて、場所への愛着を深めていく。場所への愛着が重要なのは、それがアイデンティティにつながり、それとともに幸福感にもつながるためである。人々が環境を認識し、経験するそのやり方によって、心理的なメリットが生まれることが示されている [Low and Altman 1992; Stedman 2003]。慣れ親しんだ風景が失われることは、無意識のうちに「自分の場所」に愛着を持っている住民に大きな影響を与え、奪われるまでその重要性に気づかない。このような風景や環境とのつながりが失われることは、これらの地域文化の継承にも影響を与える。

では、景観の変化が地域社会（の住人）に与える影響とは何だろうか？　これらの構造について、彼らはどう考えているのであろうか？　もし、もっと多くの地域密着型の団体が、地域を中心とした復興計画を積極的に働きかけていたら [Sakaguchi 2019]、さらに多くのことが実施されていたのではないだろうか。

5　時間

伝統的な民族誌は、歴史的でない「現在」において文化を提示する。このような表現は、時間のスナップショットであり、発表する知識やデータを位置づける必要性から提示されるものである。それでも、「タイミングがすべて」であり、目撃、提示、または選択された時間が幸運であるか、不幸であるかは、この場合、発表されている文化の結果と理解に計り知れない影響を及ぼす。長期的な視点は、スナップショットでは得られない利益をもたらす。このことは、一九九〇年代半ばから後半にかけて宮城県沿岸部の漁師たちと一緒に調査したときに身をもって感じた。私のフルブライト奨学金の延長により、フィールドワークの期間がちょうど一九九九年から二〇〇一年にかけての二度の収穫と重なった。初めのシーズンは「食べる分には困らないが、社会的な期待に応えるのは難しい」（七ヶ浜ＦＣＡ会員のインタビュー、二〇〇〇年夏）という状況であったが、第二シーズンは約二〇年ぶりの海洋環境の良さに加え、西日本の競合漁業者の収穫の失敗が重なり、地元の人々にとっては信じられないほどの量の収穫が得られた。もし一シーズンしか経験していなければ、漁撈生活という生き方にも違った見方をしていたことであろう。それと同じように、時間も文化の分析に影響する。

また、時間は場所の感覚にも影響を与える。住民がその地域で過ごす時間やそこを訪れる時間、地域の土地や海の風景と触れ合う時間、場所への愛着が芽生えたり弱まったりする時間、場所の物質的側面と外部的側面が変化する時間などがある。環境は、漁師のアイデンティティ［Acott and Urquhart 2014］や、海に関連した特定の儀式（例えば、浜供養、溺れて亡くなった人の霊を祀る儀式など）を取り入れたり行ったりなど、文化の一部に影響を与えることがある。

時間の経過とともに変わる風景を目撃する

筆者が一九九〇年代に宮城県の松島湾岸の小さな町でフィールドワークを始めたとき、地元の港の周りにコンクリートの壁が建設され続けていても、さほど印象に残らなかった。私にとって、それは単なるインフラプロジェクトの一部であり、高さも一・五メートルしかなく、それほど印象的ではなかった。町の周辺には七つの小さな港があり、それぞれに独自の漁業協同組合があり、漁や祭り、日常の交流など、地域の活動の拠点となっていたが、それぞれの港には高さや配置の異なる防潮堤があった。

フィールドワークが進み、地元の港周辺で漁師の家族や引退した漁師とさらに話をするようになると、多くの人が一九六〇年のチリ地震で発生した津波の最大の高さまで防潮堤が建設されていたという事実について語ってくれた。チリ地震の後、政府は大規模な防潮堤建設プロジェクトを開始した［Noh 1966; Shuto and Fujima 2009;

Kimura S. 2016]。この小さな港を囲む壁は、町で最後に建設されたものの一つである。

この一九六〇年の「チリ地震」津波は、非構造的(unstructured)インタビュー(一九九一年、一九九九年から二〇〇一年、二〇〇四年、二〇〇五年、二〇〇七年、二〇〇八年)の中でたびたび話題にのぼり、住民の集団的記憶の中で共有された重要な文化的出来事となっていた。当時一〇代だったある情報提供者は、警告する人の叫び声が聞こえた後、急いで外に出て、祖母を背負って地元の丘の上の安全な場所に駆けつけたと語っている。そして、大事な測量用筆記用具を壊されないように必死になって家に走って帰ったことを語り、悲しげな様子で笑った。「不思議に思われるかもしれませんが、あの鉛筆は私にとって大切なものだったのです……。まだ高校生でしたから」。

この津波(一九六〇年)に続いて、大規模で多層的な海岸防御プログラムが制定された。それには、一九六〇年の津波の高さにおける防潮堤、避難計画、警報システム、毎年の津波の記念日に行われる避難訓練イベント(みやぎ県民防災の日の防災訓練)などがある。東北大学の地理学者であった能登志雄氏は、この大事業の成功と課題を記した完了報告書の中で、三陸(東北地方)の防災プロジェクトは津波防御の歴史の中で画期的な事業であると考え、「単に経済的な努力の問題ではなく、国土と国民の防災に対する国民の気持ちの表れである」からこそ、このような野心的な事業が可能になったと記している[Noh 1966: 21–22]。しかしながら、「自然災害は人間の想像を超えることが多い」[Noh 1966: 19]、「自然災害に対するこの大規模な作戦が成功したかどうかは、将来になって初めてその答えを得ることができる」[Noh 1966: 21]とも述べている。

能登志雄氏の報告書が発表されてから四五年後、宮城県の防潮堤の大部分は破壊されたり、潰されたりした。人命やインフラの損失に対する政府関係者や住民の最初の反応は、「より大きく、より良い」海岸防御を再建するというものであった。過去に建設された防潮堤が崩壊したのは、防潮堤への過大な期待と津波災害への理解不足が原因とみなされた。実際、研究者が情報提供者や回答者の経験の語りを聞き取る際には、「彼らの予想や想像を超えたもの(想定外)」という言葉が繰り返し聞かれた[Kimura S. 2016]。中央防災会議の科学小委員会の報告書（二〇一一年）では、これまでの防災対策が不十分だったのは、理解が不十分だったことが原因であると認められている。すなわち、「地震や津波の実態が災害前の想定と異なっていたため、地震の動く範囲、津波の高さや範囲、浸水域のいずれもが想定をはるかに超えていた」［CDMC 2011: 5］ように記載されている。

これらの経験と新たな調査から、新しい防災対策（減災）が必要であると考えたのである。その後、二段階制（L1の津波は小さくて多い、L2の津波は大きくて少ない）が推奨され［CDMC 2011］、生活再建を禁止する新たな「危険区域」の設定などが行われている。これらの沿岸地域は、現在では商業・工業用スペースとしてのみ使用できる。Littlejohn［2020a］が指摘したように、これらの新たな施策により、当局は新たな土地利用制限による管理を強化することで、空間を「飽和」させようとした。県によっては、これらの勧告を完全には採用せず、例えば、堤防と道路を組み合わせるなどの工夫をしているところもある［Onoda et al. 2018; Littlejohn 2020a］。しかし、宮城県の村井嘉浩知事が、このシステムの全面的な導入を推し進めたことで、宮城の海岸線は劇的に変化していった。

時の流れは、感情的にも視覚的にも、日本の東北地方の沿岸部において驚くべき変化をもたらしていることがわかる。その観察された変化とは、近隣が「普通の地」から「被災地」になり、そして、（外部から見て）一見「普通の地」に戻ったというだけでなく、自然の中で道しるべとしていたものや自然環境の変化、歴史的な地域の喪失なども含まれており、信じられないほど多くのコンクリートの防潮堤の建設、丘陵地の平坦化、土地の隆起、危険区域の指定などが行われたことも含まれる。

東日本大震災から一〇年が経過し、数多くの研究や調査プロジェクトが防潮堤の問題に焦点を当てており［Aldrich and Sawada 2015; Kimura S. 2016; Littlejohn 2020a］、さらに多くのニュース記事が津波被害の軽減に関する主要な問題［Venere 2016］、防潮堤建設に対する政府トップダウン方式とステークホルダーの見解の対立性［廣重 2014］、費用や変更に関する対立［McNeill and Engelke 2016］、そしてこの大規模な防潮堤建設が正しい方法なのかという疑問［The Economist 2014; Dooley 2014 (The Japan Times)］について語っている。安倍晋三元首相の妻、昭恵氏も、「地域ごとの違いを反映して、もっと柔軟な計画に調整できないものでしょうか」と問いかけていた。それとともに、「壁が心を隔てています。津波の被害を受けた地域の住民が、防潮堤を早く造ってほしいと思う人と、もっと検討が必要だと躊躇する人との間で対立しているのです」とも述べていた［Dooley 2014］。防潮堤は、Kimura S.［2016］が主張するように、景観を向上させるものではなく、人々を海から引き離してしまうものである。防潮堤は、危険区域の指定によってもたらされた他の変化とともに、人々をその土地や海の風景から分離するのである。

6 場所の発見

質的インタビューは、場所への愛着を明らかにするのに適した手法であり、実際、東日本大震災の復興が場所への愛着に影響を与えるという事実は、半構造化（semistructured）インタビューで初めて明らかになった。危険区域の指定と防潮堤の建設をめぐる主な言説では、それらが生命と財産を守るためのものであるとしている［CDMC 2011］。それらが地元の人々の生活の質や暮らし、地域の「風景（場所）」（美観だけでなく、例えば漁師の家族が海を「観察して予測する」必要があることなども含まれる）に与える影響は、「命を守らなければならない」という大義名分の中においては重要でないように見える減災プロセスの副作用なのである（フィールドノート、二〇一五年）。塩竈市のある政治家(4)、松島湾岸地域の出身者は、「命を守ることがすべてだ」と言明している（塩竈市でのフィールドノート、二〇一六年）。

私が風景や場所への愛着を研究する出発点は、この「風景」という考え方から始まった。私が話を聞いた海苔漁師の奥さんたちは、海が見えないことで「不安」を感じるという話をしていた。海を見ることは、天気や海の状態を知ることができるなど、安全性を高めるだけでなく、海を見ることで安心感を得られることを強調していた。これは、多くの非漁業者が、防潮堤の後ろにいることで安心してしまい、避難せずに亡くなってしまったこととは対照的である（田老町《たろうちょう》漁協代表へのインタビュー、岩手県宮古市、二〇一三年）。実際、東日本大震災の死亡者数をもとに、東日本大震災の災害ミュージアムの展示の多く（岩手県陸前高田市の東日本大震災津波伝承館など）は、すぐに避難すべきことを強調している。

場所を発見するための方法

前述の例は、直接、質的インタビューに基づいている。しかし、調査時間を最大限に活用するためには、視覚的手法やフォーカスグループを追加して、風景と人々の関わり方がどのように変化したかを理解することで、データ収集の手段を増やすことができる。例えば、あるインタビューの際、私は情報提供者の自宅前から、新しい「緑地」（危険区域に指定されている）、防潮堤、海を見下ろすように撮影した写真を取り出した。一枚は東日本大震災以前の写真で、他の写真（二〇一一年、二〇一一年、二〇一三〜二〇一五年、二〇一八年、二〇一九年）は東日本大震災以降の写真である。写真を見ながら、彼女は復旧期の変化を忘れてしまっていたと繰り返し言っていた。この写真のような視覚的インパクトのあるものの重要性を再認識し、他のデータ収集方法を考えるようになった。

二〇一九年末、私は他の二人の研究者と一緒に、長期滞在中のフィールドサイトでパイロット・フォーカス・グループを立ち上げた。私たちは、写真、地図、グループディスカッション、ウォーキングツアーを組み合わせた二日間のワークショップを行うことにした。試験的なワークショップだったので限界はあったが、人々の意見を聞き出すには良い経験になった（写真6－1）。

旧住民と「新住民」[5]との意見の違いを期待していたが、それは微妙なものであった。地域で生まれ育った参加者である旧住民は、漁業に関連した活動を通じて海や海岸とのつながりを語る傾向があったが、新住民は、沿岸部は住みやすい場所であり、おいしい魚介類が簡単に手に入ることに感謝していると語った。どちらのグループも自然環境を高く評価していたが、その捉え方は異なっている。

　ワークショップは、自己紹介と研究内容の説明から始まった。その後、「海との関係」「海との暮らし」「海岸の防御」というテーマに入り、東日本大震災以前と以後の違いを聞いてみた。議論の際には、大きな地図を出して、彼らが話す場所の位置を確認したり、特定のポイントを強調できるようにした。A4サイズの大きな写真もあったが、これは二日目まであまり活用されなかった。土地と海の風景の関係では、東日本大震災以前から、漁

［写真6-1］ 場所への愛着ワークショップの1日目（2019年）
撮影：筆者

業に従事する人が減って社会が変化してきたことが多く話題にのぼった。興味深いのは、東日本大震災によって家族のあり方が大きく変わったと考えていることである。多くの多世代世帯が崩壊し、若い核家族は郊外のアパートに引っ越し、年老いた祖父母は市内の仮設住宅に住むことになったからである。しかし、「海との暮らし」では、地域の人々に地域のコミュニティから「困難や脅威にうまく適応する感覚（レジリエンス）を得ている」と言い、そして、津波が来ても海岸近くにいるという人々の気持ちに影響を与えておらず、これが彼らの生活であると確信していることがわかった。「海岸防御に関する認識」では、一般的に安全であるとの認識があったが、漁師に与える悪影響について言及している人もいた。

　二日目は、ウォーキングツアーであった。参加者たちが前日に話していた場所を、実際に再び見る（写真6－2～6－6）。地元の区長さんが案内し、歴史の話もしてもらった。ある地域に差しか

［写真6-2］2日目は防潮堤の上での
ウォーキングツアー（2019年）
撮影：筆者

［写真6-3］海から見たワークショップ・
コミュニティの風景（2000年）
撮影：筆者

［写真6-4］ワークショップ・コミュニティの
港の様子（2000年）
撮影：筆者

［写真6-5］ワークショップ・コミュニティの
防潮堤の様子（2021年）
撮影：筆者

［写真6-6］ワークショップ・コミュニティの防潮堤を
下から見上げる（上で子どもたちが
遊んでいる．2021年）
撮影：筆者

かると、人々は自然に子どもの頃の思い出を語ったり、変化したものを説明したり、写真に手を伸ばして変化を見せたり、また、その変化によって感じたことを話したりした。また、参加者の間では、東日本大震災によってもたらされた変化の大きさや、現在進行中の社会的変化の中でのこの変化の重要性についても多くの議論がなされた。とくに六〇代の参加者は、自分たちが子どもの頃、地域の自然とどのように遊んだかを語っていたが、そのような「自由な遊び」は世代が替わるごとに減っているようである。

ワークショップに対する参加者の好意的な反応に私たちが勇気づけられ、さらに開催する準備を進めていたところに、COVID－19のパンデミックが発生した。しかし、条件が整えばさらに計画を進める予定である。この研究により、災害による変化が地域社会や文化に与える影響を理解することができる。また、災害リスク軽減や回復力などのための計画を検討する際に、景観や文化の重要性を考えるきっかけになることを期待している。これらの結果と、硬い構造物である防潮堤の近くに住む人々の悪化した心理的結果について述べた、Tashiro et al.［2021］のような他の研究を組み合わせることで、「災害後の生存」だけでなく、「災害後の生活と生き方」についての行動計画を伝えることができる。

7　景観の変化の意味を理解する

試験的なワークショップで見られたように、地元の人々の特定の場所への愛着は、彼らの経験と、その地域での彼らの対人関係から生まれることがわかった。これらの場所は、「対人関係、地域社会（コミュニティ）、文化的な関係が発生する場所であり、人々が愛着を持つのは、単に場所だけではなく、そのような社会的関係に対してなのだ」［Low and Altman 1992: 7］。このように、場所の喪失は、単にその場所がないというだけでなく、地域社会や個人的な関係の喪失を象徴している。

宮城県の沿岸部では、海岸や川岸がコンクリートで固められていることで景観が変化していることが外部から見てもよくわかるが、それだけではなく、危険区域に指定されたことで、沿岸部の土地が隆起したり、近隣の山が平らになったりすることもある。東北地方の太平洋沿岸部では、小さな港や海岸線に集まった地域が、大量の土やアスファルト、そして「緑地」と呼ばれる植林地の下に消えてしまった。七ヶ浜町の菖蒲田浜《しょうぶたはま》地区では、すべての沿岸部が津波の被害を受けたにもかかわらず、かつて過密状態にあったいくつかの地域では住宅がなくなり、代わりにレクリエーションエリアや「緑地」として利用されている。この変化は、現地の人々にとってどのような意味を持つのだろうか。家を建て直すことができず、引っ越しを余儀なくされた人たちだけでなく、風景や海の景色が変わってしまった町に残った人たちにとっても、このことは大きな意味を持つ。

地域社会が再建され、新たな災害計画が策定されると、自己、アイデンティティ、地域社会のアイデンティティに関して、場所の経験を通じた場所の記憶［Mazumdar and Mazumdar 2004］が重要な役割を果たす。このつながりの多くは視覚的に体験されるものであるが、インタビューや試験的なワークショップで語られたように、他の感覚を伴うこともある。漠然とした不安を感じる人もいたが、それは彼ら自身にもよくわからないものであった。ある情報提供者は、「緊急避難所にいたときは、よく眠れなかった」と語っている。彼女は、騒音や不快な環境、津波の衝撃などが原因だったとしているが、「家に帰ってからはよく眠れました。……波の音が聞こえました。波の音が聞こえるので、またぐっすり眠れました。それまでは、（自分の睡眠不足と海の音がしないこととの）関連性がわかりませんでした」（フィールドノート、二〇一九年一一月）と言っている。彼女にとっては、その背景音は常に海とつながっていることを意味していた。

また、かつて海辺に住んでいた人は、冬の終わりに戻ってきて、波止場の腐った海苔のにおいを嗅ぐまで、自分たちが海の匂いや季節感から切り離されていることに気づかなかったという。このとき、彼らは、季節の移り変わりを示す恒例のにおいを見逃していたことに気づいた。「人によっては臭《くさ》いと言われるかもしれないが、懐かしい感じがしました」。

視覚的な変化は、おそらく私たちにとってより身近で、わかりやすく、親しみやすいものである。松島湾を隔てた地域の住民の一人（六〇代半ば）が、コミュニティガーデンを含む新しいボランティア活動について話してくれた。彼女は隣のコミュニティに住んでおり、週に一度グループに参加していると説明した。私は東日本大震災が起こった結果として彼女が経験した変化について尋ねた。グループ活動について話してもらえると思っていたら、彼女がいきなり泣き出したので驚いた。彼女は次のように語った。「ずっとこれまで見ていた山はなくなってしまいました。山があった場所に復興住宅[6]が建てられたんです」。そして、家を失った人たちのために住宅を建ててくれて嬉しいと思っていることと、山を平らにすることで、以前住んでいた場所の近くに住めるようになったことを説明した（フィールドノート、二〇一九年）。彼女は、客観的に見て、山を平らにした市役所の判断は正しかったと認めているが、個人的には、山がなくなるまでその重要性に気づかなかった。

このような景観の変化と、その変化によって人々が海岸近くで生活することが制限されることは、アイデンティティにも影響を与える。「地域社会のアイデンティティは、個人のアイデンティティと同様に、無数の影響を受けて形成される」[Moulton 2015: 322]。これらの宮城県沿岸地域の住民の地域社会のアイデンティティは、海、風景、祭り、地域社会活動などの共通の要素や経験から成長して形成され、住民同士の交流や沿岸の環境に由来している。東日本大震災以前から、日本周辺の沿岸地域では、コミュニティの高齢化や過疎化が進んでいた。そして、東日本大震災以降、あの日の出来事そのものによるものなのか、それとも東日本大震災の結果としての政府の復旧計画によるものなのか、あるいはその両方なのかにかかわらず、これらの変化がさらに進んでいるようである。多くの地域では、神輿《みこし》を担ぐなどの伝統的な祭りの活動に必要な若者の数が少なくなっている。多くの場合、祭りの中心である子どもたちが地域にいなくなったなどの理由で、祭りの活動が行われなくなっている。その中には、七〇〇年以上の歴史を持つ東松島市の二〇年に一度の行事が、東日本大震災の津波が来たときに開催される予定だったことも含まれている[Kimura T. 2016]（現地調査、二〇二一年一〇月）。

「場所の愛着」を生み出した特定の沿岸地域での個人的な交流を喪失した結果、アイデンティティに影響を与え、東日本大震災のような災害は不幸な瞬間以上のものとなり、「集合的記憶」に刻み込まれることになる

［Halbwachs 1992; Neal 1998］。防潮堤とその減災規制（人々が家に戻れなくなるような再区画化など）は、東日本大震災以降の新しいアイデンティティを強化している。つまり、被災者は、コントロールできない出来事や、被災前の自分やコミュニティに「戻る」ことができないことによって、新たなアイデンティティの礎となる体験を共有している。彼らにとって、時間は災害前と災害後の時代に分けられ、集合的なアイデンティティは歴史的に分割された瞬間に根ざしているが、出来事の記憶と語ることによってそれは再現され、媒介される［Eyerman 2004; Moulton 2015: 322–323］。

日本の震災からの復旧には莫大な資金が投入されている。それにもかかわらず、災害復旧の経済問題を超えて、「場所への意識とその場所でのアイデンティティを回復するには、意味と記憶の回復が必要である」［Moulton 2015: 325］。これは、コミュニティや地域が引き裂かれ、（かつての）住民が同じ社会的・環境的空間を占めることができなくなった日本における一つの問題である。その中には、コンクリートの防潮堤で埋め尽くされた地域も含まれている。

防潮堤を造ることで、ある意味においては、政府は東日本大震災の「想定外」という性質を補おうとしている。いくつかの研究［cf. Aldrich and Sawada 2015］や筆者自身のフィールドワーク（二〇一四年）では、津波の際に社会的・資本的な結びつきが命を救ったことが示されている。坊潮堤の後ろで多くの人が亡くなったのは、高くて丈夫なコンクリートを安全だと感じ、津波の高さがはるかに低くなるという言説を信じたからである。Kimura S.［2016］が指摘しているように、津波の被害者の多くは、Giddens［1991］が防潮堤に埋め込まれた「エキスパート・システム」と呼んでいたものに期待を寄せていたらしい。その意味で、避難しなかったために家族や隣人が亡くなったという体験談は、災害が「想定外」のものとして体験されたことを物語っている。例えば、ある長期的な情報提供者は、自宅前の避難場所が波にさらわれた（彼女以外は誰も逃げず、波が上がってくるのを見て固まっていた）という話をしながら、「『信じない』とか、『信じられない』という言葉はもはや私の語彙ではない。今では何でも信じるようになった」と言っていた（七ヶ浜町でのフィールドノート、二〇一一年一〇月）。多くの情報提供者が、津波は予想していた、自分たちが感じたような巨大な地震の後に津波が来ないはずがない、と話していた。しかし、あの津波は「予想外」であったという。

このような「想定外」の出来事に対しては、地域の環境や集合的な記憶とのつながりや経験が、その問題を解決してくれる。以前の津波でもそうであったが、時間が経つにつれ、警告や注意が効かなくなり、再び津波の発生地域に移動してしまう。東日本大震災後の時代における集合的な記憶は強化され、構築されつつある。

能登志雄氏の言葉をまた借りるが、「天災はしばしば人間の想像を超えている」［Noh 1966: 19］。そして、「天災に対するこの大規模な作戦が成功したかどうかは、将来になって初めてその答えを得ることができる」［Noh 1966: 21］のである。筆者は、純粋に技術的・工学的な対策は、社会的・文化的な側面も含めなければ成功しないと主張する。現在の景観の変化は、人々が自然や住民同士と関わり合う方法を変え、そして潜在的には地域社会のアイデンティティにも影響を与えている。例えば、地域住民が歩いたり運動したりできるように防潮堤の上部が整備されている七ヶ浜町の菖蒲田浜地区の防潮堤の例のように、いくつかの良い結果も見えている。ある情報提供者は、壁が完成してから「活気が出てきた」と言っていた。彼女の自宅前が危険区域に指定され、住宅の建て替えが禁止されたときに、この地域がいかに静かになったかがよくわかるコメントである。

8 結論

慣れ親しんだ風景が失われることは、「自分の場所」に愛着を持っている住民に大きな影響を与える。とくに、その愛着が無意識のものであった場合、失われるまでは何が失われたのかわからない。これは、視覚、聴覚、嗅覚などの感覚で場所への愛着を認識している情報提供者に見られる。

もちろん、変化は避けられず、常に起こるものである。ただし、通常はもっとゆっくりとしたペースで起こる。海岸の文化は、住民同士や海岸の環境との相互作用によって、長い時間をかけて発展していく。この文化と環境の相互作用において、人間の活動は自然に影響を与えるが、信念、価値観、アイデンティティ、世界観の形成に環境が与える影響も同等に重要である。このような環境との相互作用のフィードバックが、時間と組み合わされて、文化的景観を形成する。これらの地域での個人的な経験が、場所への感情的な愛着につながる。このように、沿岸地域の住民が見たり体験したりする土地や海の風景は、海岸の文化や文化的慣習、人々の幸福感にとって非常に重要なものである。持続可能で健康的なコミュニティを実現するためには、災害後の復旧・復興段階において、人々や文化への配慮が必要である。沿岸地域のコミュニティは、個人の生活の単なる集合体ではなく、個人の経験、人と人とのつながり、共有された文化などで構成されている。

註

（1） 人名はすべて仮名である。

（2） 津波のランキングは、あくまでも将来の津波被害を最小限に抑えるための手段として、認識されている津波のリスクをランク付けしたものである。L1とL2の考え方は、内陸部の資産を守り、命を救うために（再）建設を構造化するというものであった。東北地方の過去の津波を調べてみると、L1の津波は一〇年から一〇〇年に一度、L2は数百年から千年に一度の出来事であった［Kimura S. 2016; Santiago-Fandiño et al. eds. 2014］。

（3） 宮城県のある町は、東日本大震災以前の学生時代から筆者の主な実地調査地になっている。そのため、インタビューは特定の目的を念頭に置いて行われているが、筆者は調査の間、地域社会や漁業サブグループの進展や変化も追い続けてきた。

（4） 公人ではあるが、人類学的慣習に従いこの政治家は匿名のままにしている。

（5）この地域において「新住民」に分類される方も、全員二〇年以上の居住歴がある。
（6）平坦化された山の上に建設された高台移転型と集団移転型の復興住宅の例である。

文献

廣重剛史［2014］「東日本大震災からの復興過程に関する一考察：気仙沼市本吉町前浜地区の取り組みとその支援活動を事例として」、『早稲田社会科学総合研究』一五（一）：二七—四一

Acott, Tim G. and Julie Urquhart [2014], "Sense of Place and Socio-cultural Values in Fishing Communities Along the English Channel," in Julie Urquhart, Tim G. Acott, David Symes and Minghua Zhao eds., *Social Issues in Sustainable Fisheries Management: 9*, Dordrecht: Springer, pp. 257–277.

Aldrich, Daniel P. and Yasuyuki Sawada [2015], "The physical and social determinants of mortality in the 3.11 tsunami," *Social Science & Medicine*, 124: 66–75.

Benson, Michaela and Emma Jackson [2013], "Place-making and place maintenance: Performativity, place and belonging among the middle classes," *Sociology*, 47(4): 793–809.

Berkes, Fikret and Helen Ross [2013], "Community resilience: toward an integrated approach," *Society & Natural Resources*, 26(1): 5–20.

Brennan, Ruth E. [2018], "The conservation 'myths' we live by: Reimagining human–nature relationships within the Scottish marine policy context," *Area*, 50(2): 159–168.

Brown, Barbara B. and Douglas D. Perkins [1992], "Disruptions in Place Attachment," in Irwin Altman and Setha M. Low eds., *Place Attachment*, New York: Plenum Press, pp. 279–304.

Brown, Barbara B., Irwin Altmann and C. M. Werner [2012], "Place Attachment," in Susan J. Smith ed., *International Encyclopedia of Housing and Home*, Amsterdam: Elsevier, pp. 183–188.

CDMC (Central Disaster Management Council) [2011], "Report of the Committee for Technical Investigation on Countermeasures for Earthquakes and Tsunamis based on the Lessons Learned from the '2011 off the Pacific Coast of Tohoku Earthquake'," Report to the Cabinet Office, Government of Japan.

(http://www.bousai.go.jp/kaigirep/chousakai/tohokukyokun/pdf/Report.pdf) [Accessed on October 15, 2022]

Cheng, Antony S., Linda E. Kruger and Steven E. Daniels [2003], "'Place' as an integrating concept in natural resource politics: Propositions for a social science research agenda," *Society & Natural Resources*, 16(2): 87–104.

Convery, Ian, Gerard Corsane and Peter Davis eds. [2014], *Displaced Heritage: Responses to Disaster, Trauma, and Loss*, New York: Boydell & Brewer.

Cross, Jennifer Eileen, Catherine M. Keske, Michael G. Lacy, Dana L. K. Hoag and Christopher T. Bastian [2011], "Adoption of conservation easements among agricultural landowners in Colorado and Wyoming: The role of economic dependence and sense of place," *Landscape and Urban Planning*, 101(1): 75–83.

Degnen, Cathrine [2016], "Socialising place attachment: place, social memory and embodied affordances," *Ageing & Society*, 36(8): 1645–1667.

Dooley, Ben [2014], "Community bonds, not seawalls, key to minimizing deaths: 3/11 study," *The Japan Times*, April 16, 2014.
(https://www.japantimes.co.jp/news/2014/04/16/national/community-bonds-not-seawalls-key-to-minimizing-deaths-311-study/) [Accessed on October 15, 2022]

Eyerman, Ron [2004], "The past in the present: Culture and the transmission of memory," *Acta Sociologica*, 47(2): 159–169.

Geertz, Clifford [1963], *Agricultural Involution: The Processes of Ecological Change in Indonesia*, Berkeley: University of California Press.

Giddens, Anthony [1991], *Modernity and Self-Identity: Self and Society in the Late Modern Age*, Stanford, CA: Stanford University Press.

Gieryn, Thomas F. [2000], "A space for place in sociology," *Annual Review of Sociology*, 26(1): 463–496.

Government of Japan, Cabinet Office [2015], "Disaster Management in Japan," Director General for Disaster Management Cabinet Office, Government of Japan. [内閣府「日本の災害対策」内閣府政策統括官（防災担当）]
(http://www.bousai.go.jp/1info/pdf/saigaipanf_e.pdf) [Accessed on October 15, 2022]

Halbwachs, Maurice [1992], *On Collective Memory*, translated by Lewis A. Coser, Chicago: University of Chicago Press.

Hall-Arber, Madeleine, Caroline Pomeroy and Flaxen Conway [2009], "Figuring out the human dimensions of fisheries:

Illuminating models," *Marine and Coastal Fisheries*, 1(1): 300–314.

Jacquet, Jeffrey B. and Richard C. Stedman [2013], "Perceived impacts from wind farm and natural gas development in northern Pennsylvania," *Rural Sociology*, 78(4): 450–472.

Jorgensen, Bradley S. and Richard C. Stedman [2006], "A comparative analysis of predictors of sense of place dimensions: Attachment to, dependence on, and identification with lakeshore properties," *Journal of Environmental Management*, 79(3): 316–327.

Kanbara, Sakiko, Wakana Ozawa, Yasuhiro Ishimine, Nlandu Roger Ngatu, Yoko Nakayama and Sayumi Nojima [2016], "Operational definition of disaster risk-reduction literacy," *Health Emergency and Disaster Nursing*, 3(1): 1–8.

Kimura, Shuhei [2016], "When a Seawall Is Visible: Infrastructure and Obstruction in Post-tsunami Reconstruction in Japan," *Science as Culture*, 25(1): 23–43.

Kimura, Toshiaki [2016], "Revival of local festivals and religion after the Great East Japan Earthquake," *Journal of Religion in Japan*, 5(2–3): 227–245.

Littlejohn, Andrew [2020a], "Dividing Worlds: Tsunamis, Seawalls, and Ontological Politics in Northeast Japan," *Social Analysis*, 64(1), 24–43.

Littlejohn, Andrew [2020b], "Museums of themselves: disaster, heritage, and disaster heritage in Tohoku," *Japan Forum*, 33(4): 476–496.

Low, Setha M. and Irwin Altman [1992], "Place Attachment: A Conceptual Inquiry," in Irwin Altman and Setha M. Low eds., *Place Attachment*, New York: Plenum Press, pp. 1–12.

Marcus, Clare C. [1992], "Environmental Memories," in Irwin Altman and Setha M. Low eds., *Place Attachment*, New York: Plenum Press, pp. 87–112.

Masterson, Vanessa A., Richard C. Stedman, Johan Enqvist, Maria Tengö, Matteo Giusti, Darin Wahl and Uno Svedin [2017], "The contribution of sense of place to social-ecological systems research: a review and research agenda," *Ecology and Society*, 22(1): 49.

Mazumdar, Shampa and Sanjoy Mazumdar [2004], "Religion and place attachment: A study of sacred places," *Journal of Environmental Psychology*, 24(3): 385–397.

McNeill, John R. and Peter Engelke [2016], *The Great Acceleration: An Environmental History of the Anthropocene since 1945*, Cambridge, Massachusetts: Harvard University Press.

Moulton, Sunday M. [2015], "How to remember: The interplay of memory and identity formation in post-disaster communities," *Human Organization*, 74(4): 319–328.

Neal, Arthur G. [1998], *National Trauma and Collective Memory: Major Events in the American Century*, New York: M.E. Sharpe.

Noh, Toshio [1966], "Sanriku Coast prepared for Tsunami: a preliminary report on men's defense against natural disaster," *The science reports of the Tohoku University. 7th series, Geography*, 15(1): 1–24.

NPA (National Police Agency of Japan) [2021], "Police Countermeasures and Damage Situations associate with 2011 Tohoku District – Off the Pacific Ocean Earthquake. March 10, 2021," National Police Agency of Japan, Emergency Disaster Countermeasures Headquarters.
(https://www.npa.go.jp/news/other/earthquake2011/pdf/higaijokyo_e.pdf) [Accessed on October 15, 2022]

Onoda, Yasuaki, Haruka Tsukuda and Sachi Suzuki [2018], "Complexities and Difficulties behind the Implementation of Reconstruction Plans after the Great East Japan Earthquake and Tsunami of March 2011," in Vicente Santiago-Fandiño, Shinji Sato, Norio Maki and Kanako Iuchi eds., *The 2011 Japan Earthquake and Tsunami: Reconstruction and Restoration*, Cham: Springer, pp. 3–20.

Relph, Edward [1976], *Place and Placelessness*, London: Pion.

Sakaguchi, Nao [2019], "Post-Disaster City Reconstruction Efforts and Fishing Villages Transformation: Over Tsunami Disaster Heritages," *Journal of Asian Rural Studies*, 3(2): 208–220.

Santiago-Fandiño, Vicente, Yevgeniy A. Kontar and Yoshiyuki Kaneda eds. [2014], *Post-Tsunami Hazard: Reconstruction and Restoration*, Cham: Springer.

Shuto, Nobuo and Koji Fujima [2009], "A short history of tsunami research and countermeasures in Japan," *Proceedings of the Japan Academy, Series B*, 85(8): 267–275.

Stedman, Richard C. [2003], "Is It Really Just a Social Construction?: The Contribution of the Physical Environment to Sense of Place," *Society & Natural Resources*, 16(8): 671–685.

Tashiro, Ai [2021], “Green self-efficacy for blue-green infrastructure management in a post-disaster recovery phase: empirical research in a small rural community,” *Coastal Engineering Journal*, 63(3): 408–421.

Tashiro, Ai, Tomoki Nakaya, Shohei Nagata and Jun Aida [2021], “Types of coastlines and the evacuees’ mental health: A repeated cross-sectional study in Northeast Japan,” *Environmental Research*, 196: 110372.

The Economist [2014], “The Great Wall of Japan: Tsunami protection – or a boondoggle for builders?” June 14, 2014. (https://www.economist.com/asia/2014/06/14/the-great-wall-of-japan) [Accessed on October 15, 2022]

Theodori, Gene L. and Gerard T. Kyle [2013], “Community, place, and conservation,” in William P. Stewart, Daniel R. Williams and Linda E. Kruger eds., *Place-Based Conservation: Perspectives from the Social Sciences*, Dordrecht: Springer, pp. 59–70.

Venere, Emi [2016], “Study: seawalls, coastal forests in Japan help reduce tsunami damage,” News release, Purdue University, August 10, 2016.
(https://www.purdue.edu/newsroom/releases/2016/Q3/study-seawalls,-coastal-forests-in-japan-help-reduce-tsunami-damage.html) [Accessed on October 15, 2022]

Williams, Daniel R. and Jerry J. Vaske [2003], “The measurement of place attachment: Validity and generalizability of a psychometric approach,” *Forest Science*, 49(6): 830–840.

Zhao, Ruohui and Liqun Cao [2010], “Social change and anomie: A cross-national study,” *Social Forces*, 88(3): 1209–1229.

第Ⅲ部 コミュニティ再生と機会の窓

第七章

復興中の居場所とジェンダーの役割

――三・一一は「機会の窓」になったのか？

ユリア・ゲルスタ
Julia GERSTER

伝統的なジェンダーの役割は、人々が社会空間をどのように形成するか、その中で他者とどのように関わるかに影響するものである。さらにこれらの空間が当事者たちにとってどのような意味をもつのか、所属意識のあり方にも関わってくる。日本では伝統的に、例えば家庭のような私的空間は、女性の責任領域であるとみなされる一方、男性は公的領域での居場所づくり、例えば、職場環境あるいは町内会のような公的空間で、より積極的であることが期待されている。日本ではとりわけ女性の公共領域での活動の幅を広げるために、いくつかの政治的対策が導入されているが、その進展は遅いように思える。制度論では、このような特性は「経路依存性」という概念（後述）によって説明されている。しかし、東日本大震災のような危機は、長期にわたり確立されてきたパターンでさえも変える可能性、別の言い方をすれば、「機会の窓」を開くかもしれないと考えられている。

本章では、二〇一三年から二〇一九年にかけて実施したインタビュー調査と、二年以上にわたる東北地方での民族誌的なフィールド調査をもとに、三・一一後の宮城県において、ジェンダーの役割に対する期待が、人々の私的領域と公的領域における空間との関わり方にどのような影響を与えたかを分析する。大半の調査は、男性あるいは女性のどちらかに焦点を当てているが、復興段階における課題を理解するためには両方を見る必要があると筆者は考える。一方では、このような役割への期待が、伝統的に女性に独占されているとみなされる私的空間としての仮設住宅および災害公営住宅において、イベントへの男性の参加率の低さをどのように導いているかを本調査は示すこととなった。他方で、公的世界、例えば仕事場所への関与やコミュニティの計画活動などへの女性の参加の変化についても気づかされる。こうした変化はまさに、三・一一が人々に対して、自らを取り巻く場所を形成し、参加することを可能にする機会の窓を開いたことを示唆している。しかし、二〇二〇年に始まった新型コロナウイルス感染症（COVID－19）の流行による危機的状況に関連した伝統的なジェンダー役割への逆行が、この窓は再び閉じられつつあるかもしれないとの懸念を生じさせている。

1　はじめに

二〇一一年の東日本大震災とそれに伴う津波は、一瞬のうちに一万数千人の人々に死をもたらした。生存者は家族や友人、あらゆる隣人の死に直面し、何度も住む場所を変えざるをえないという不安定な状況が何年にもわたって続くことになった。このような悲劇的な喪失と継続的に不安定な時間を乗り越えた後に、生存者が新しい住まいの場所に何らかの安らぎを見出し、それらを新しい居場所に変えることが重要である。震災後、被災者は、ボランティアとともに、物理的かつ社会的な手段でコミュニティを再建するためにさまざまな居場所づくりに取り組んだ。

しかし、どんな種類の社会的活動に誰が参加するかということは、しばしばジェンダー役割に強く影響される。多くの調査は、男性あるいは女性のどちらかに焦点を当てている。そして、ジェンダー、場所、東日本大震災に関する調査は、原発事故後の、主に女性たちが介護者、母、妻としての役割をうまく切り抜けるための課題に焦点を当てているが［Kimura 2016, 2019; Morioka 2013, 2014; Morris-Suzuki 2014; Slater et al. 2014; 辰巳 2014］、筆者は、われわれがこの復興過程における課題を理解するには男性と女性の双方を見る必要があることを指摘する。一方では、とりわけ災害後の環境においてジェンダー役割に関する期待は、包摂的なコミュニティ再建のための障害物となる可能性がある。例えば、女性は、子どもや老人あるいはコミュニティの病人の世話を期待される一方、男性はコミュニティの復興のための長く続く（公的な）意思決定プロセスに参加するものとみなされている。他方で、災害は伝統的なジェンダー役割に変化をもたらす可能性があり、そのための機会の窓、あるいは変化の機会となりうる。本章では、宮城県で三・一一以降、生存者たちが関与した活動である多くの居場所づくりを、伝統的に女性のものとみなされている私的空間と男性のものとみなされている公的空間において分析する。そして、伝統的なジェンダーの役割概念が、どのように居場所づくりの包摂性に影響したかについて彼ら彼女らに尋ねることとした。さらに、三・一一の災害が居場所づくりの活動において伝統的なジェンダー役割を変化させうる「機会の窓」となったかどうかを検証する。

本章では、居場所づくりは、ある空間を対象にして、そこで行う活動によって意味を与えることで、ただの空間を居場所に変えるものとして理解される。「居場所づくりは人間にとって本質的な一つのプロセスであり、彼らの必要性、切望、願望および展望であり、それらは、コミュニティへの参加に非常に強く依存している」［Moreira 2021］。人々がくつろぎを感じる空間は、単に身体的な居住場所によって決定されるだけでなく、多くの友人や隣人あるいは個人的な習慣やルーティーンのような多くの要因によって決定される。居場所づくりがコミュニティ再建と災害生存者の中の満足と幸福にとって重要であることは、一九九五年の阪神・淡路大震災後にも同様に強調されてきている。仮設住宅およびその後の災害公営住宅が建設された後、入居者はくじ引きによって選ばれた。結果として、コミュニティの結びつきが失われ、とくに高齢者が苦しむことになった。こうした住宅政策に関連して、いわゆる孤独死が増大した。主に高齢者が死後数日あるいは数週間後に発見される事例が少なくとも二三八件報告されているが［Shiozaki et al. eds. 2005; 高橋ほか 2005］、大半が男性であった［早坂 2016］。

高齢者の孤立と社会的結びつきの弱体化が公に議論されるようになる前から、すでに学生などのボランティアグループは、茶会や音楽クラスなど、人々を結びつけるようなイベントを開催していた。立木茂雄らの調査［兵庫県 2003; Tatsuki and Hayashi 2000］によると、このようなイベントは深く沈んだ気分を明るくし、参加者は「自分はひとりでない」と感じられるという。同じ場所で定期的に会合を開くことが参加者をくつろがせ、新しい隣人が見知らぬ人から友人になることに一役買っている。しかし、必ずしもすべての人がイベントに参加することを喜んでいるわけではない。事情があって、来場が難しい、来場できない、あるいは来場したくない人々もいる。

さらにこれらの研究は、居場所づくりがしばしばジェンダーによって異なることを示している。ジェンダーという言葉には男性と女性の二元論以上の意味が含まれるが、筆者の調査の情報提供者たちは、男性あるいは女性のいずれかとして自己認定していた。そのため、本章ではこの言葉を二元論的に用いる。状況は変化しつつあるが、日本では女性が家庭に入ることへの社会的期待により、女性が趣味関係のグループや育児サークルのような個人的な世界において社会化しやすくなっていると指摘されている［小池 2017］。しかし男性は、彼らの仕事環境において社会化するといわれている［Hidaka 2010］。一方で、女性は家庭にとどまることを期待され、女性は仕事関係の社交活動から排除されることになる［Nemoto 2013］。他方で、定年退職や災害、あるいはコロナ禍などで仕事に行けなくなった状態は、男性にストレスを与える。調査によると、日本では定年退職後、女性はグループ活動を通して社会化を継続する傾向があるが、男性はグループに参加しない傾向にある［斎藤ほか 2015］。この傾向に関連して、男性は、ひとたび元同僚との関係性を失ってしまうと、孤立感を深め、より高い危険性に直面することが指摘されている［小池 2017］。こうした問題から、ジェンダーと居場所づくり、あるいは場所に対するアクセスなどの包摂的な概念が、全体的により公正な社会に寄与する可能性が指摘されている［小池 2017］。

以下でより詳細に説明するように、研究者たちは、ジェンダーの問題は居場所づくりに関する問題と直結しており、とくに災害後の文脈において顕著になることを強調している［Bradshaw 2013; David and Enarson eds. 2012; Enarson and Chakrabarti eds. 2009; Ginige et al. 2009; Neumayer and Plümper 2007］。しかしながら、このようなジェンダーに基づく問題は、災害直後には表面化しない。むしろこれらは、それ以前から存在している問題と関連している［Horton 2012］。すなわち、女性の政治的代表権の不足、女性の指導的立場の不足、あるいは男性の精神的問題の認識不足などを見れば明らかだ。このことはかなり前から理解されているが、なお、こうしたパターンを変えることは困難である。

　制度理論では、このような強固なパターンを「経路依存性」［David 1985; Arthur 1989; Mahoney 2000］と呼んでいる。この理論によれば、一度確立された経路（この場合は確立されたジェンダー役割）は、混乱のときに通常時よりも変化しやすくなると考えられている。この変化しやすい条件は「機会の窓」と呼ばれており、それ以外に経路が変わることは難しいとされる［Birkmann et al. 2010］。二〇一一年に史上最大規模の地震が東日本で発生したとき、研究者の中には、この災害が変化の機会になりうるのではと予測した者もあった。とくに福島第一原発の原子力災害は、政治とエネルギー部門が絡み合う分野を動かし、日本のエネルギー政策を変更するような議論があった。また、若い世代の政治参加をもたらすという社会的な変化も期待された［Dimmer 2016; Slater et al. 2015］。しかし、震災後一〇年が経つ前に、こうした楽観主義的な見方の大半が修正されている。反原発運動は減退し、再稼働する原子力発電所の数は増えてきている。このような例は、「機会の窓」の一過性を示している。

　この調査結果は、文化人類学的フィールド調査と宮城県で二〇一三年から二〇二一年に実施した質的非構造化インタビューに基づいている（この他には、「東北からの声」プロジェクトへの参加者を通したもの、そして筆者の博士論文および日本学術振興会のプロジェクトのために行われた調査を含む）。そのため、この研究は復興のいくつかの段階を対象にし、伝統的に女性が担うとみなされている個人的領域での居場所づくりの、例えば仮設住宅のイベントを支援するボランティアのような例を取り上げている。また同様に、伝統的に男性的範囲とみなされている公的領域、例えばビジネスの確立や復興地域における町内会などを対象としている。この研究では、男性と女性の生存者がこうしたジェンダーの空間においてどのように参画しているかを捉えることによって、宮城県の被災地域における居場所づくりの活動において、三・一一の大震災が固定したジェンダーの役割に関する「機会の窓」になったのかどうか、あるいはどのように住民が参加したのかを調査している。Huang and Roberts［2019: 2］が指摘しているように、場所とは、物理的な空間と人間の要素を一緒にする一つの包摂的な現象として理解されることから、居場所づくりは、しばしばコミュニティ再建と同義語である。本章も同様に、居場所づくりは単に物理的な空間だけでなく、祭りやイベントへの参加を通して、または再建の決定事項などに関する公聴会を通してコミュニティをつくり出す活動としても理解されている。そのために、このような活動をジェンダーに基づいた参加で分析するには、被災者が、故郷の物理的かつ社会的復興を形成するに際し、どのように参画するか、そしてどうすればこうした活動がより包摂的な方法でなしうるかについて理解することが重要である。

2　ジェンダーと災害復興

災害復興に関係するジェンダーの問題として、大半において、女性の置かれている不利な状況が取り上げられてきた。とくに、男性と比較して女性は脆弱性と死亡率が高いという議論が展開された。Neumayer and Plümper［2007: 553］は、このような不均衡に対して次のような理由を挙げている。

第一に、男性と女性の間の生物学的かつ身体的な相違が、災害への迅速な対応において女性を不利にさせる可能性がある。第二に、社会規範と役割行動が、災害直後に脆弱性を増大させるような態度に女性を導く可能性がある。第三に、災害により、基本的なニーズを満たすためのリソースが不足し、社会秩序が一時的に崩壊する危険性があり、結果として個々人の競争がより熾烈になり、現存する性差別が悪化し、新たな形態の差別が生まれる可能性がある。

災害が直接的な影響をもたらすのは、ジェンダー役割が不利になる可能性があるときに限らない。国際連合開発計画〔UNDP 2019: 7〕は、災害は女性に高い危険をもたらすだけでなく、その危険性が災害後の段階においてより困難なものになることを強調している。

危機は、誰にでも影響を及ぼすが、女性と少女はしばしば、その相対的に不利な状況、際立った社会的義務と責務、そしてジェンダーに基づいた暴力の広まりによって過剰な影響を受ける。同時に女性たちは、危機の前線に立ち、重要な第一対応者となり、コミュニティの再建者となり、平和構築者となり献身することも多い。彼女たちは、家族やコミュニティの幸福を守り、社会の「よりよい復興」の一助となっている。

日本でも同様に、過去の災害は、ジェンダー問題に取り組む必要性を示している。避難所での性的なハラスメントや衛生環境の不備、つまり、女性が授乳や着替えを行うための安全な場所がなく、共同トイレの使用に不安を感じていることに加え〔ＮＨＫ 2021〕、子どもや老人、あるいは病人の世話をするのは女性の役割であると期待され、避難所の人々のために食事を用意し、掃除を行うよう期待され、しかもたいていは、毎日無報酬でやらなければならないのである〔Saito 2012: 269〕。

池田〔2012: 74〕は次のように強調している。「女性は、社会および家庭の中で、災害リスクの削減に重要な役割を果たしているが、災害リスクの削減と復興の公的な空間からは除外される傾向にある」。Saito〔2012: 267〕は、女性は「公的なフォーラムで発言したり男性に挑戦するのを躊躇する傾向がある」と付け加えている。このようにコミュニティの開発と復興、居場所づくりに大きく関わるすべてのこうした重要な決定は、男性が大半を占めるコミュニティリーダー（自治会長等）と復興委員会によって行われている［Fraser et al. 2021］。このような組織化した状況では、女性および男性が、コミュニティにおいて決められた役割の外で積極的になる上での障害が増しており、女性が復興過程においてとくに軽視され、追加的な労働負担を強いられている［Tanaka et al. 2019; 李 2015］。

こうしたことにもかかわらず、危機的状況は「機会の窓」としても言及される［Bradshaw 2013］。そうした状況下では、古い形式は克服され、遠かった変化がより容易に実現する可能性がある。災害は、「よりよい復興」という言葉に表されるような肯定的な変化のための機会ともなりうる。研究者たちはさらに、災害が現存するジェンダーパターンに変化をもたらすと指摘する［Moreno and Shaw 2018］。世界銀行防災共同プログラム［GFDRR 2018: 4］は次のように述べている。

災害後の復興がうまくいくかどうかは、女性と男性のニーズの双方にいかによく応えるかにかかっている。復興は、ジェンダー差別による脆弱性を助長していた不平等な力関係を変える可能性を秘めており、ジェンダー平等を促進する「機会の窓」となりうる。しかしながら、女性のエンパワーメントを促進する試みには反発が予想され、変化を拒否し、規範をかたくなに守ろうとする動きが出てくることを認識しておく必要がある。もう一つの難題は、復興と再建が完了したときに、この突然のエンパワーメントまで「普通の状態に戻る」ことがないようにできるかどうかである。

このような懸念は、居場所づくりとコミュニティ再建におけるジェンダーに基づく役割と参加に変化が見られることで、災害復興が一時的に機会の窓となる可能性を暗示している。われわれは、ジェンダー役割がどのように三・一一後の居場所づくりに影響を与えているか、災害によって現存のジェンダー役割にどのような変化が見られているか、そして、これらの変化が、復興が進んだ震災一〇年後において持続可能であったかどうかを以下で考えたい。

3 災害後のコミュニティイベントにおけるジェンダー

3−1 私的空間での居場所づくりイベントを支援するボランティアと男性の排除

阪神・淡路大震災から得られた知見に基づいて、被災者とボランティアは、東日本大震災後のコミュニティの結びつきを強化するために多彩なイベントを導入した［早坂 2016］。表7−1は、二〇一三年から二〇一九年までに、仮設住宅で、その後は津波被災者のための公営住宅でボランティアが支援して行われたさまざまなイベントを示している。同様の活動は、津波で被災したすべての地域で行われたが、本章で紹介している事例は、宮城県名取市のものである。さらにこの表は、包摂性を目的としたイベントと多様なコミュニティメンバーに届くイベントに焦点を当てている。そのため、限られたグループを対象とした。例えば、子ども支援グループや遺族のためだけに行われる葬儀などはこの分析からは除外されている。

災害後の最初の数年間は、とくに仮設住宅において何百ものイベントが企画された。生花や料理、絵画あるいはカラオケなどの趣味関連のイベントが、仮設住宅で行われた活動の大半である。その後、公営住宅施設の集会場においても実施された。このようなイベントは主にボランティアによって準備されたが、時が経つにつれ、住民たちがその運営を引き継いだ。二〇一三年に筆者は、趣味関連のイベントに初めて参加した。これらのイベントは平日の午後や週末にも行われた（写真7−1・7−2）。

時が経つにつれて仮設住宅でのイベント数は減少し、大半のイベントは、多くのボランティアが準備の時間を

［表7-1］ コミュニティイベントのタイプ

分野	内容	主催者	対象グループ	参加者のジェンダー	頻度と段階
趣味関連イベント	手芸，スポーツ，絵画，歌などのレジャー活動	仮設住宅：主にボランティア，後に住民の数が増加 災害公営住宅：主に住民，ボランティアは減少	一定の地域住民（例えば，仮設住宅，現在の住宅地域，元の住居からの人々）	主に（高齢）女性	仮設住宅：1週間に数回から数週間ごと（頻繁） 災害公営住宅：コミュニティの変動に強く依存．仮設住宅においては，初期段階よりも頻度が減少する傾向
季節的イベント	季節的な活動 祭りそのものを祝うよりも，むしろ季節に関係する行事とその準備（例えば，飾り付け，花見のための作業，節分のような季節行事）	仮設住宅：主にボランティア，後に住民の数が増加 災害公営住宅：主に住民，ボランティアは減少	一定の地域住民（例えば，仮設住宅，現在の住宅地域，元の住居からの人々）	主に女性，高齢者，そして幼児のいる母親	1年に1回，あるいは特定の季節において数回．趣味関係のイベントとしばしば重なる（定期） イベントの数は，仮設住宅と比較すると，災害公営住宅では減少

出所：Gerster-Damerow［2019］を編集．

［写真7-2］ 釜石の仮設住宅のイベント作品（2013年）
撮影：筆者

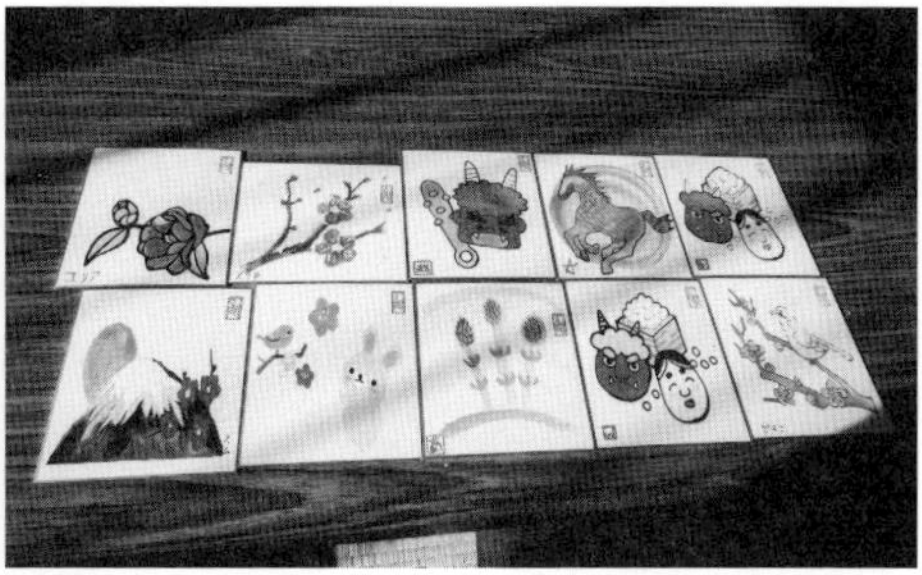

［写真7-1］ 松島のコミュニティイベントの作品（2014年）
撮影：筆者

確保できる週末に行われるようになった。新しく建てられた公営住宅の集会所において、市役所のボランティアコーディネーターたちが、平日の定期的な趣味イベントを再び計画した。しかしながら、数年間にわたって、参加者の大多数は変わらず高齢女性たちだった。

頻繁に行われるもう一つのイベントが「季節的イベント」であった。これらは、その性質上、趣味関連のイベントといくつかの部分において重なっている。筆者が季節的イベントとして定義するものは、自然に関わるものであり、例えば花見や紅葉見物などの行事が含まれる。それらのイベントのいくつかはまた、手芸や料理、例えば、はらこ飯や芋煮のような季節料理、あるいは季節の祭りのための飾り付けの準備などに関係していた。こうしたイベントもまた減少したが、災害公営住宅で地域住民によって行われる趣味関連のイベントよりは多く行われた。高齢女性たちの高い参加率は維持されていたが、幼い子どもを連れた母親もまた、しばしば参加者の中に見られた。男性たちの参加はより少ない傾向にあった。

仮設住宅の住民たちは、こうしたイベントが新しいコミュニティをつくりあげる上で役に立つことに気づいた。とりわけ高齢の女性たちは、趣味関連のイベントが、新しい生活環境に慣れるのを支えてくれたと語っていた。とくに地震発生時に住んでいた場所が生まれ故郷ではなかったという女性たちは、かつての隣近所よりも仮設住宅の方がくつろげると指摘していた。なぜなら、新しい友人をつくり、避難者として、震災前よりもより共通するものを持ったからだという。

前記の説明および表7－1から、仮設住宅および災害公営住宅の個人的空間における居場所づくりのイベントは、男性と女性に同じ程度には届いてはいなかったことがわかる。趣味関連のイベントへの参加率については、明らかに強いジェンダーバイアスがみられる。これらのイベントは、仮設住宅で最も頻繁に行われるタイプのイベントであった。女性だけでなく男性も主催者の中にはいたが、名取市のあるボランティアコーディネーターによれば、参加者の約九〇％が女性であった（インタビュー、二〇一七年）。二〇一三年と二〇一七年に住民とボランティアに行ったインタビューでは、次のことがジェンダーバイアスの理由として述べられた。研究者が指摘しているように［Kaufman and Taniguchi 2009; Raymo et al. 2008］、ボランティアコーディネーターは、大半の男性が仕事に関係のない社交的な集会に参加することには慣れていなかったと語った。伝統的に彼らは、長時間働いた後、同僚たちとの飲み会が社交の場となっていたからだという。もうひとつの理由は、イベントの時間帯である。市役所によって企画されたお茶会の開始時間は通常、平日の日中だったため、働いている人たちの参加は困難だった。

とはいえ、主な理由は提供された活動のタイプだったかもしれない。趣味関連および季節的イベントの大半が、伝統的に女性に関わる活動という性質を持っていた。趣味関連の活動に男性の参加率が低いことについて尋ねられたある女性年金生活者は、次のように答えた。

男性は何をしているかって？　私にはわからないね。多分、家にいるんでしょう。とにかく男性が参加できるイベントはそう多くはありませんよ。イベントは手芸がメインで、男性はやりたがらないものです。生け花や編み物とかミシンとか……（インタビュー、二〇一三年一二月一日）。

こうした状況は、仮設住宅の男性住民の何人かによっても確認された。数人の男性たちは、もっと頻繁に人に会いたいものの、彼らは料理や絵画には興味がない。名取市の仮設住宅に居住していた年金生活者の男性は、お茶会に興味はあったが、周りがあまりにも大勢の女性ばかりだったので興味をなくしたとさえ語った。そこで彼は、仮設住宅の男性だけの集まり（男性の会）を組織しようと決心した。二〇一三年に行ったインタビューで、彼は次のように言った。

女性用のお菓子のついたこういう会合はたくさんありますよ。そうでしょう？　男性にはこんなもの必要ない（と思われている）。だから、私は男性用の会合をつくりたかったんです。一度は三〇人ぐらいが集まりました。いろんなことしゃべりましたよ。彼らはこう言っていました。「どうしてお茶しか出ないような集まりに参加するんだろう?」と。それに正直に言えば、男は、年寄りの女の人の話などに何の興味もありませんよ（インタビュー、二〇一三年）。

このような考えは、男性が参加しないことについての大多数の意見として存在しているだけではなく、人々の日常生活を導くものとして広く普及しているジェンダー役割においても、いまだに存在しているのである。とりわけ危機的状況において、固定したジェンダー役割は、安定性とルーティーンをもたらすかもしれないが、このような事例からわかるように、社交的な活動への参加を妨げてもいる。人々が、「女性／男性はそういうことをしないものだ」と感じているからである。このようなジェンダー役割分業は根強く、家庭を取り巻く居場所づくり、例えば、料理や飾り付けを作るような活動は女性の責任とみなされ、一方で男性は、町内会のような公的な組織を通して居場所づくりに参加するものと考えられている。

表7－1でわかるように、ボランティアは、災害公営住宅では減少したものの、仮設住宅で行われた大半のイベントの企画に関わってきた。ボランティア活動を行っていた五人の主催者（二〇一三年と二〇一七年に独立したプロジェクトで活動していた一人の男性神父と四人の女性ボランティア）にそれぞれの活動内容を選んだ理由について尋ねたところ、彼ら全員が、手芸のようなイベントには男性は関心がないと思っていたと答えている。一方で、飲酒を伴う、あるいは危険を伴う活動（例えば、木を切ることなど）は伝統的に男性向きだとみなされていた。こうしたステレオタイプは、男性住民のコミュニティ形成にとって一つの障壁となり、ジェンダーをめぐる議論に男性性（マスキュリニティ）の問題を含めることの必要性を示している［伊藤 2018］。

家庭に関わる参加をめぐるこの種のバイアスは、阪神・淡路大震災後も問題になった。第一節で述べたように、災害後、多くのイベントが、コミュニティ再建を支援するために開催された。しかしながら、こうした支援がいわゆる孤独死の発生を防ぐことはできなかった［早坂 2016］。とりわけ仕事を失った五〇〜六〇代の男性は、孤独死の危険性が高いグループと見られた［神戸弁護士会 1997: 23］。残念なことに、同様の傾向は、東日本大震災でも見られる。孤独死する男性の率は、女性の二・五倍である［河北新報 2020］。男性にとって危険なのは、危機的状況、さらにそれ以降も、ジェンダーに基づく居場所づくりをめぐる思い込み（女性には家庭の責任があり、男性には仕事ベースの居場所づくりに責任があるというような）である。例えば、男性が活動の場であると期待される場所へのアクセスを失ったときに、伝統的に女性の領域とされる場に参加できる（あるいは参加するべき）とは感じられない場合、危険性はより強まる。

本項では、私的空間に関わる居場所づくりをボランティアがどのように支援したか、続いて、伝統的に女性に向いていると認識されている活動が主に提供されたことで、ジェンダーパターンが確立されたことを示した。しかしながら、公的な領域において、ジェンダーに基づいて確立された参加空間に変化がみられている。東日本大震災後、農漁村女性たちははるかに活動的になっていたからである。

3-2 東日本大震災後の公的領域における女性の参加

これまで、主に名取市の例を見てきたが、次の例は、宮城県のその他のさまざまな沿岸地域での話である。東北地方の多くの地域では、伝統的に、女性はとりわけ農業、水産業、あるいは海藻加工などに従事してきたが［Delaney 2017; 坂口 2021］、彼女たちは、公的な決定プロセスからは排除される傾向にある［Tanaka et al. 2019］。

しかしながら、東日本大震災の後、一部の女性は、もしコミュニティのために変化を起こしたいと望むならば、公的な活動の中でより目に見える立場に身を置く必要性を感じていた。

南三陸町の神社の禰宜《ねぎ》である工藤真弓は、二〇一一年の震災以前から、コミュニティの中で非常に目立つ立場にあった。通常、神社や寺院は男性が継いでいるなかで女性だったからである。居場所づくりと同様、寺社仏閣は地域のコミュニティでは重要な役割を有している。そうした機関は、伝統的な儀式や祭の中心的な主催者であり、そのための場所であるからだ。震災後に工藤は、南三陸の復興に携わったキーパーソンの一人として世界的に知られるようになった。彼女は、津波の際の避難経路を教える紙芝居や絵本を作っただけでなく、複数のプロジェクトを共同企画し、住民らを巻き込みながら復興を目指した。一例が「ツバキプロジェクト」で、これは、地元住民が地域の椿《つばき》をめぐって始めた活動であり、避難経路の両側に椿を植えることで、目に見える形で新しい環境をつくりあげていくというものだった。工藤は、二〇一九年一〇月に行ったインタビューの中で、彼女の伝統的な責任、つまり、母であり主婦であり、そして禰宜であるという伝統的な責任の外側で何らかの役割を果たしたのは、二〇一一年の津波のときだけだったと述べている。

まったく生き方が変わった。震災前は、まあ、小さい家庭の中でくるくる回っているような、役割として本当に小さな役割を、それで精一杯だと思いながらやっていたという感じです。社会貢献もとくにしていなかったし。

まちづくりのこともまったく、まあ、やる機会もなければ、やろうと思う動機もなかった。後はまあ、自分のサイズがすごく小さいと思っていたので、自信もなかったし。ということで、すごく小さい車輪の中でくるくる回っていたというような。後は縛りがたくさんあったり、すごく狭い世界に住んでいたというのは震災前だったと思うんですけど。そのなかで大変だ、大変だという感じで生きていた。

でも、震災があの日に起こって、あっという間にあの時間の中で身近な人をたくさん亡くして、……でも自分が生き残っている。

……できることを、小さいことを積み重ねていっていけば、町がもう一回、元どおりでなくてもよみがえっていくことを、やりながらすごく実感したので、自分の生きている意味を改めて知ることになったのが震災だったなというふうに思います。やれること、やらなくちゃいけないことが見つかってそれをやっていくと、どんどん出会いが増えていった（インタビュー、二〇一九年一〇月二二日）。

［写真7-3］震災前と2019年の南三陸町
撮影：筆者

工藤はさらに、何百人もの人々を失ったことが、人生における自身の役割を再考させたと語った。筆者のインタビューを受けた人々の多くが、年齢やジェンダーにかかわらず自問していた。なぜ私は生き残り、あれほど多くの人々が死んだのだろうか？　と。工藤を含む多くの人々は、この災害で非業の死をとげた人々に報いるためにも、自身の人生を精一杯生きることを強く迫られたと強調している（工藤インタビュー、二〇一九年一〇月二二日）。喪失と災害の経験は、彼女のような多くの人々に対し、通常の役割や習慣から一歩踏み出すインセンティブ（動機、誘因）を与えた。さらに、高齢男性の（公的な）意思決定者の多くが、災害後、さまざまな課題によって打ちのめされていることに気づいた。このことは女性たちに対し、立ち上がり、声を上げ、従来は男性に期待されていた役割を引き受ける機会を与えた。しかしながら、このことは多くの人々をさらなるストレスにさらすことになった。機関やコミュニティの構成は簡単には変化しない。そのため、多くの女性からは、コミュニティでより目立った役割を担うことの難しさ、例えば、祭りの期間、あるいは説明会やコミュニティの会合で自身を表現することの難しさが聞かれた。仮設住宅で行われた定期的なイベントの多くは女性を対象にしていたが、ボランティアによって企画されたイベントの減少は、コミュニティ構成が再び変わったとき、新しい居住地域を再編した後の諸問題を引き出した。

一つの興味深い事例が宮城県の漁村コミュニティで発生した。新しく建設された移転地区で二〇一九年一〇月二二日に行ったインタビューで、高齢の町内会会長は、もっと女性や若い人たちをコミュニティの活動、とりわけ高齢の男性だけで構成されていた町内会活動に関与させる必要性を強調した。彼は、町内会が人々を巻き込むために行ってきた活動について説明したパンフレットを手渡してくれた。町内会会長の隣には、話の間、彼を助け、われわれインタビューチームにお茶とお菓子を出してくれていた若い女性がいた。会長が帰った後、われわれは、この女性にインタビューする機会を得た。彼女は、漁村ではとくにジェンダー役割が変化することは難しいだろうと言った。

漁業という産業が私たちの生活の中心で、船に女性が乗ることは許されなかったし、神様に女性が関わることもなかった。で、女性は、船を新しく造ってその綱を切って海に降ろすときだけ船に関わることができて、他の海の仕事、船の仕事に関わることは一切できなかった。なぜかというと、神様、船の神様が女性でやきもちをやくっていうふうに固く信じられてきたので、女性が海とか船とかに関わることっていうのは、震災前はほぼなかったんですね。

そういうふうなところで、そうした思想体験の中で私たちは育ったので、震災直後七日目に初めてその地域の集落に残った人たちが集まったときに、女性は意見を言うなっていうふうなことをやっぱり言った男性がいました。そこから約九年かけて、防災集団移転があって、家が建ち、そして去年ここで会議をしたときに初めて女性が男性の前で自分の考えを述べた。それは、ここの防災集団移転の中の公園の使い方について女性が初めて意見を述べたのが、この地域の女性が自分の考えとして意見を言ったのは初めてなのじゃないかなというのと、その意見について家族の間にも、またどうして女性が人前で意見を述べるのかと言われたというようなことを女性たちから聞くことができました（インタビュー、二〇一九年一〇月二二日）。

彼女は、女性と若者がどのようにしてコミュニティに参加しようとしていたか、さらに、現在の権力構造では女性や若者の話を聞いてもらえることがいかに難しいかについても話し続けた。また震災後、権力を持つ人々も、女性がより活動的にならなければ、コミュニティが維持できないことを悟らざるをえなかったことも強調した。

高齢化率っていうのがあって、震災前、平成二二（二〇一〇）年の高齢化率が三七・六％、現在の高齢化率は五六・八％。で、日中ここにいる人たちの高齢化率が今は約七〇％です。そういう中で男性と女性の比率を比べると、女性の比率の方が高いので、女性たちがやっぱり意見を言っていかないと地域は変わらないっていうふうに私は考えています。それが、やっぱり地域も、その地域の中でも変わったことだし、私自身も変わったことだし、最初の方はもう地域の中で意見を言えなかったし言わなかった。だけれども、八年かけて周りの人たちと一緒に少しずつ意識が変わっていって、今は意見を言うことができるようになったっていうのは大きな変化だなっていうふうに思います（インタビュー、二〇一九年一〇月二二日）。

同様の事例は、南三陸町、気仙沼市、山元町《やまもとちょう》、仙台市あるいは石巻市の女性からも報告された。多くの人々が、震災前は、コミュニティで自分自身を表現することがどれほど難しかったか、そして変化を起こすために何らかの行動をとる立場にはいないと感じていたことを語った。しかし震災後、自分自身と家族のための新しい拠り所にするために町を再建したいと望むなら、関わっていく必要があると彼女たちは感じた。こうした事例において、イベントを企画し、参加するという行動は、復興に関わり、彼女たちの私的空間という伝統的な領域だけではなく、周りの公的な場所も形成するための手段となった。

このような変化はまた、通常、男性が支配的なビジネスの領域においてもみられるようになった。仕事に関連した活動は、重要な居場所づくりとみなされた。なぜなら、企業とその製品も、場所のイメージと復興する町の構成要素だからである。震災後に人口減少が進み、町の機能が衰えたことを受け、多くの企業は、女性が収入を得ながら、仕事と育児のバランスを確保できるように支援した（このプロセスは、日本の地方ではなかなか進んでいない）。気仙沼市のNPO法人「ピースジャム」はこのような例の一つである。東日本大震災の後、佐藤賢は、母親たちが赤ん坊のおむつやベビーフードなど必要な品を見つけるのに大変苦労していることに気づき、この法人を創立した（インタビュー、二〇一九年六月一日）。二〇二一年現在、ベビーフードを被災地域に送るだけではなく、キッズキャンプを企画している。職員の大半が女性で、地元の食材を使ったジャムを生産している。ウェブサイトでは、団体の目標が次のように述べられている［ピースジャム 2017］。

持続的な育児コミュニティ作りとしてだけではなく、この活動によって「子育てをしながら働ける基盤」づくりをし「産みやすく育てやすい環境」を社会へ波及することを目指しています。親子を中心に多世代の人と人が関わり合うことで地域がより豊かなコミュニティを築けるビジョンを描き、地域に根ざして今後も活動してまいります。

ピースジャムは、女性がキャリアをあきらめることにしばしばつながる、家庭と仕事の両立という厳しい問題に取り組んでいる。彼ら彼女らの努力は数多くの賞賛を浴びている。例えば、ジェンダー平等を促進するための取り組みとして、政治家らを工場の見学に招くなどしている（インタビュー、二〇一九年六月一日）。女性が、母親としての役割をおろそかにしていると非難されることなく働ける場所を用意し、その場所で女性たちの生産する製品が地域のイメージと復興に影響を与えている。

女性がビジネス活動を通じての居場所づくりに参加したもう一つの主な例としては、御手洗瑞子《みたらいたまこ》が設立した「株式会社気仙沼ニッティング」が挙げられる。彼女は東京出身の若い女性で、以前はマッケンジー（McKinsey & Company, Inc.）に勤めており、ブータンの観光開発にも関与した。二〇一二年、日本の著名人である糸井重里が、気仙沼で被災者を雇用する編み物ビジネスを立ち上げるために御手洗を招き、彼女はそれに応じた［Government of Japan Public Relations Office 2013］。同社は、主に地域の女性を雇用し、彼女たちが自立した生活収入を確保できるようにした。二〇二一年現在、気仙沼ニッティングは、約一四万七〇〇〇円のカーディガンを売り上げる人気の高級ブランドとなっている。気仙沼ニッティングは、創業から二〇二一年に至るまで、単に雇用の源となるだけでなく、住民がこの新しいブランドに誇りを持つような気仙沼アイデンティティの場所として影響を与えてきた。御手洗が多様な雇用に成功したのは、二〇一一年に人々の復興への努力に貢献するために気仙沼に移住することを決めたことが大きく関係している［Emmot 2020］。彼女の事例は、同様の新しいビジネスとともに、若い起業家が東北地方でプロジェクトを開始するためのロールモデルになるだろうと期待されている。

しかし、制度理論において知られているように、変化には時間がかかる。東日本大震災により、変化を起こそうという機運はたしかに高まった。女性と男性が、伝統的にもう一方の性に属していた場所にともに踏み出すことによって、新しいロールモデルが生まれる。将来の世代たちは、あらゆる種類の居場所づくりにより自由に参加できるようになり、彼ら彼女らが暮らす社会的かつ物理的環境をより容易に形成できるようになるだろう。

4 結論——三・一一はジェンダー役割の変化に関わる「機会の窓」となったか？

東日本大震災は、日本の歴史上最も破壊的な災害の一つであり、その他の災害と同様に、災害後にはとくに女性が困難に直面した。しかしながら同時に、伝統的なジェンダー役割と、それが居場所づくりへの影響を制限していることに関し、必要な変化のための「機会の窓」が開かれるのではないかと研究者に期待させた。災害後の居場所づくりは、被災者が環境を共有して、プロジェクトにともに取り組むことによってコミュニティの再建に参加し、社会的な絆を強化し、新しい拠り所をつくりあげるために重要である。本章で取り上げた事例から、特定の場所での居場所づくりに誰が参加できると思うかについて、ジェンダーのステレオタイプが影響していることがわかった。大半の研究はジェンダーに基づく女性にとっての制限に焦点を当てているが、この研究では、人々が、女性も男性も同様に、ジェンダーによる制限に従って参加すべき場所を判断しているというバイアスを示した。仮設住宅や災害公営住宅で行われたボランティア支援のイベントは、主に女性を対象にしていたが、これは、趣味関連や季節的イベントとして提供される活動（手芸など）が「女性的な活動」とみなされていたからである。それはまた、家庭という私的な空間は女性が受け持つものという伝統的な考えと結びついている。その結果、男性は、そうしたイベントを主に高齢の女性を対象にしているものとみなすため、参加する上でのインセンティブが少ないと感じたのである。このような考えは、結果的に男性が孤立する割合を高め、孤独死における男性の率の高さを反映している。一方で女性は、しばしば伝統的に男性の空間とみなされる公的な居場所づくりから除外されていることに気づいている。このことは、彼女たちが自分たちの拠り所を復興・再建するプロセスに参加する機会が少ないことを意味する。筆者の調査にご協力いただいた方々は、伝統的なジェンダー役割が、不安定なこの時期には安定感を与えてくれると語ったが、ジェンダーによる制限が被災者の不安を高めている可能性があると結論づけることができる。

　多くの慣行において、東日本大震災は、研究者たちが予測したような大きなゲーム・チェンジャーにはなっていないかもしれない。しかし、震災がもたらした危機感が、人々を新しい分野に進出させた。とりわけ女性からは、コミュニティが経験した大きな喪失、ひいては災害によっていっそう進んだ人口減少と高齢化に伴い、社会として消滅してしまうのではないかという恐怖により、彼女たちばかりでなく、コミュニティの他の人々が、持続可能な将来を望むなら、社会の全構成員にとってのコミュニティを形成するための場所が必要であることを悟った、という声が聞かれた。伝統的に主に男性に占められていた公的な領域での居場所づくりに女性たちが参加しただけでなく、若者や地元住民ではない人たちも、例えば会社を起業し、あるいは地域のお祭りを支援することによって、復興の機運を高められると感じたのである。しかしながら、研究者や世間の関心は、職場など典型的に男性的な領域とみなされた場での女性のエンパワーメントに集中していた［伊藤 2018］。こうした場所は、権力や自立性、および社会的承認に結びついているからである。私的な領域、例えば仮設住宅や災害公営住宅での居場所づくりの事例は、多くの男性住民たちがこうした社交的な活動に参加をためらったということから、ジェンダーと場所に関するよりいっそう包摂的な考え方が必要であることを示した。ジェンダー役割と居場所づくりに関して偏見がなくなりつつある若者にとって魅力的に映るような、より包摂的なコミュニティをつくり出すにはジェンダーに対するより柔軟な見方が必要になる。

　公的な場所で女性が活動しやすくなることに貢献した多くの事例は、変化が続いていくという希望を示している。しかし、三・一一から一〇年以上経った今、変化しつつあったジェンダー規範の持続可能性について問題が生じている。コロナ禍により、変化が止まってしまったのである。パンデミックによって学校や幼稚園が閉鎖するなか、大半の男性は仕事を続ける一方、子どもたちの世話をしたのはほとんどが母親であった。多くの女性がパンデミックによって仕事を失っている。しかも、二〇二〇年一一月の時点で、男性の二倍の数である［内閣府男女共同参画局2020］。しかし、たとえパンデミックがなかったとしても、女性が伝統的に男性領域とみなされた場所を求めることが難しくなっていた可能性はある。東北地方やその他の地域でも、強い女性がいないわけではないが、公的な領域において決定権を持つ立場の多くは、いまだに（中高齢の）男性に占められている。東日本大震災から一〇年以上経って、ビジネスを始めるために他の地域からこの地域に移ってくる人々も増えつつある。こうした動きは、「機会の窓」が再び閉じられつつあることを暗示しているのかもしれない。

しかし、コミュニティで新しい領域を探り、町の再建に向けて空間を手にした、あるいは手放した多くの男性や女性の例は、ゆるやかながらも変化の兆しであり、こうした変化はこれから続いていくだろう。伝統的なジェンダー役割の外側に可能性を見出し、模索し、将来の世代に対する新しいロールモデルを生み出しつつある人々は、災害からの復興だけでなく、高齢化や人口減少のような課題に備える上でも、コミュニティに欠かせぬ存在になるであろう。さらに、このコロナ禍において改めて明らかになったジェンダーの問題に対する関心は、ジェンダーや居場所づくり、責任に関する長い間必要とされてきた議論を喚起するであろう。二〇二二年現在、まだコロナ禍は収束したとは言えない状況だが、われわれには、こうした固定したジェンダー役割に対する不満が、変化のためのさらなる「機会の窓」が開かれることを促していくだろうというわずかな希望がある。

付記

本稿は、筆者の博士論文［Gerster-Damerow 2019］ならびに以下の共同研究プロジェクトの調査をもとにしたものである。

・Slater, David「東北からの声」
・山地久美子「多様な被災経験を被災地の文化として展開する活動の進化・継承・発信に関する研究」
・東北大学若手アンサンブル「災害伝承におけるジェンダーと多様性」研究グループ（代表：李善姫）

文献

李善姫［2015］「移住女性の震災経験から問う日本の課題――なぜジェンダー平等と多様性が減災につながるのか」、『学術の動向』二〇（四）：二六―三三

池田恵子［2012］「災害リスク削減のジェンダー主流化――バングラデシュの事例から」、『ジェンダー研究』一五：七三―八五

伊藤公雄［2018］「剥奪（感）の男性化 Masculinization of deprivation をめぐって――産業構造と労働形態の変容の只中で」、『日本労働研究雑誌』六九九：六三―七六

河北新報［2020］「災害公営住宅での孤独死二五一人　仮設住宅を上回る」二〇二〇年三月八日(https://kahoku.news/articles/20200308kho000000091000c.html)［二〇二一年一〇月二五日アクセス］

神戸弁護士会［1997］『阪神・淡路大震災と応急仮設住宅――調査報告と提言』神戸弁護士会

小池高史［2017］「高齢者の孤立は男性問題か？」長寿科学振興財団ウェブサイト(https://www.tyojyu.or.jp/net/topics/tokushu/koreisha-koritsu/koreisha-koritsu-danseimondai.html)［二〇二一年一〇月二五日アクセス］

斎藤民・近藤克則・村田千代栄・鄭丞媛・鈴木佳代・近藤尚己・ＪＡＧＥＳグループ［2015］「高齢者の外出行動と社会的・余暇的活動における性差と地域差――ＪＡＧＥＳプロジェクトから」、『日本公衆衛生雑誌』六二（一〇）：五九六―六〇八

坂口奈央［2021］「漁業集落に生きる婦人会メンバーによる行動力とその源泉――遠洋漁業に規定された世代のライ

フヒストリー」、『社会学研究』一〇五：三三―六〇
高橋知香子・塩崎賢明・堀田祐三子［2005］「応急仮設住宅と災害復興公営住宅における孤独死の実態と居住環境に関する研究」、『日本建築学会学術講演梗概集 F－1 都市計画 建築経済・住宅問題』二〇〇五：一五一三―一五一四
辰巳頼子［2014］「避難が生み出す平和――原発事故からの母子避難者が形成する新たなつながり」、小田博志・関雄二編『平和の人類学』法律文化社、一八七―二〇九頁
内閣府男女共同参画局［2020］「コロナ下の女性への影響と課題に関する研究会」緊急提言（https://www.gender.go.jp/kaigi/kento/covid-19/index.html）［二〇二二年一〇月二五日アクセス］
早坂三郎［2016］「内なる力への支援」、『甲子園短期大学紀要』三四：六五―七〇
ピースジャム［2017］「About Peace Jam（団体概要）」（http://peace-jam.org/about/）［二〇二二年一〇月二五日アクセス］
兵庫県［2003］「災害復興住宅団地コミュニティ調査 報告書」（https://web.pref.hyogo.lg.jp/kk41/documents/000008597.pdf）［二〇二二年一一月五日アクセス］
ＮＨＫ［2021］「誰もが安心できる『避難所』へ 東日本大震災一〇年 女性たちの願い」（https://www.nhk.or.jp/ohayou/digest/2021/03/0302.html）［二〇二一年三月一〇日アクセス］
Arthur, W. Brian [1989], "Competing technologies, increasing returns, and lock-in by historical events," *The Economic Journal*, 99(394): 116–131.
Birkmann, Jörn, Philip Buckle, Jill Jaeger, Mark Pelling, Neysa Setiadi, Matthias Garschagen, Neil Fernando and Jürgen Kropp [2010], "Extreme events and disasters: a window of opportunity for change? Analysis of organizational, institutional and political changes, formal and informal responses after mega-disasters," *Natural Hazards*, 55(3): 637–655.
Bradshaw, Sarah [2013], *Gender, Development and Disasters*, Cheltenham: Edward Elgar.
David, Emmanuel and Elaine Enarson eds. [2012], *The Women of Katrina: How Gender, Race, and Class Matter in an American Disaster*, Nashville: Vanderbilt University Press.
David, Paul A. [1985], "Clio and the economics of QWERTY," *American Economic Review*, 75(2): 332–337.
Delaney, Alyne Elizabeth [2017], "Waves of Change: Adaptation and Innovation among Japanese Fisheries Cooperative

Members in the post-3.11era," *Northeast Asian studies* (東北アジア研究), 21: 111–129.

Dimmer, Christian [2016], "Place-Making Before and After 3.11: The Emergence of Social Design in Post-Disaster, Post-Growth Japan," *Review of Japanese Culture and Society*, 28: 198–226.

Emmot, Bill [2020], *Japan's Far More Female Future: Increasing Gender Equality and Reducing Workplace Insecurity Will Make Japan Stronger*, New York: Oxford University Press.

Enarson, Elaine [2009], "Gendering Disaster Risk Reduction: 57 Steps from Words to Action," in Elaine Enarson and P. G. Dhar Chakrabarti eds., *Women, Gender and Disaster: Global Issues and Initiatives*, New Dehli: Saga.

Enarson, Elaine and P. G. Dhar Chakrabarti eds. [2009], *Women, Gender and Disaster: Global Issues and Initiatives*, New Dehli: Saga.

Fraser, Timothy, Daniel P. Aldrich, Andrew Small and Andrew Littlejohn [2021], "In the hands of a few: Disaster recovery committee networks," *Journal of Environmental Management*, 280: 111643.

Gerster-Damerow, Julia [2019], "The Ambiguity of Kizuna: The Dynamics of Social Ties and the Role of Local Culture in Community Building in Post-3.11 Japan," Dissertation, Freie Universitaet Berlin.

GFDRR (The Global Facility for Disaster Reduction and Recovery) [2018], *Gender Equality and Women's Empowerment in Disaster Recovery*.
(https://www.gfdrr.org/sites/default/files/publication/gender-equality-disaster-recovery.PDF) [Accessed on October 25, 2022]

Ginige, Kanchana, Dilanthi Amaratunga and Richard Haigh [2009], "Mainstreaming gender in disaster reduction: why and how?" *Disaster Prevention and Management*, 18(1): 23–34.

Government of Japan Public Relations Office [2013], "Kesennuma Knitting: New venture helps clothe people in human warmth."
(https://mnj.gov-online.go.jp/knitting.html) [Accessed on 2013]

Hidaka, Tomoko [2010], *Salaryman Masculinity: Continuity and Change in Hegemonic Masculinity in Japan*, Leiden: Brill.

Horton, Lynn [2012], "After the earthquake: gender inequality and transformation in post-disaster Haiti," *Gender & Development*, 20(2): 295–308.

Huang, Shu-Mei and Jayde Lin Roberts [2019], "Place-Making," in Anthony M. Orum eds., *The Wiley Blackwell Encyclopedia of Urban and Regional Studies*, Hoboken, New Jersey: Wiley-Blackwell.

Kaufman, Gayle and Hiromi Taniguchi [2009], "Gender and marital happiness in Japan," *International Journal of Sociology of the Family*, 35(1): 69–87.

Kimura, Aya Hirata [2016], *Radiation Brain Moms and Citizen Scientists: The Gender Politics of Food Contamination after Fukushima*, Durham: Duke University Press.

Kimura, Aya Hirata [2019], "Citizen Science in Post-Fukushima Japan: The Gendered Scientization of Radiation Measurement," *Science as Culture*, 28(3): 327–350.

Mahoney, James [2000], "Path dependence in historical sociology," *Theory and Society*, 29(4): 507–548.

Moreira, Susanna [2021], "What Is Placemaking?" ArchDaily website.
(https://www.archdaily.com/961333/what-is-placemaking) [Accessed on October 25, 2022]

Moreno, Jenny and Duncan Shaw [2018], "Women's empowerment following disaster: a longitudinal study of social change," *Natural Hazards*, 92(1): 205–224.

Morioka, Rika [2013], "Mother Courage: Women as Activists between a Passive Populace and a Paralyzed Government," in Tom Gil, Brigitte Steger and David H. Slater eds., *Japan Copes with Calamity: Ethnographies of the Earthqake, Tsunami and Nuclear Disasters of March 2011*, Bern: Peter Lang, pp. 177–200.

Morioka, Rika [2014], "Gender difference in the health risk perception of radiation from Fukushima in Japan: the role of hegemonic masculinity," *Social Science & Medicine*, 107: 105–112.

Morris-Suzuki, Tessa [2014], "Touching the Grass: Science, Uncertainty and Everyday Life from Chernobyl to Fukushima," *Science, Technology and Society*, 19(3): 331–362.

National Police Agency of Japan [2021], "Police Countermeasures and Damage Situations associate with 2011 Tohoku District – Off the Pacific Ocean Earthquake. March 10, 2021," National Police Agency of Japan, Emergency Disaster Countermeasures Headquarters.
(https://www.npa.go.jp/news/other/earthquake2011/pdf/higaijokyo_e.pdf) [Accessed on October 15, 2022]

Neumayer, Eric and Thomas Plümper [2007], "The Gendered Nature of Natural Disasters: The Impact of Catastrophic

Events on the Gender Gap in Life Expectancy, 1981–2002," *Annals of the Association of American Geographers*, 97(3): 551–566.

Nemoto, Kumiko [2013], "Long Working Hours and the Corporate Gender Divide in Japan," *Gender Work and Organization*, 20(5): 512–527.

Raymo, James M., Saeko Kikuzawa, Jersey Liang and Erika Kobayashi [2008], "Family structure and well-being at older ages in Japan," *Journal of Population Research*, 25 (3): 379–400.

Saito, Fumie [2012], "Women and the 2011 East Japan Disaster," *Gender and Development*, 20(2): 265–279.

Shiozaki, Yoshimitsu, Eiichi Nishikawa and Toshikazu Deguchi eds. [2005], "Lessons from the Great Hanshin Earthquake," translated by Reiko Watanabe, Kyoto: Creates-Kamogawa.

Slater, David H., Rika Morioka and Haruka Danzuka [2014], "Micro-Politics of Radiation: Young Mothers Looking for a Voice in Post-3.11 Fukushima," *Critical Asian Studies*, 46(3): 485–508.

Slater, David H., Robin O'Day, Satsuki Uno, Love Kindstrand and Chiharu Takano [2015], "SEALDs (Students Emergency Action for Liberal Democracy): Research Note on Contemporary Youth Politics in Japan," *The Asia-Pacific Journal*, 13(37): 4375.

Tanaka, Yumiko, Mikio Ishiwatari and Nonoguchi Atsuko [2019], "Disaster recovery from a gender and diversity perspective: Cases following megadisasters in Japan and Asian countries," Contributing Paper to GAR 2019, United Nations Office for Disaster Risk Reduction (UNDRR).

Tatsuki, Shigeo and Haruo Hayashi [2000], "Family System Adjustment and Adaptive Reconstruction of Social Reality among the 1995 Earthquake Survivors," *International Journal of Japanese Sociology*, 9(1): 81–110.

UNDP (United Nations Development Programme) [2019], *Gender and Recovery Toolkit: Advancing Gender Equality and Women's Empowerment in Crisis and Recovery Settings.*
(https://www.undp.org/publications/undp-gender-and-recovery-toolkit) [Accessed on October 25, 2022]

World Economic Forum [2021], *Global Gender Gap Report 2021.*
(https://www3.weforum.org/docs/WEF_GGGR_2021.pdf) [Accessed on October 25, 2022]

第八章

東日本大震災とエスニック・マイノリティ
――移住女性たちのコミュニティ活動と社会参画の持続可能性を考える

李 善姫
LEE Sunhee

1 外国人排除と包摂の歴史と日本の災害

日本の災害の歴史を日本に住む「外国人」の観点から振り返ると、そこには排除と包摂の両面の歴史があった。一九二三年九月一日に起こった関東大震災のときには、被災地に住んでいた数千の朝鮮人と数百の中国人、そして日本の労働運動指導者も殺された。当時、東京では「朝鮮人が暴動を起こした」「井戸に毒を入れた」などのデマが広がり、戒厳令が公布されているなか、住民たちは自警団をつくって「朝鮮人狩り」を行い、軍隊や警察までもがこの虐殺に加担したといわれている［山田 2011］。

しかしながら、この事実は一九六〇年代まで一般の人々には知られていなかった。七〇年代から徐々に始まった追悼の運動や実態調査を通して、日本社会における「排他性」への反省が少しずつ広がったと言える。そこから七二年の年月が過ぎて起きた一九九五年一月一七日の阪神・淡路大震災でも、外国人犯罪や不審火に関するデマが流れた(1)［日本消防協会編 1996: 121］（「朝日新聞」一九九五年一月二六日）。二〇一一年三月一一日の東日本大震災のときも同じように外国人犯罪に関するデマが流れた。「被災地でナイフを持った外国人窃盗団が暗躍」「中国人略奪団が横行」などと外国人嫌悪に関わるデマが流れ、八割の人々はその噂を本当だと信じたという［郭 2017］。幸い、百年も前の教訓が生かされ、このようなデマは事実ではないという反論がSNS（ソーシャル・ネットワーキング・サービス）上で流れ、当局からもデマへの注意喚起が呼びかけられるようになったことで、関東大震災時のような惨劇は発生していない。だが、災害時に見られる「排他性」は、次の熊本大地震のときも、その後の災害発生時にも続いている。

他方、前記した災害と外国人犯罪のデマから見る日本の外国人に対する「排他性」とは別に、日本では災害が外国人と共に生きる「共生」という社会的パラダイムを大きく進展させてきたことも事実である。阪神・淡路大震災がそうであった。震災時、兵庫県には約一〇万人の外国人が住んでいた（一九九四年一二月現在）。当時の兵庫県の人口総数に占める外国人住民の比率は約一・八％だったが、震災によって亡くなった外国人は、合計一九九名（震災関連死を含む）と、総死者数六四三二名（震災関連死を含む）の約三％である。兵庫県の外国人比率に比べると高い死亡率といえる［佐藤ほか 2004: 22］。阪神・淡路大震災で外国人の犠牲が多かった理由は、直下型地震で、その被害の多くが建物の倒壊と火災によるものだったことによって、最も脆弱な住宅地に住んでいた貧困層の在日コリアンや高齢女性、留学生が多く亡くなったためだといわれている。

中でも震災の被害が最も大きかった長田区では、人口の七・九％が外国人であるほど外国人が集住していた。そこには、インドシナ難民として日本に定住していたベトナム人や南米出身の日系人が多く住んでおり、彼らが情報弱者となっていた。そのため、震災以前より活動していた在住外国人支援ボランティアグループは、発災の二日後から地震に関する情報を外国人向けに発信するホットラインを臨時で設立し、活動を開始した。一九九五年一月二二日、「外国人地震情報センター（Foreigner's Earthquake Information Center)」として正式に発足、臨時電話六回線、一〇か国語の本格的な災害多言語相談ホットラインを稼働することになる。[2] 政府の政策や行政のサービスから排除されていた「外国人」居住者への支援は、このように民間から始まったのである。

多言語の情報発信や相談だけでなく、被災した外国人に寄り添う人権活動も市民団体から始まった。中でも被災地で活動をしていた在住外国人に関わるグループ「外国人救援ネット」は、「人権最優先」の震災対応を訴えると同時に、民間基金を設け、制度から排除されていた未登録外国人死亡者には弔慰金を、また未払い医療費を肩代わりするなどの実践的支援を行った〔神戸外国人救援ネット編 2015: 17〕。それをきっかけに、「外国人救援ネット」や「外国人地震情報センター」で関わった団体やグループなどは、それぞれ独自のNPO、NGO活動を展開、今日まで続いている。そして、日本および世界各地で発生する災害において「外国人支援の手助け」を行い、「共生」に基づくまちづくりやコミュニティ再建にも関わっている。そういう意味で阪神・淡路大震災の経験は、日本社会における外国人および社会的弱者との「共生」を牽引していると言っても過言ではない。ただ、阪神・淡路大震災でこのような外国人救援の活動とその後の「共生」への取り組みが持続可能だった背景には、当該地域に震災以前からすでに在住外国人に関わるグループが多数存在していた点、そこには外国人当事者のオールドカマー派もニューカマー派もいて、地域の日本人も関わっていたことが重要になる。そのような市民活動の基盤があったからこそ、有事に必要な活動ができたといえる〔神戸外国人救援ネット編 2015〕。

さて、未曾有の大震災であった東日本大震災の場合はどうであるのか。東日本大震災において滞在外国人の動きについての最初の報道は、不安のなか、各国の大使館や領事館の呼びかけを頼りに母国に避難する外国人たちの姿であった。当時の外国人住民の帰国ラッシュは、混乱の渦中にある被災地の負担を減らしたと肯定的に評価する意見があった一方で、日本人家族を捨てて逃げる外国人花嫁という批判もなされた。例えば、産経新聞の二〇一一年三月二六日付配信ニュースでは、「『原発怖い』永住中国人妻ら、子供置き去りで帰国相次ぐ」という見出しで、永住許可をもらい、しかも生活保護までもを受けている結婚移民女性たちが、子どもを置いて帰国しているという記事が載せられた[3]。記事には東日本の八四の福祉事務所で六四件の同じ事例があるとされ、まるで、被災地の結婚移民女性たちが皆、帰国しているかのような内容となっていた。

朝日新聞の同年三月二〇日付朝刊の「天声人語」でも、「出張者や留学生、外交官までが日本脱出を急いでいるらしい。物心の支援に感謝しつつ、この国は自らの手で建て直すしかないと胸に刻んだ。……被災者と肩を組もう。大戦の焼け野原から立ち上げたこの国をおいて、私たちに帰るべき場所はない」というコラムが書かれるなど、震災後しばらくは「チーム・ニッポン」「オール・ジャパン」を強調する内向きの風潮が強かったことは事実であろう［李 2012a; モリス 2016］。

一方で、被災地に住む外国人の被害状況などについては、その実態があまり知らされていない。東日本大震災での外国人死者数は、厚生労働省が二〇一二年九月に発表した資料によると四一人で、中国一六人、韓国・朝鮮一五人、フィリピン四人、アメリカ一人、その他五人とされている[4]。同じ時期に発表された合計の犠牲者数一万八八三六人の〇・二%を占める。他方、警察庁が二〇一四年三月に発表した資料によると、身元が確認されている遺体の中で、三三人が外国人であるとされている[5]。詳細が発表されていないため、この犠牲者の数字の違いは理由が不明であるが、外国人であるがゆえに身元確認が難しかったという話は現場で耳にしている。実際は、震災で亡くなっているが、身元確認をしてもらえないままの外国人犠牲者がいることも推測できる。

さらに、亡くなった外国人について、どんな人がどういう状況で津波の犠牲になったのかという情報も非常に限られている。例えば、宮城県石巻市在住の米国人外国語指導助手、テイラー・アンダーソン氏のことなどは大きく報道されたが（『朝日新聞』二〇一一年三月二四日ほか多数）、他の犠牲者のことはほとんど知られていない。地元の河北新報の取材により、同県南三陸町のフィリピン人女性の犠牲が報道されたのみである。日本語が十分理解できていない可能性があるという仲間の話が紹介されており、そしてその記事には、「震災発生直後、外国人がとった行動を調べると、運に加え、『日本語』『近所付き合い』『防災意識』の三点が生死を分けた要因」と書かれている（「河北新報」二〇一一年六月二八日）。

その後、河北新報では、夫を津波で亡くした外国人妻の孤立の問題などが報道され（「河北新報」二〇一一年七月五日）、二〇一二年三月七日から九日にかけて「震災と外国人」をテーマに、原発事故を受けてドイツに戻った東京特派員のことや、震災でいったん帰国した中国人研修生が、社長に恩返ししたいと戻って働いていること、そして被災地で仲間と介護士資格を取って、前向きに生きているフィリピン人妻の記事が載せられている。

このように、東日本大震災における被災地の外国人に関する限られた情報は、被災沿岸部の滞在外国人の多くが日本人の妻という立場の外国人女性であること、そして彼女たちの多くは当該地域で溶け込んで生活している（少なくとも溶け込んでいると思われた）ことなどに原因があるといえる。本稿は、東日本大震災が被災地に住む外国人にもたらした影響とその変化として、外国人女性のコミュニティ活動の一〇年を振り返るとともに、その中で明らかになった課題についても検討する。また、東日本大震災で学ぶべき教訓は何かについても考察する。

本稿で用いるデータは、筆者が震災から一〇年間、被災地で移住女性の支援活動や相談活動、そしてアンケート調査やインタビュー調査を含む文化人類学的参与観察で得たものである。被災後のアンケート調査は、宮城県石巻市と気仙沼市に住む外国人を対象に二〇一二年と二〇一三年にそれぞれ行われたものであり、その後三〇人以上にインタビュー調査を行った。また、一〇年の変化を確認するため、補足調査を二〇二二年三月に行い、気仙沼市と南三陸町、そして石巻市で移住女性たちへのインタビュー調査も行った。

2 東北の結婚移住女性たちの「不可視化」と潜在化されていた脆弱性

二〇一〇年末時点における日本の外国人登録者数は二一三万四一五一人で、日本の総人口の約一・六七%を占めていた。(6) これらの外国人の多くは、東京、愛知、大阪、神奈川、埼玉のような大都市地域や、工業団地が集中している関東・東海地域に集住している。反面、東北六県の場合は、外国人人口が全体人口の〇・五五%（六県平均）にすぎず、その居住形態も全地域に分散していることから、外国人点在地域、あるいは散在地域と分類されている（表8―1）。

［表8-1］2010年住民基本台帳に基づく人口総数と外国人人口　（単位：人）

都道府県名	総　数	外国人	比　率
全国	127,057,860	**2,134,151**	2%
青森県	1,405,535	**4,457**	0.32%
岩手県	1,345,007	**6,191**	0.46%
宮城県	2,329,344	**16,101**	0.69%
秋田県	1,108,237	**4,061**	0.37%
山形県	1,176,759	**6,591**	0.56%
福島県	2,051,626	**11,331**	0.55%

出所：下記の日本政府の統計（e-Stat）から筆者作成.
2010年3月の住民基本台帳に基づく人口
（https://www.e-stat.go.jp/stat-search/files?page=1&layout=datalist&toukei=00200241&tstat=000001039591&cycle=7&year=20100&month=0&tclass1=000001039601&result_back=1&tclass2val=0）
2010年の在留外国人統計
（https://www.e-stat.go.jp/stat-search/files?page=1&layout=datalist&toukei=00250012&tstat=000001018034&cycle=7&year=20100&month=0&tclass1=000001060436）
［2022年10月31日アクセス］

とくに津波被害が大きかった沿岸部にはより外国人は少なく、その多くは結婚で移住してきた「外国人花嫁」か、技能実習生であった（図8―1）［李 2013］。技能実習生の場合は、震災が発生した時刻に会社で働いており、会社の管理下で素早く津波から逃れ、助かったケースがほとんどであった。そして、発災数日後には本国の大使館によって避難させられ、そのほとんどが帰国した。他方、「外国人花嫁」と呼ばれた結婚移住女性たちは日本人の家族と一緒に被災し、家族をケアしながら、あるいは家族からケアを受けながら地域の復興・復旧を共に歩んできた。外国人であり、女性である彼女たちの震災経験はまちまちである。ただ、共通して見える脆弱性はあった。東北の三県に住む結婚移住女性たちが抱える脆弱性とは、外国人として想定できる、言語による情報弱者の問題や社会関係資本の欠如など移民が抱える問題だけ

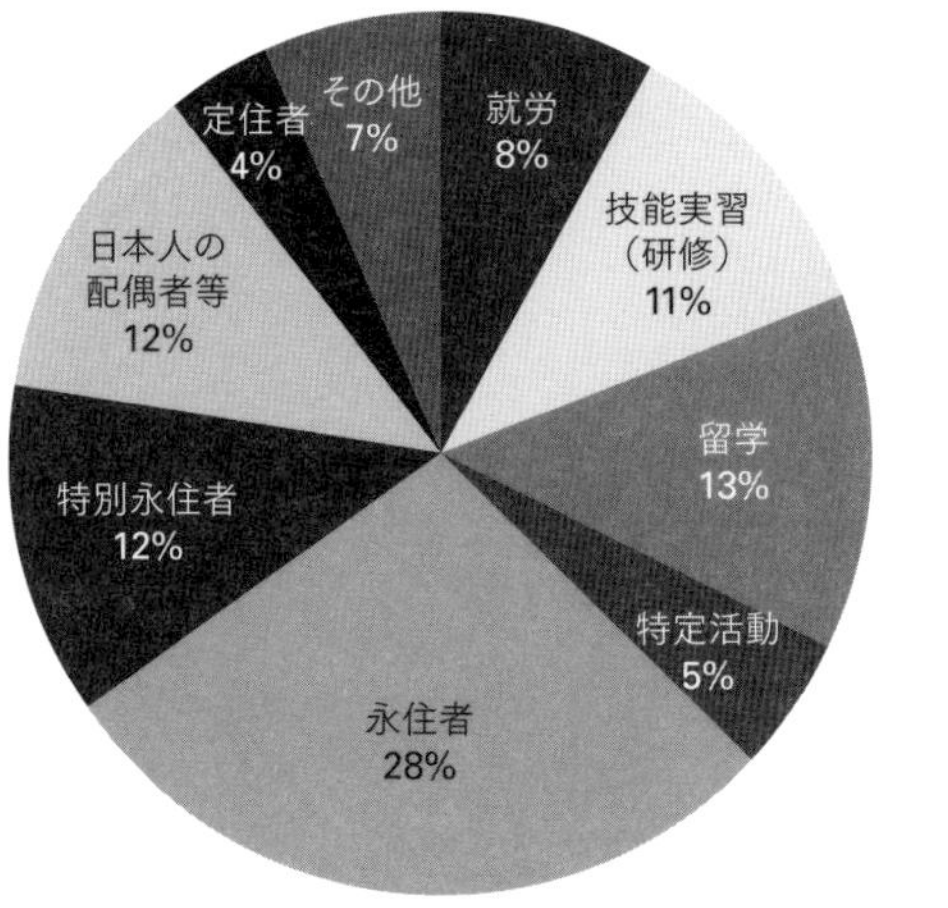

［図8-1］2010年末時点の岩手・宮城・福島における在留資格別外国人登録者

出所：出入国在留管理庁ウェブサイトにおける外国人登録者数の2010年在留外国人統計「都道府県別在留資格（在留目的）別外国人登録者（総数）」から筆者作成.（https://www.moj.go.jp/isa/policies/statistics/toukei_ichiran_touroku.html）［2022年2月15日アクセス］

でなく、地域社会が抱えるジェンダー不平等など、複合的要因によってより深刻化する。

東日本大震災の被災地である岩手・宮城・福島の三県は、人口一〇〇万を超えている政令指定都市の仙台市を除けば、大都会といえる都市はなく、産業の面でも第一次産業に依存するところが大きい。震災前から東北という地域の脆弱性には、人口減少、高齢化、貧困化という問題が潜在していた。このような東北の社会背景のなかで東北の女性たちに課せられた地域社会環境は、長時間の重労働、低収入、男尊女卑の風潮、プライバシーの欠如、古い慣習、娯楽のなさなどが若い女性たちの人口流出の原因となり、地域の「嫁不足」はますます深刻化していたと言える［安藤 2009］。

そして、その嫁不足と、それによる東北農村男性の結婚難を解消する方法として登場するのが、一九八〇年代中盤からのアジアの途上国の女性とのお見合い結婚であったのである。各都道府県の国際結婚件数の記録が残るのは一九九二年以降であるが、そのデータの中で外国人女性と日本人男性との国籍別の結婚件数を二〇一四年までの期間で分析すると、岩手県の場合、四九・九%が中国人女性と日本人男性との結婚で、次いでフィリピン人女性と日本人男性との結婚が二七・八%、そして韓国人女性と日本人男性の結婚が一二・五%となる。宮城県の場合は、三七%が中国人女性との結婚で、韓国人女性との結婚も三六・九%にのぼるが、フィリピン人女性と日本人男性との結婚は比較的少ない。そして福島県の場合は、中国人女性との結婚が四六・八%、フィリピン人女

［表8-2］1992〜2014年の東北3県の妻外国人・夫日本人カップルの国籍別統計　（単位：数）

	妻外国人・夫日本人	韓国・朝鮮		中国		フィリピン	
岩手県	3,389	425	（12.54%）	1,690	（49.87%）	942	（27.80%）
宮城県	6,444	2,378	（36.90%）	2,385	（37.01%）	1,003	（15.56%）
福島県	7,769	870	（11.20%）	3,580	（46.80%）	2,411	（31.02%）

出所：厚生労働省の人口動態統計をもとに筆者作成.

性との結婚が三一%であるのに対して、韓国人女性との結婚は一一・二%にとどまる（表8－2）。全体的に中国人の移住女性は多い一方で、韓国人女性は宮城県に集中していることが言える。

それらの結婚移住は、結婚とともに日本人の家族になることで、他の移住者よりも同化の圧力が強く、金銭のやりとりを前提とする「仲介型国際結婚」に関しては世間の偏見も強く残っている。そういう社会的ジェンダー圧力や社会的偏見は、彼女たちが持つ外国人としてのアイデンティティを隠し、「日本人の嫁」としてのアイデンティティを強調することにつながる。日本人と見た目で区別が難しい、中国出身や韓国出身の結婚移住女性のほとんどは通常、日本名を使っている場合が多く、その場合、名前や外見だけでは外国人であることが表に出ない。筆者がこれまで出会った韓国出身の結婚移住女性たちの大多数は、結婚と同時に名前を日本名に変えることがほとんどで、中には結婚前から仲介者によって新しい名前を付けられたケースもあった。いずれも韓国の名は日本人が言いにくいという名目であるが、同国出身者同士でも日本名で呼び合うことで、お互い本名を知らない場合も多い。このことは、東日本大震災時に領事館や日本の自治体が移住女性たちの安否確認をする際、妨げになっていた。筆者は、そのような結婚移住女性たちが、自ら「外国人である自分」を表に出さないようにすることを「戦略的不可視化」と称した［李 2012b］。このように自らを不可視化する移住女性の状況は、アメリカ合衆国の非正規移民や日本の在日コリアンの中でも見られる［川端 2012; Villegas 2010; Uekusa and Lee 2020b］。

他方、日本人とは見た目が異なるフィリピン人結婚移住女性たちはどうであるか。

日本人と結婚したフィリピン出身の女性たちは、日本人夫の苗字に名前は自分の本名を使っていることがほとんどである。見た目から外国人であることを隠すことができない彼女たちは、韓国や中国の女性たちに見られる「戦略的不可視化」は物理的に無理なのではないかという指摘を受ける。ただ、見た目は外国人であるが、彼女たちの日常は日本のジェンダー役割を忠実に営むことにより、「日本人より日本人っぽい嫁」という「嫁」としてのアイデンティティを確立していることが多い。ファイアーは、「よき嫁」として日本社会の規範に彼女たちが適応することは、彼女たちの脆弱性を意味するだけでなく、女性たちのエージェンシー（変革を起こすために目標を設定し行動する能力）にも基づいていると説明している［Faier 2008］。伊藤るりは、フィリピン人女性たちに付与されている「風俗産業で働く女性」という日本社会のスティグマのイメージから転換するためにも、日本社会の「良き嫁」になることが、言語をはじめとする文化資本面での不利ゆえに困難な状況にある女性たちにとって、その存在を肯定的に評価され、承認される貴重な機会ともなると指摘している［伊藤 2002: 41］。

「戦略的不可視化」の中にいる韓国や中国出身の女性たちも、「日本人より日本人っぽい嫁」として新たなアイデンティティを獲得しているフィリピン人女性たちも、自分たちが抱えている外国人としての日本人との「差異」を隠している点では共通する。さらに、「差異」に対する権利の主張ができない背景には、仲介型国際結婚に対する社会的偏見、家父長的夫婦関係も根強く存在している。仲介型国際結婚の偏見とは、経済発展の遅れた国の女性が先進国の男性とお金を媒介に行う「南北間型」結婚であることからくるネガティブな社会認識を言う。さらに、「金目当て結婚」「詐欺結婚」などと移住女性側の結婚に対する真正性を疑う認識も強い。地域では、いつかは逃げるだろうとする「逃げる花嫁」の言説が公然と語られるなか、結婚移住女性たちは、日本のジェンダー役割を忠実に担うことで家族や周りから認められる戦略をとっていたと言える。

しかしながら、このように多くの結婚移住女性は自分自身を「見えない化」する傾向が強かったことが、東日本大震災では大きな妨げとなった。不可視化されていた移住女性たちの安否確認の難しさ、外国人支援対象の把握困難さなどが課題として浮き彫りになった。出身国の大使館や行政側は移住者の本名での安否確認を行うが、周りの人々、場合によっては日本の家族でさえも本名を知らないということで、安否確認が取れないというケースもあった。被災外国人の支援活動においても、外側から見えない外国人を探し出すのは難しく、結局、地域のキーパーソンと呼ばれる移住女性のネットワークに依存した支援となった。それゆえ、そのネットワークに入っていなかった女性は支援から外されたという不満の声があったのも事実である。

また、彼女たちの不可視化は、日本の結婚移住女性たちの現状も見えないものにしていた。東日本大震災の発生以前、日本では結婚移住女性の生活状況がわかるデータはほとんど存在しなかった。震災後、筆者を含む研究・支援グループ（外国人被災者支援センター）は、被災地の移住女性たちの被災状況と社会的ニーズを知るため、宮城県石巻市（調査実施年度二〇一二年）と気仙沼市（同二〇一三年）で二〇歳以上の在留外国人に対するアンケート調査を行った。結果、石巻市で九二人（二〇歳以上の外国人四〇〇人中）、気仙沼市では七二人（同二四九人中）から回答を得た。対象者のおよそ八五％以上が結婚移住女性であることから、アンケートの分析結果の多くは、移住女性の現状として捉えても無理がないと言えるものとなった。その結果について二つの報告書が公開されている［外国人被災者支援センター編 2012, 2013］。そこから、移住女性たちが処されている状況がわかるいくつかの項目を簡単に紹介する。(7)

①震災前後の本人の就労形態を見ると、正規雇用も非正規雇用もいずれも減っている。非正規雇用は震災前の石巻では三二％、気仙沼では三六％だったが、震災後はそれぞれ二三％、三一％と減っている。その代わり「無職・主婦・学生」といういわゆる無収入の層が、震災前は同二九人、二二人だったが、震災後は四五人、三〇人と増えている。配偶者の場合でも大きな違いはなく、石巻では無収入の人が震災前には七人（一一％）、震災後は一三人（二一％）と増えている。つまり、外国人当事者も配偶者も非常時において仕事を失いやすいポジション

にいると言える。

②配偶者と外国籍住民の平均年齢差は、石巻では平均一三歳、気仙沼では一七歳と差が大きい。中ではすでに定年退職している夫に代わって、移住女性である妻が家計を支えているケースも多くみられる。いずれにしてもこの大きな年齢差を考慮すれば、外国籍女性が将来、家計維持者になる、または一人暮らしになる可能性が高いことが言える。

③しかし、今後、家計維持者になる可能性が高い移住女性たちの日本語能力は非常に問題がある。アンケートでは、自分の日本語の読みと書きと会話力に対して、やや問題がある、非常に問題がある、まったくできないと答えた人が、石巻では五八％（読み）、七一％（書き）、三九％（会話）にのぼり、気仙沼では七一％（読み）、八一％（書き）、六〇％（会話）が「問題がある」と答えた。日本には、定住外国人に対する「社会統合政策」がなく、多くの結婚移住者たちは、生活の中で日本語を学習する。滞在年数を重ねるうちに、日常会話の日本語はできるようになっていても、読み書きができない人も多い。日本語スキルが低いため、有事のときには再就職も難しいのが、今回の震災で大きくクローズアップされた問題であった。

④他方、日本語による情報収集力が低いので、これまで彼女らの情報収集は同国出身者のネットワークに大きく依存していることもわかった。それに、日本語教室や外国人支援団体の教室や行事への参加率は低く、いわゆる「多文化共生」という名目で行われている行政の事業は、あまり定住外国人に浸透していないことが見て取れる。何かあったら、行政などの公的機関に相談するのではなく、私的なネットワークに依存しているという構図が生まれていると言える。この私的なネットワークの方向性が健全に動いてくれれば、新たな移民グループの市民力となるだろうが、実際のところ、私的なネットワークの多くは、結婚を斡旋した仲介者が関わっているか、相互扶助の名目で金銭のやりとりなどが行われているため、金銭トラブルに巻き込まれる事件が起きることもよくある。

⑤日本語教室や外国人支援団体の教室や行事への参加に関する調査では、石巻では五〇％以上がまったく参加したことがないと答え、気仙沼では四〇％強が同様に回答した。他方、積極的に参加している項目で最も多かったのは、子どもの幼稚園や学校の行事であった。

分母が小さい調査ではあったが、以上の調査結果から、日常的な移住女性の就労状態や家族関係の脆弱性が見えてきた。不安定な経済状況と夫婦間の大きな年齢差に対し、移住女性たちは日本で生きるための基本的な社会資本である日本語能力が欠けていること、日本語教室や地域行事などの地域内の交流においてもおよそ半分の女性は参加していないことなどである。

3　被災地での外国人支援の取り組みと新たなチャンス

震災が移民社会にもたらす肯定的な変化は、既存の秩序が壊れた社会の隙間に新しいグループができ、そのグループの活動がこれまで社会の中で不可視されていた人々とつながることで、社会の脆弱階層の人々に新たな社会関係資本をつくるチャンスが生まれるということである[Uekusa et al. 2022]。そして、そういう事例は災害地域で多数報告されている。阪神・淡路大震災後に、カトリックたかとり教会（神戸市長田区）を中心にベトナム・コミュニティやスペイン語話者のコミュニティができたことや[吉富 2008]、ハリケーン・カトリーナ（二〇〇五年）後の米国ニューオーリンズにできたベトナム・コミュニティの活動などがそれである[Leong et al. 2007]。

東日本大震災も他の災害と同様のことが言える。震災は、被災地域に大きな被害を与え、社会の脆弱性を浮き彫りにしたが、他方で、これまで不可視化の中にあった結婚移住女性たちが自分たちを「可視化」する機会となり、彼女たちの活動はこれまでには経験することがなかった社会構成員としての地域社会の承認を得るものへとつながっていた。ただ、東北の震災で特徴的なのは、彼女たちのコミュニティ活動を促したのは、地域内の社会関係資本（人々が持つ信頼関係や人間関係）ではなく、外部からの資金を持ってやってきた外部支援団体（地域外の社会関係資本）の働きが大きかったということである。

気仙沼市では、認定特定非営利活動法人の難民支援協会が資金を出し、地元で活動をしていた日本語教室の先生たちの協力のもとで、ホームヘルパー二級の資格取得のための日本語教室が開かれ、二〇一一年六月から二〇一二年三月までの第一期で九人のフィリピン人女性にヘルパー二級の資格を取得させた。その後、二〇一二年七月から二〇一三年一月までに第二期のホームヘルパー二級のための教室を開き、このときは一五人のフィリピン人と中国人の結婚移住女性が取得した[8]。そして二〇一四年七月から二〇一五年一月までの間、日本聖公会の被災者支援「いっしょに歩こう！プロジェクト」で移住女性に対するヘルパー二級のための教室を開催、合計三一人の移住女性がヘルパーの資格を取得した[9]。そのような被災地における外国人女性への支援活動を背景に、先述した気仙沼のフィリピン人女性のヘルパーへの転職やコミュニティラジオの番組づくりなどの活躍が、マスコミにも大きく取り上げられたのである。

気仙沼市のお隣の町である南三陸町では、日本聖公会がフィリピン人女性たちを対象にホームヘルパー二級の教室を同じ二〇一一年七月から始めた。町のフィリピン人女性たちのリーダーの敷地にプレハブを設置し、フィリピン人の母たちには日本語の勉強を、子どもたちには遊び場を提供した。その実りとして、南三陸町では二〇一二年四月二八日に六人の移住女性がヘルパー二級の資格を取得した。ところが、津波の大きな被害を受けた南三陸町には、事実上外国人のホームヘルパーが就労できる介護施設がなく、ヘルパーの資格を活かすことはできずにいた。二〇一五年二月七日に行った補足調査時に、リーダーのアメリアさんは「訪問先で外国人ヘルパーが気に入られることがあると、日本人の同僚がやきもちをやくことや、身体を拭く仕事はすべてフィリピン人に割り振られるという例があった」と、外国人が介護職につくことへの困難さを語った［佐竹ほか 2015: 224］。

移住女性にホームヘルパーの資格を与えようとする就労支援は続いた。カトリック仙台教区では二〇一一年一一月から岩手県大船渡市に「滞日外国人支援センター」を設置し、フィリピン出身とインドネシア出身の神父二人を配属させた。センターでは、沿岸部の被災者たちのホームヘルパー二級資格取得のための教室を運営し、一回目七人、二回目八人、三回目八人の結婚移住女性が資格を取った。宮城県亘理町《わたりちょう》でも一五人の外国人女性がヘルパー教室を受講した。ただし、二〇一四年二月の現地調査で、岩手県の大船渡市と陸前高田市でヘルパーの仕事に就いているのは、大船渡三人と陸前高田三人にすぎないと担当司祭は言った。多くは、賃金がいい瓦礫仕分けの仕事をしているということである。瓦礫仕事は、一日一万円以上の収入を得ることができ、仕事の大変さに比べて賃金が安い介護職より、選好されているということであった。その後は、被災した水産加工工場が次々と再開し、水産加工の仕事に戻る移住女性も多くなるのではと担当司祭は付け加えた（フィールドノート、二〇一四年二月一一日）。

以上のように、震災後の外国人支援の中身は、移住女性が抱えていた就労への脆弱性を改善するためのものに集中していた。気仙沼でフィリピン人の移住女性たちのコミュニティ活動を報告している土田は、震災後の就労支援を通してはっきりしたものは、結婚移住女性たちの働く場は、「水産加工場での単純労働か、『お店』（夜の仕事：フィリピン人の場合――筆者注）での仕事のいずれか」で、固定化された就業構造のなか、「周囲からの排他的なまなざし」は補強し続けられてきたと指摘している［土田 2016: 278］。

東北における地域的な経済基盤の脆弱性と移民に対する制度的脆弱性は、東北で生活する外国人女性をステレオタイプ化してきたことは事実である。低賃金で単純労働者か、あるいは水商売の女性としてのレッテルが貼られていた女性たちに、ケアギバー（介護職）への就労の機会は、地域社会に貢献する女性という新たなイメージづくりにも期待が寄せられたのである。震災によって、これまで働いていた水産加工場での仕事や「夜の仕事」ができなくなったことが、むしろ移住女性たちが新たな道を模索するきっかけになったということである。

同時に、移住女性たちの就労において新しい転換点を与えたのが、外部から入った支援組織であったことには注目する必要がある。地元では、同化主義のもとで「外国人」と「日本人」を分けるという支援に反対の声もあったが、一般の日本人と比べ社会的・文化的資源が乏しい結婚移住女性たちには、少なくとも日本での生活定着のためにも、日本語や就労に関する支援を充実させる必要があった。しかしながら、これまで「高度人材」の外国人だけを受け入れるとしてきた日本政府の方針には、日本で生活する資源を持っていないまま定住している外国人に対する配慮はない。そこに、新たな可能性を提示したのが、外部支援団体の「外国人向け特別支援」であった。これまでは手掛けられなかった東北の外国人移住女性たちの就労支援が行われたことは、東北の多文化共生において大きな進展のきっかけとなったといえよう。ただ、それらの試みが地域社会内で持続的につながるのかどうかは、震災から一〇年以上が経った今、検証する必要がある。それについては後述する。

4　移住女性たちによるコミュニティ活動とエンパワーメント

東日本大震災被災地の外国人にとって何より大きな変化は、外部の支援団体の支援の受け皿として、結婚移住女性たちが組織をつくったことである。これまで、外国人移住女性たちがネットワークをつくって活動をする動きはたびたびあったものの、親睦や情報交換の目的としての集まりに終わるケースが多かった。震災後、とくにフィリピン人女性たちは、これまでのネットワークを組織化し、同国出身者のエンパワーメントに関わる活動を開始した。これは支援物資の分配や就労支援の情報提供、外部団体との橋渡し役となった。

私は震災前からカトリック教会に通って、それなりに役割を（担当）していました。震災の後、教会から物資が届き、配給のために調べたら、気仙沼に七五人もフィリピン人がいたんです。地震前に知っていたフィリピン人は、二〇人ぐらいかな、普段親しいのは一〇人ぐらいでした（インタビュー、二〇一三年三月三一日）。

気仙沼のフィリピン人女性グループの「バヤニハン」で当時副会長だった伊藤チャリトさんは、当時のことを思い浮かべながら言った。「バヤニハン」とはタガログ語で、フィリピンの村落社会で日常的相互扶助として使われる言葉である。震災前は、フィリピン人女性たちの緩やかな親睦グループにすぎなかったが、震災後、団体として正式に登録をし、教会や外部団体から届く支援物資をメンバーたちに配った。また、阪神・淡路大震災後、神戸で多言語コミュニティラジオとして活躍しているＦＭＹＹ（ＮＰＯ法人エフエムわいわい）の支援のもと、コミュニティラジオづくりにも協力し、被災地でタガログ語のラジオ番組を制作するなどの活動をしてきた。地域のフィリピン人女性が多く働いていた市内の水産加工会社が被災し、働けなくなったことを受け、難民支援協会に介護ヘルパーの資格を取れるように支援を求め、実際に地域の外国人女性三五人がヘルパーの資格を取得するように促した。

［写真8-1・8-2］ 被災した外国人移住者と子どもたちの交流イベント
撮影：筆者

　福島のフィリピン人コミュニティ「ハワクカマイ福島（HAWAK KAMAY〔手をつ

など」FUKUSHIMA)」も同じケースである。この団体は、震災後に福島県の国際交流協会でボランティアをしていたエリナ(仮名)を中心につくられた。大使館が支援物資を持ってきて、フィリピン人を集めるように要請されたことがコミュニティをつくるきっかけになった。エリナは一九八九年に結婚し、福島に住んで二〇年が過ぎていたが、他のフィリピン人たちとの親睦の集まりに交わったことがあまりなかった。震災が起きて、知り合いとまた知り合いに声をかけ、安否確認をした。そして、こんなときだからこそ自分たちで何かができるのではと意気投合した。原発事故から逃れた人々が生活する仮設住宅を訪問して炊き出しをし、フィリピン人の得意な歌や踊りで元気づけた。

原発で故郷から避難している人をみたら、私たち移住者と同じだと思った。

ハワクカマイ福島の活動は地元でも大きく取り上げられ、地元の新聞にも紹介された。これまでフィリピン人母の存在に否定的な感情を抱いていたエリナの娘は、ダブルである自分の出自とこれまで母親が外国人であることを恥ずかしく思っていた自分を反省する文を書いて、当時の福島県中学生人権コンテスト最優秀賞(二〇一三年)を受賞した。「初めてこの社会の一人になったと感じました」と、エリナは言った。

福島で自発的な移住女性のコミュニティづくりは中国人女性の中でも起きた。ハワクカマイと同様、大使館による安否確認に関わった移住女性たちを中心に、有事のときのネットワークの必要性について話し合われた。中国人といってもほとんどは日本人男性と結婚して福島に住んでいる女性が多い。何か目的がないとただ集まることは難しいということで、子どもたちに中国語を教える母語教室が提案された。震災によって、一時避難帰国を経験した親子たちにとっても、子どもに中国語を教えることはニーズに合う選択だった。須賀川《すかがわ》市を筆頭に、いわき市、郡山市でも中国語の「継承語教室」が組織された。教室を運営するコミュニティリーダーは、いずれも地域社会で中国語講師としての経験を持つ。周りに中国に関心を持つ日本人たちと日本人家族のバックアップを力に活動している。最初は教材もなく、講師となる先生が手作りで用意したが、そのうち中国大使館の協力で教材は無償で配布できるようになった。

震災後の移民コミュニティの特徴は、自助グループとしての役割と地域社会に働きかける性格をあわせ持つことにある。中には、自分たちの子どもに母親の母語を教えるための「継承語教室」のためのグループ、地域の外国人女性の相談窓口の役割をしているグループ、移住女性のエンパワーメントを目的とするグループなどと多様な社会的役割を担う移住女性のコミュニティが発足した。地域社会の側も、これまでの一方的に窓口をつくっておいて「支援する」形としての「多文化共生」から、彼女たちの移民コミュニティとの疎通のなかで必要な支援を行う「多文化共生」に進めるようになった。長い間、不可視化の中にあった移住女性たちも、震災をきっかけに自分たちの声を出せるようになったのである。これは震災がもたらした大きな変化と言えよう。

5　震災後の一〇年――移住女性たちの社会参画とその持続可能性

これまで述べたような移住女性たちのコミュニティ活動や新たなステップアップのチャレンジが、地域で受け入れられ、根付くことになったかどうかという課題は、まだこれから検証されなければならない。表8－3で整理した移住女性による被災地の「移民コミュニティ」の中のいくつかは、すでに活動を停止あるいは休止している。例えば、震災前からNPO法人として地域で「多文化事業」を手掛けてきた石巻市のNPO法人、国際支援地球村の理事長だった結婚移住女性シオリ（仮名、韓国出身、一九九九年来日）は、震災後のあるシンポジウムで次のように話した。

［表8-3］震災前後で結成されて活動中の移住女性による移民コミュニティ

地域	団体名	エスニック	活動内容	設立	2022年現在の状況
大船渡市・陸前高田市（岩手県）	パガサ	フィリピン	同国出身者からの相談，支援，地域社会との交流	2013.11	
気仙沼市（宮城県）	バヤニハン気仙沼フィリピノコミュニティ	フィリピン	FMラジオ番組制作，国際交流，安否確認，親睦など	2011.5	
	カバヤン気仙沼フィリピノコミュニティ	フィリピン	FMラジオ番組制作，地域の国際交流，親睦など	2014.3	
南三陸町（宮城県）	サンパギータ Fighting Ladies 会	フィリピン	会員親睦，相互扶助	2011.7	
石巻市（宮城県）	ハッピーママの会	マルチ	外国人ママの子育て支援，国際交流		休止（個人活動）
	NPO法人国際支援地球村	マルチ（韓国）	外国人相談窓口，日本語教室，国際理解，ボランティア活動など	2009	団体解散
仙台市（宮城県）	PhilCom. Miyagi	フィリピン	安否確認，国際交流など	2011	
	宮城県華人華僑同舟会	中国	震災時安否確認・情報伝達，日中友好交流など	2012.8	
	宮城華僑華人女性聯誼會	中国	学習サポート，日中友好など	2016.10	
	チングドゥル	韓国	母語教室（2014年宮城民団のハングル学校と統合）	2010.11	休止
福島県	ハワクカマイ福島	フィリピン	国際交流，地域ボランティア	2011.4	
須賀川市（福島県）	つばさ，日中ハーフ支援会	中国	母語教室，子育て情報，多文化交流	2011	
いわき市（福島県）	福島多文化団体　心ノ橋	中国	母語教室，多文化理解，多文化交流	2014.1	

＊筆者がインタビュー等を行った団体の一覧であり，すべての団体を網羅しているわけではない．
出所：筆者作成．

最初は私も皆さんに言われました。あなた外国人だから帰ったんじゃないのか、あなたはこっちに住む人ではないんじゃないかという声をたくさん聞きました。……私が帰ってしまえば、今まで作り上げた生活してきた基盤がみな、なくなりますので、こっちで、できれば続けて心開いて皆さん、年とった人も若い人とも仲良く生活したいと思っています。[10]

シオリは、震災前は、文科省の助成金で日本語教室と外国語教室を運営していた。震災後は、他の民間助成金にも恵まれ、買い物代行、地域の高齢被災者の見回り、地域コミュニティカフェ、被災した子どもの学習支援など、地域の外国人と日本人が共に関わる復興事業を行った。韓国企業のボランティア活動もつなげた。しかし、震災から五年が経つと、資金調達に苦しくなり、これまでの活動ができなくなった。「多文化共生」の復興を目指した彼女の活動は、震災バブルと呼ばれる世間の関心や支援が消える前に地域に定着することができなかった。震災バブルが終わるとともに、真っ先に助成金ももらえなくなり、かといって地域行政のサポートがあるわけでもない。シオリは結局、地域を離れることになった。地元で「多文化共生センター」をつくり、外国人の定住を助け、地域社会の「多文化共生」を主導したいという彼女の願いは今のところは閉ざされたことになったのである。

震災から一〇年以上が経ち、せっかくの移住女性たちのコミュニティが今後も持続し、「多文化社会」の重要な役割を担えるかどうかは、現在のところコミュニティリーダーの力量に任されていると言っても過言ではない。それなりの学歴や日本語能力はもちろん、家族の理解と支援、そして経済的余裕などがコミュニティリーダーの条件となっている。行政や民間のネットワークとのつながりやバックアップなどがないままだと、多重のジェンダー役割を担わなければならない移住女性の立場からは、活動の持続は負担になることも想定できる。

ハワクカマイ福島の創設メンバーであるエリナも二〇一四年の春に福島を離れた。彼女が福島を離れた決定的な理由は、娘たちの尿検査でセシウムが検出されたことだったが、コミュニティリーダーとして毎日忙しく外に出かける妻に対して、夫は「そんなに外で活動しているのだからお金を稼いでいるのだろう」と言って生活費を渡さなくなっていた。だったら放射能の心配がないところで、娘たちと再出発しようと思ったエリナは、活動中につながった団体を頼りに大阪に生活拠点を移した。

移住女性のコミュニティ活動にもさまざまな葛藤が生まれた。気仙沼のバヤニハンは、カバヤンという新たな組織と分割されたし、宮城の中国人女性のコミュニティ同舟会から宮城華僑華人女性聯誼會が新たに独立した。

地域でまだ活動をしているコミュニティはどうなのか。筆者は、二〇二二年三月に久しぶりに気仙沼と南三陸のフィリピン人女性たちのコミュニティリーダーを訪れた。

李：震災から一一年、何が一番変わりましたか。
アメリア：震災前はただ給料のないメイド扱いをされてたけど、震災後は少なくとも家では大事にしてもらえるようになりましたね。でも、やはり経済は大変。皆、必死に働いているけど、子どもたちも大きくなって、お金がかかる時期。南三陸に住むフィリピン人は経済問題が多くて、気仙沼の人たちは夫婦問題が多い。最近、不登校の子どもも多くなってます。
李：今、地域に住む外国人に必要なものは何ですか。
アメリア：相談窓口かな。外国人が困ったことを何でも相談できるところが欲しい。この前、カリヤンの家が全焼したの。とりあえず、われわれの方で必要なもの、服とか食べものとか集めて助けているけど。パスポートとか介護福祉士登録証とかの再発給も必要だし……（インタビュー、二〇二二年三月一九日）。

南三陸の「サンパギータ Fighting Ladies 会」のフィリピン人女性たちを訪ねた当日、アメリアのプレハブ教室には、他に三人のフィリピン人女性たちが集まった。彼女たちは震災後、介護福祉士二級の資格を取得したが、三人揃って今は近くの水産加工会社で働いている。正社員となって、ある程度収入は安定したが、毎日重いものを運ぶことで腰や肩が痛いと言っていた。
気仙沼のバヤニハンのメンバーとして活動をしてきたフィリピン人女性、ジェニも次のように述べた。

李：震災で地域社会は変わった？
ジェニ：今は元に戻ったという感じ。気仙沼にはインドネシアとかからの技能実習生が増えて、その人たち

［写真8-3］「第3回ふくしま子ども多文化フォーラム」の様子（郡山市，2018年5月）
写真提供：EIWAN福島

のためのイベントはいろいろとあるけど。住んでいるわれわれのための事業はあまりね……（インタビュー、二〇二二年三月一八日）。

福島の中国人女性たちの継承語教室はどうなのか。福島では、二〇一二年に日本ＹＷＣＡ関係者と外キ協（外国人住民基本法の制定を求める全国キリスト教連絡協議会）が中心となって、「福島移住女性支援ネットワーク（ＥＩＷＡＮ）」（代表、佐藤信行）が組織され、移住女性たちのコミュニティ活動をバックアップしている。ＥＩＷＡＮは、継承語教室のリーダーたちを巻き込んで「子ども多文化フォーラム」実行委員会を作り、二〇一三年からこれまで五回にわたる「子ども多文化フォーラム」を開催してきた。協力団体に資金の援助、活動のアドバイス、イベントの開催というバックアップが続いていることにより、彼女たちの活動はある程度、持続性を保たれているように見える。

ただ、それでも第一線で動いている移住女性リーダーたちは次のように叫んでいる。

私たちが、子どもたちに自分の母語と文化を継承させたいと思うのは、将来、子どもたちが日本と国際社会をつなぐ役割をしてほしい、という願いを込めてです。そして、その役割を通して、私たちも日本社会に寄与できるということなのです。

ただ、このような志から始めた私たちの活動は、必ずしも、たやすいものではありません。手弁当で、自分の時間と能力と経費を使いながら奮闘しています。平凡な私たち移住女性の力だけでは、いつまで続けられるかも不安です（「第二回ふくしま子ども&移住女性多文化フォーラム」アピール文、二〇一六年一一月一九日）。

6 おわりに

本章で論じてきたように、東日本大震災によって被災地内の移住女性たちにもたらされた大きな変化は、これまで日本社会に一人の日本人家族として不可視化されていた彼女らが、多少見える存在になったことである。被災各地では、移民コミュニティ（とくにフィリピン人女性たちによる）が結成され、リーダーとして活躍する移住女性たちも出てきた。これまで、ただ嫁として同化され、不可視化されていた移住女性たちが、自ら必要なニーズを言い、移住女性たちも自らを市民の一人としてアピールし始めるきっかけとなったのである。

問題は、被災地で可視化され、被災からの復興に取り組んでいる外国人女性として紹介される彼女たちに、「よき外国人」「頑張る外国人」という新たなフレームが付けられたということにある。メディアの報道はもちろん、研究者たちが取り上げた被災地の移住女性の多くは、頑張る外国人の姿であった。震災後の各種の多文化防災関連のシンポジウムでも、日本の災害対応に感謝しながら復興に頑張っている女性たちの物語が語られた。被災地の外国人コミュニティも、彼女たちの市民としてのポジティブな役割をアピールすることで、「シティズン」としての自らをアピールしていたことも事実である。

しかし、「よき外国人」「頑張る外国人」というフレームは、日本人夫と外国人妻（とくに仲介や斡旋による国際結婚）の夫婦間不平等の問題をはじめ、移住女性とホスト社会における不均等な関係性や外国人内で起きている格差の問題については沈黙する結果を生んでしまった。同時に、そのフレームから外れた移住女性は「排他的」に扱われた。例えば、被災後に日本人の夫からＤＶ被害を受けた移住女性は、彼女の若き時代の前歴が「よき外国人」ではないことから法的保護を受けられなかった。また、「よき嫁」ではないと噂された移住女性は仮設住宅内で孤立を余儀なくされた事例もあった［李 2015］。

さらに、震災から一〇年以上が過ぎている現在、コミュニティ活動で地域社会に参画していた移住女性の活動が地域社会に根を下ろせず、衰退および消滅しているケースも出てきている。せっかくつくられた移住女性のコミュニティの相互扶助や社会参画の役割が、社会のバックアップなしに、個々人の頑張りに委ねられている状況は変わっていない。

東北の復興は、進んでいるように見える。社会基盤の整理という名の下で、三陸の津波被害地域では次の津波を防ぐとされる巨大防波堤が造られ、地盤沈下した沿岸部の嵩上げが進み、その上に公園や商店街が立つようになった。原発事故による帰還困難区域は次々と避難指示が解除され、人が住めない町から住める町へと、住民の不安と葛藤とは別に政府の復興案は進められている。

そのようななか、震災前から過疎化と少子高齢化の波が押し寄せていた被災地の状況は何も変わらず、震災後はそれが加速している。人口減少が著しい被災地で増えているのは、外国人であり、ベトナムや中国、フィリピン、ネパール、タイ、インドネシアなどから来た技能実習生が、人手不足の穴埋めをしている状況である。岩手県は震災以前の二〇一〇年の人口が一三四万五〇〇七人であったのに、二〇二〇年現在、一二二万七四六四人と減った。宮城県も二三二万九三四四人から二二六万八七七五人となった。福島県は二〇五万一六二六人から一八六万六五七〇人に減少した。ところが、滞在外国人数はいずれも増えている。例えば福島県内に住む外国人住民は、二〇一〇年の一万一三三一人から二〇一九年には一万五五五九人となり、震災前より四千人以上も増加した[11]（図８－２）。もはや被災地の地場産業は、移住労働者なしでは成り立たない状況になりつつある。だが、東北には相変わらず外国人支援の社会的資源がきわめて限られている現状に変わりはない。移住女性の社会参画、居場

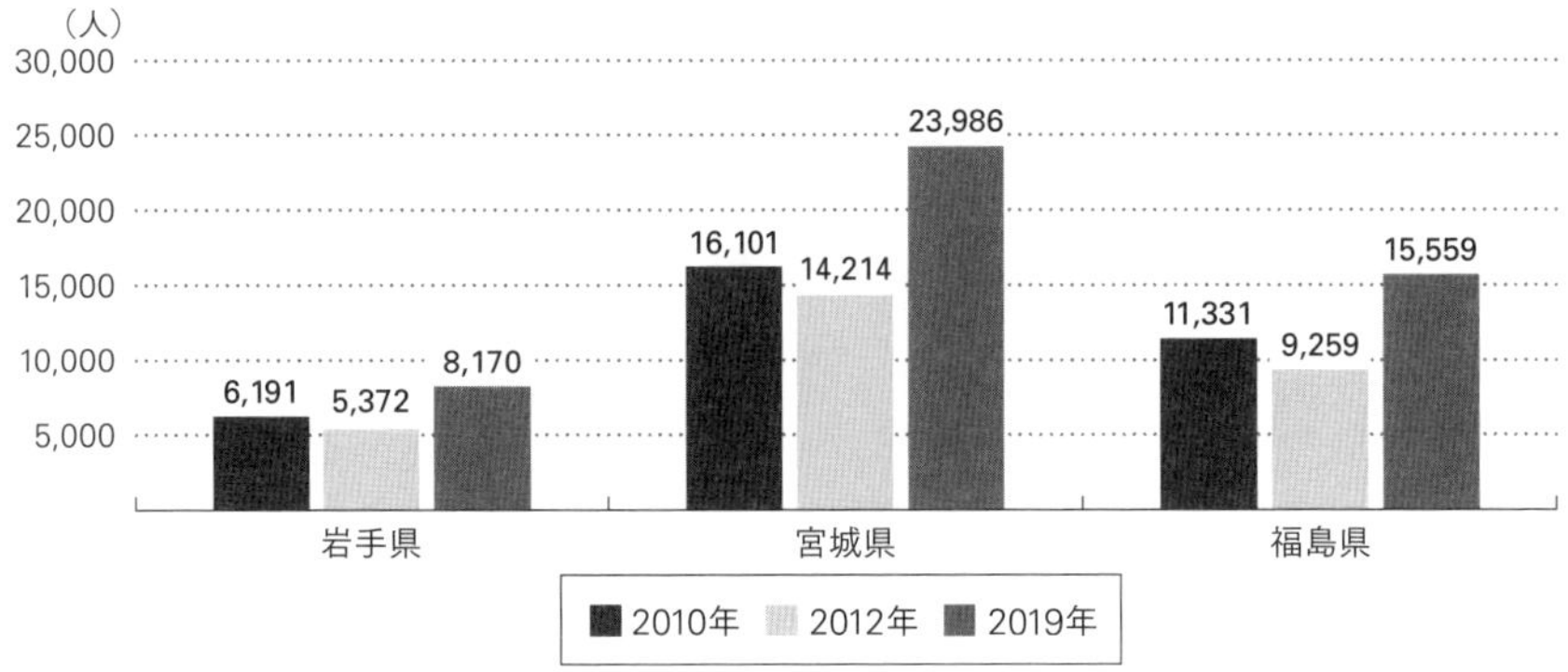

［図8-2］ 被災3県の外国人住民数の推移
出所：人口動態統計をもとに筆者作成.

所づくりの難しさも解決されてはいない。自治体の行政は、復興・復旧というさまざまな事業の推進に加え、二〇一九年の台風一九号の災害や二〇二〇年から続く新型コロナウイルス対策など、新たな外国人住民政策を打ち出す余力がないのも事実であろう。

だからこそ、政府主導で社会の不平等を是正し、女性や外国人といった社会の不公平によって脆弱性が増すことが憂慮される人々が日本社会の市民として生きられる資源を得るためのシステムづくりが急がれるわけであるが、いまだ「民度」に頼っている政治家にそれらが務まるかは大いに疑問である。本当の意味での復興は、次なる災害や災難のリスクを減らすことであり、そのためには社会に内在している格差と不平等の現状を是正することが必然不可欠であることを忘れないでいただきたい。

「災害ユートピア」という言葉を作ったレベッカ・ソルニットは、「災害は普段私たちを閉じ込めている塀の裂け目のようなもので、そこから洪水のように流れ込んでくるものは、とてつもなく破壊的、もしくは創造的だ」とし、ヒエラルキーや公的機関はこのような状況に対処するには力不足で、成功するのは市民社会の方だという。そして、利他的で相互扶助の力を発揮する前提として、市民として帰属していることが必要であるとしている［Solnit 2009＝2010: 427–429］。日本社会が外国人を「市民」として帰属させるのか、「市民」から排除するのかは、今後の災害に備える上でも重要な課題となるだろう。

付記

本稿は、拙稿「外国人結婚移住女性と『東北の多文化共生』――『他者化』と『不可視化』を乗り越えて」（『東北文化研究室紀要』五九：七三―八七、二〇一八年三月）に新たな調査内容を加え、大幅に修正・加筆をしたものである。

註

（1）二〇〇七年二月六日に内閣府が開いた「大規模災害発生時における情報提供のあり方に関する懇談会」第一回の参考資料を参照。（http://www.bousai.go.jp/kohou/oshirase/h19/070206/pdf/sanko_shiryou1.pdf）［二〇二二年二月二〇日アクセス］

（2）ダイバーシティ研究所の「外国人地震情報センター資料集」参照。（https://diversityjapan.jp/archive/feic/history/）［二〇二二年一〇月二〇日アクセス］

（3）当該ウェブページ（http://sankei.jp.msn.com/affairs/news/110326/dst11032601230007-n1.htm）［二〇一一年九月取得］は現在、閲覧できないが、左記ＵＲＬに記録が残っている。（https://megalodon.jp/ref/2011-0326-0310-38/headlines.yahoo.co.jp/hl?a=20110326-00000512-san-soci）［二〇二二年一〇月二〇日アクセス］

（4）市町村に届け出された死亡届などをもとに集計し、厚生労働省が二〇一二年九月六日発表。（http://www.mhlw.go.jp/toukei/saikin/hw/jinkou/kakutei11/dl/14_x34.pdf）［二〇二二年三月一日アクセス］

（5）警察庁「東日本大震災に伴う警察措置」二〇一六年、一八頁参照。（http://www.npa.go.jp/archive/keibi/biki/keisatsusoti/zentaiban.pdf）［二〇二二年一〇月二〇日アクセス］

（6）出入国在留管理庁ウェブサイトにおける外国人登録者数の統計二〇一〇年を参照。（https://www.moj.go.jp/isa/policies/statistics/toukei_ichiran_touroku.html）［二〇二二年二月一五日アクセス］

（7）詳細なアンケート調査の結果は、報告書のほか、外キ協「外国人被災者支援プロジェクト」の左記ウェブサイトで公開しており、拙稿でも部分的に紹介しているので、そちらをご参照いただきたい。（http://gaikikyo.jp/shinsai/_src/139/90ce8aaa81e8bc90e58fc092b28db88fw8cv955c.pdf）［二〇二二年一〇月二〇日アクセス］

（8）難民支援協会のウェブサイト参照。(https://www.refugee.or.jp/jar/report/2011/10/20-1421.shtml)［二〇二二年二月一五日アクセス］

（9）日本聖公会「いっしょに歩こう!プロジェクト」ウェブサイト参照。(http://www.nskk.org/walk/?page_id=359)［二〇二一年三月一日アクセス］

（10）宮城学院女子大学シンポジウム「3・11私たちも共に震災を乗り越えた――『外国人』県民の視点から震災後の宮城と日本の多文化共生を問う」（二〇一一年一二月一七日）。(http://www.mgu.ac.jp/~jfmorris/Tsunami/Shinsai%20wo%20Norikoeru.pdf)［二〇二一年三月一日アクセス］

（11）ただし、二〇二〇年度からの滞在外国人数は、新型コロナウィルス感染症の流行によって外国人の入国が困難になったため、減少している。それによって地域では働き手の不足が大きな問題になっていたことは、多くのマスコミを通して周知のとおりである。

文献

安藤純子［2009］「農村部における外国人配偶者と地域社会――山形県戸沢村を事例として」、東北大学『GEMC journal』一：二六―四一

李仁子［2012］「外国人妻の被災地支援――被災地の民族誌に向けた一素描」、川村千鶴子編『3・11後の多文化家族――未来を拓く人びと』明石書店、一三九―一六一頁

李善姫［2012a］「『多文化ファミリー』における震災体験と新たな課題――結婚移民女性のトランスナショナル性をどう捉えるか」、駒井洋監修・鈴木江理子編『東日本大災害と外国人移住者たち』明石書店、五六―七四頁

李善姫［2012b］「ジェンダーと多文化の狭間で――東北農村の結婚移住女性をめぐる諸問題」、東北大学『GEMC journal』七：八八―一〇三

李善姫［2013］「自らを可視化する被災地の結婚移住女性」、萩原久美子・皆川満寿美・大沢真理編『復興を取り戻す――発信する東北の女たち』岩波書店、三〇―四二頁

李善姫［2015］「移住女性の震災経験から問う日本の課題――なぜジェンダー平等と多様性が減災につながるのか」、『学術の動向』二〇（四）：二六―三三

伊藤久美・岡本耕平・高橋公明・田中正造・山岡耕春・宮尾克［2004］「地震災害における外国人の被害と災害情報提供」、『社会医学研究』二二：二一―二八
伊藤るり［2002］「脱領域化するシティズンシップとジェンダー規範――滞日フィリピン人女性の状況をめぐる試論」、お茶の水女子大学「グローバル化とジェンダー規範」に関する研究会編『「グローバル化とジェンダー規範」に関する研究報告書』三五―四五頁
外国人地震情報センター編［1996］『阪神大震災と外国人――「多文化共生社会」の現状と可能性』明石書店
外国人被災者支援センター編［2012］「石巻市『外国人被災者』調査報告書　二〇一二年」
外国人被災者支援センター編［2013］「気仙沼市『外国人被災者』調査報告書　二〇一三年」
郭基煥［2013］「災害ユートピアと外国人――あの時の『共生』を今、どう引き受けるか」、『世界』八三九：八九―九七
郭基煥［2017］「震災後の『外国人犯罪』の流言」、『震災学』一〇：一八四：二二七
川端浩平［2012］「二重の不可視化と日常的実践――非集住的環境で生活する在日コリアンのフィールドワークから」、『社会学評論』六三（二）：二〇三―二一九
神戸外国人救援ネット編［2015］『震災から二〇年　救援ネットのあゆみ――外国人とともにくらすまちをめざして（NGO神戸外国人救援ネット二〇周年記念誌）』神戸外国人救援ネット
佐竹眞明編［2011］『在日外国人と多文化共生――地域コミュニティの視点から』明石書店
佐竹眞明・李仁子・李善姫・李原翔・近藤敦・賽漢卓娜・津田友理香［2015］「東北・宮城、東海・愛知における多文化家族への支援――調査報告」、『名古屋学院大学論集　社会科学篇』五二（二）：二一一―二三六
佐藤久美・岡本耕平・高橋公明・田中正造・山岡耕春・宮尾克［2004］「地震災害における外国人の被害と災害情報提供」、『社会医学研究』二二：二一―二八
土田久美子［2016］「『弱者』から『地域人材』への移行は可能か――気仙沼市在住フィリピン出身者グループによる生活再建の試み」、長谷川公一・保母武彦・尾崎寛直編『岐路に立つ震災復興――地域の再生か消滅か』東京大学出版会、二六三―二八八頁
日本消防協会編［1996］『阪神・淡路大震災誌』日本消防協会
モリス、J・F［2016］「東日本大震災と外国人被災者――被災者『支援』という言説への批判的振り返り」、『難民

研究ジャーナル』六：五七―六八頁
モリス、J・Fほか［2015］『東日本大震災からの学び――大災害時、県・政令市の地域国際化協会の協働と補完を再考する』宮城県国際化協会
山田昭次［2011］『関東大震災時の朝鮮人虐殺とその後――虐殺の国家責任と民衆責任』創史社
吉富志津代［2008］『多文化共生社会と外国人コミュニティの力――ゲットー化しない自助組織は存在するか？』現代人文社
Faier, Lieba [2008], "Runaway Stories: The Underground Micromovements of Filipina *Oyomesan* in Rural Japan," *Cultural Anthropology*, 23(4): 630–659.
Leong, Karen J., Christopher Airriess, Angela Chia-chen Chen, Verna Keith, Wei Li, Ying Wang and Karen Adams [2007], "From Invisibility to Hypervisibility: The Complexity of Race, Survival, and Resiliency for the Vietnamese-American Community in Eastern New Orleans," in Kristin A. Bates and Richelle S. Swan eds., *Through the Eyes of Katrina: Social Justice in the United States*, Durham: Carolina Academic Press, pp. 171–188.
Solnit, Rebecca [2009], *A Paradise Built in Hell: The Extraordinary Communities That Arise in Disaster*, New York: Viking.（＝［2010］高月園子訳『災害ユートピア――なぜそのとき特別な共同体が立ち上がるのか』亜紀書房）
Uekusa, Shinya and Sunhee Lee [2020a], "Strategic invisibilization, hypervisibility and empowerment among marriage-migrant women in rural Japan," *Journal of Ethnic and Migration Studies*, 46(13): 2782–2799.
Uekusa, Shinya and Sunhee Lee [2020b], "Sustainable Empowerment following Disaster: A Case of Marriage-Migrant Women in the 2011 Tohoku Disaster," in Eligio Fallaci ed., *Women: Opportunities and Challenges*, New York: Nova Science Publishers, pp. 113–146.
Uekusa, Shinya, Steve Matthewman and Daniel F. Lorenz [2022], "Conceptualizing disaster social capital: What it is, why it matters and how it can be enhanced," *Disasters*, 46(1): 56–79.
Villegas, Francisco J. [2010], "Strategic In/Visibility and Undocumented Migrants," in George J. Sefa Dei and Marlon Simmons eds., *Fanon & Education: Thinking through Pedagogical Possibilities*, New York: Peter Lang, pp. 147–170.

コラム

column

A

ハコモノのつくりかた、資料の声の聞きかた・活かしかた

門馬 健

MOMMA Takeshi

富岡町と「とみおかアーカイブ・ミュージアム」

当館「とみおかアーカイブ・ミュージアム」は結果として、新たな「ハコモノ」として建設された。しかし、最初からハコが欲しいわけではなかった。保全資料の保管と「何が資料か」を伝える展示、保全資料から抽出した情報で地域性を明らかにする展示、保全した震災遺産から富岡町《とみおかまち》の経験を伝えたい、そのための場所が欲しい——、そのためのハコが必要だった。

福島県沿岸部の中央に位置する富岡町は、町の南端に東京電力福島第二原子力発電所があり、第一原子力発電所を有する大熊町《おおくままち》が北隣にある。二つの原発に挟まれている。

東日本大震災では、津波で二四人が亡くなり、町内の道路や建物が損壊するなどの被害を受けた。しかし、地域に最も大きなダメージを与えたのは、震災翌日三月一二日早朝に決断せざるをえなかった原発事故に伴う全町避難と、その超長期化である。全町避難後、丸二年間は町全域の自由立ち入りが禁じられ、町民は主《あるじ》が不在で痛んでいく自宅を、たまに許された一時立ち入りのたびに目の当たりにさせられた。

二〇一三年三月二五日、富岡町の警戒区域が再編され、帰還困難区域を除いた町面積の七割近くの地域は昼間の自由立ち入りが認められた。このとき「不要な物、汚れた物から捨てられてしまう」という不安が頭をよぎった。

二年も人が住まないと、家の中にはカビが生え、床

が浮き、畳は腐り始める。前に進むための心理として、家を片付けたいのは当たり前である。しかし、「いまの生活には不要」な汚い物――古文書、古写真、日記や手紙、地域で発行された冊子・パンフレットなど――、すなわち地域の成り立ちを教えてくれる資料が捨てられれば、富岡町は「得体の知れない」町になってしまわないか。三・一一以降の情報がほとんどの町になってしまわないか。将来、なぜこの土地に原発があるのかがわからなくなるのではないか。筆者はそんな問題意識を覚えた。

歴文PTと資料保全

二〇一四年六月、部署横断型で若手職員を中心にした、地域資料と震災遺産を保全する富岡町歴史・文化等保存プロジェクトチーム（以下、歴文PT）が発足。二年間はゼロ予算、職員は通常業務と兼務での試みだった。以来、除染のために解体される家屋や蔵、物置から三万五千点を超える地域資料と数百種の震災遺産を保全。そこで必要になったのが収蔵庫である。保全活動開始からしばらくは、既存の歴史民俗資料館の収蔵庫に保全資料を収めたが、活動の活発化と長期化で保管場所が不足した。学校施設などにも仮置きしたが、永続的ではない。そこで、既存公共施設の収蔵庫化や民間施設の活用など、あらゆる可能性を考えた。修繕費、建設費、ランニングコスト、資料の保存環境などを総合的に踏まえた結果、新しい施設をつくることになった。

当館は多くの面積を収蔵庫と収蔵・展示のための機能に割いている。資料は保全↓クリーニング・保存処理↓整理↓収蔵↓研究↓展示という導線で扱える部屋構成とした。「ハコを建ててから使い方を考え」たわけではない。「資料のためにハコが必要となった」「どのようなハコが欲しいか」から始まったために、資料に優しい構造を実現できた。

何が資料か、資料から何が言えるのか

話は歴文PT発足の頃に戻る。町内をパトロールして古いお宅を見つけると、資料調査・保全の協力をお願いする。全町避難中なので避難先に電話する。しかし九割は「うちにはたいした物はないよ」と断られる。

全国の資史料ネットにとって「あるある」の話だろう。歴文PTはここで「お宝鑑定団に出るような物ではなく、富岡町と書いてあるようなもの、古い生活の写真や商店のチラシが見たいんです」と食い下がる。すると、「何が欲しいかわからないけど」と協力をいただける場合がある。

そのとき考えたのが、「何が資料か見せる場を設けよう」ということだった。歴文PTは避難先で三度（①二〇一五年一月、②同年九月、③二〇一六年二月）、地域資料の展覧会を開催した。筆者にとっての目的は、（A）歴文PTが価値を見出している資料が何かを知ってもらう、（B）救出資料から地域性を描いて事業の必要性を実証する、（C）Bの成果を見ることで古《ふる》里《さと》をフラット（あるいは肯定的）に捉えるきっかけをつくる、だった。

①は避難先の郡山市と富岡の共通点・交流の歴史を古代〜前近代に遡って描いた。②は筆者が得意とする分野だが、江戸時代の古文書や昭和期の手紙などの紙資料から地域の特徴を抽出した。③は考古・民俗・歴史学の手法で富岡町の成り立ちを描き、同時に将来の歴史資料たる震災遺産を紹介した。いずれもレスキュー資料による展覧会で、「集めることだけが目的ではない」ことを主張しつつ、地域資料から何が言えるのか、何が導き出せるのかを提示した。そしてその成果は、そのまま当館の常設展示になった。

［写真A-1］福島大学とともに行った資料レスキュー作業
（町内の旧家の蔵に入り，古文書や写真などを保全した）
撮影：富岡町歴史・文化等保存プロジェクトチーム

地域資料展示とレジリエンス

当館常設展示は四三〇点の資料で成立している。うち七割は震災後の歴文PTによる資料保全で救出した。昭和の商店街や日本一小さな漁港、解体された駅などの展示模型は住民への聞き取りの成果が大きい。聞き取りもまた、資料保全のひとつである。最近のレジリエンス研究では、資料保全と専門家による聞き取りを合わせて行うことの重要性が説かれている。実際に資料保全と聞き取りを行い、かつ日頃から館で展示解説を行っている筆者も、実感を伴ってこれに同意する。

［写真A-2］ 収蔵展示エリアの整理作業室見学窓
（セルフバックヤードツアーができる当館ならではの展示で，保全→クリーニング・保存処理→資料整理→収蔵→研究→展示の一連の流れを見ることができる）
撮影：筆者

震災後に廃業した店の資料展示を前に盛り上がる町民同士の姿をよく目にする。声をかけると、柔和な表情とともに地域を懐かしむ言葉が返ってくる。資料保全協力者だけではなく、保全資料が持つ力に触れた人々からの聞き取りもまた、大事なのだと考えさせられる。当館が町民から託された数万点の資料たちは、震災前から現在を生きる町民が多くのことを思い起こすための手助けをするだろう。他方でわれわれ歴史学を学ぶ者には、富岡町の地域性を解き明かすための重要な情報を与えてくれる。

資料保全のその先を、博物館、各分野の研究者、住民、その他さまざまな人たちがどのように考えるのか。当館はささやかながらひとつの試みとして、提示しているつもりである。

column

B

東日本大震災で被災した美術資料について

／

安田容子

YASUDA Yoko

東日本大震災においては、地域にのこされた掛け軸などの美術資料も多く被災した。被災した資料の救出活動においては、古文書等の歴史資料だけでなく、個人宅にある個人コレクションも含む美術資料も数多く救出されている。宮城県南部の沿岸地域、亘理《わたり》町《ちょう》荒《あら》浜《はま》地区は個人の蒐集家たちが何人も存在していた特徴的な地域であり、昭和初期を中心とした蒐集家によるコレクションのいくつかが知られている。大正時代から昭和初期にかけての時期は、都市部に限らず全国各地で絵はがきや短冊、作家原稿などを集めることが流行していた。東京や大阪のように作品をつくりだす作家や、それを販売する画廊や書店が集まる都市に限らず、福島県や宮城県などの地方においても蒐集家たちがおり、さまざまな書画や文芸（短冊や色紙、原稿など）の蒐集者が存在していた。宮城県の沿岸部に位置する荒浜地区は、そのようななかでも特徴的な地域であったといえる。

亘理町立郷土資料館において二〇二〇年二月から三月にかけて開催された企画展示「めでた掛けと宝船―江戸家被災資料から―」（写真B-1）は、荒浜地区に在住していた江戸清吉の個人的な蒐集物からなる展示であった。彼の蒐集物は、そのほかの江戸家の歴史資料と同様に、東日本大震災による津波被害を受けており、この展示は、救出された資料群の一部からなる。大正・昭和期の荒浜地区における蒐集家の一人であった江戸清吉（?―一九三八）は、一九一四（大正四）年頃を中心に、東京や大阪の美術商を通して、同時代の作家に直接注文するなどして掛け軸や水彩画などを購入していた。

展示は、蒐集物の中から、新年にふさわしい「めでた掛け」や節分のときに配る宝船を描いた版画の宝船絵からなる。その中には、地域に関わる者として、仙台出身の画家である熊耳耕年《くまがみこうねん》（一八六九―一九三八）の掛け軸や、一九世紀前半に石巻を中心に活躍した俳人たちによる合作も展示された。展示の中心作品でもある熊耳耕年の「天人迦陵頻伽図《てんにんかりょうびんが》」は、一九三三（昭和八）年に江戸清吉へ向けて制作された注文作品であることが軸箱よりうかがえる。このことは、一人の蒐集家の行動や嗜好を知るだけでなく、その地域とのつながりを知ることもできることを示している。

［写真B-1］企画展示「めでた掛けと宝船
―江戸家被災資料から―」
（亘理町立郷土資料館, 2020年2～3月開催）

「めでた掛けと宝船」展の一番の目玉は、熊耳耕年による「天人迦陵頻伽図」である。やや横長の画面に天人と迦陵頻伽が書き込まれた絹本着色の作品である。天上の舞と音楽を表現した仏画となっている。箱書きによれば、昭和八年に江戸清吉氏の依頼を受けて制作したものであり、軸先には江戸家の家紋が見える。この作品を制作した一九三三年には、熊耳耕年は仙台に戻っており、注文制作による肉筆画を描いていた。荒浜地区の蒐集家が熊耳耕年に大型の作品を注文したことから、この時期の熊耳耕年の活動における江戸清吉の位置づけ、あるいは彼らを介在するような仙台在住の人物の関わりを推測することができるだろう。

一九一四（大正四）年頃から一九三六（昭和一一）年にかけて、大阪の柳屋を通じて蒐集された宝船絵のコレクションは、年ごとに一冊の画帖に貼り付けられており、宝船絵コレクションとして見ても、ほぼすべて揃った貴重なものである。いずれも津波によりカビや泥だらけとなり、画帖によってはカビによる固着や腐敗により、一点ごとに鑑賞する対象として見ることは難しい。しかし、一冊の作品としての情報だけでなく、十数冊に及ぶ画帖の全体像から読み取れる情報をひもといていくと、この時代の大阪や京都、東京の趣味人の趣向や、彼らのネットワーク、さらには時代を読み取ることができる。また、各年の宝船を描いた版画がのこっているだけでなく、解説書や頒布先の地図なども一緒にのこっている点がこの宝船絵コレクションの特徴である。

江戸清吉が取り引きしていた大阪の柳屋画廊は、一九一〇（明治四三）年より、目録付き広報誌『美術と文芸』（後に『柳屋』）を発行していた。江戸清吉もまたこの目録を取り寄せていたようであり、第二号から一九三六年発行の第五五号までが現存する（一部欠あり）ことが、震災後の救出活動において確認されている。柳屋は大阪の画商であり、掛け軸や短冊のほかに、作家原稿や作家の書翰《しょかん》、さらには宝船絵など、多くの作品を販売したり、頒布会を主催したりするなどしていた。とくに、一九一八（大正三）年から一九三六年にかけては宝船絵の頒布会の主催にかかわるなど、手広く商品を扱っていた。

江戸清吉が柳屋を通して数多くの美術品を蒐集したのは、ちょうどこの頃である。荒浜からほとんど出たことのない江戸清吉による一連の蒐集物は、個人の嗜好だけではなく、同時代の地域の気風も下地にあるように思われる。個人コレクションの一端から、時代の特徴や地域とのつながりについても垣間見ることは可能である。

被災した美術資料を資料として見ていくことは、地域との関連を明らかにすることよりも、個人と作者との関係やその時代における作品の位置づけなどを見ていく方が主体となる。作品を取り上げるだけでも、地域を見ることは可能であるが、個人の家から救出されるのは美術資料に限らない。その家や地域についての情報源となる歴史資料が多く救出される。掛け軸などの個人コレクションは、このような膨大な資料群の中に含まれる。救出された地域の資料群の中の一つとして見ることで、これらの美術資料を地域に位置づけることも必要であろう。

column

C

慰霊祭と交歓

福田 雄
FUKUDA Yu

その地区は、もともと防災意識が高かったのだという。過去には、一九三三(昭和八)年の昭和三陸津波を語る会が開かれ、過去の災害を伝承する努力も続けられてきた。町内会では自主防災会が組織され、消防団員の働きも活発だった。二〇一一年三月一三日には、消防防災ビデオをともに見る集いが計画されていた。大きな地震に襲われたのは、その上映会のためのプロジェクターを公民館から借り出した、ちょうどその帰りだったという。

地震のあと、多くの住民が地区で指定された避難場所である小学校に向かった。消防団員が打ち鳴らす半鐘が響くなか、校門まで多くの住民が辿り着いた。しかし、住民の中には、まだ避難していないお年寄りを助けるために引き返したものもいたという。震災前、約八〇〇世帯が居住していたその地区では、一割以上が津波の犠牲となった。

震災後、その小学校では最大八〇〇人ほどが身を寄せ合い、避難生活が営まれたという。いつからか月命日には、小学校の校舎の入り口付近に人々が集まり、黙とうが捧げられるようになった。二〇一一年九月頃からは、校門付近で海の方向に向かって手を合わせようという声があがった。この形は、のちに行われることとなる慰霊祭にも踏襲されていった。

二〇一二年三月四日、避難所となった小学校で地区主催の慰霊祭が執り行われた。三月一一日の一週間前に実施したのは、自治体主催の追悼式と開催日が重なると「迷惑がかかる」からだという。慰霊祭当日は、風のない晴れた日だった。一四時四〇分頃になると、地区住民に向けて、校門近くに集まるよう校内放送で呼びかけられた。少なくとも一〇〇人以上はその場に集まっていた。校内放送が響く。

この地区からも多くの方が犠牲になりました。今日のこのときは、この地区の人々がふれあうことを目的として企画しました。しかし、後ろを振り返ることなく、前に向かって私たちは、生きていかなければなりません。その思いをこめて、黙とうを捧げたいと思います。

別地区から譲り受けた半鐘が校庭に吊るされ、一人の消防団員が朝礼台に上がる。人々は校門から海の方向に向かい、その時間を待つ。一四時四六分になると、「黙とう!」という合図とともに半鐘が打ち叩かれ、サイレンが鳴り響いた。人々は海の方向に向けて手を合わせ頭《こうべ》を垂れる。鐘の音が響きわたるなか、あのときと同じ場所でともに海と向き合う時間がもたれた。

一年前のあの日の記憶を「再現する」ことを意図してこの形が決められたのだという(写真C-1・C-2)。

黙とう、なおれ。黙とうを終わります。ありがとうございました。一六時まで、みなさんとふれあう時間となります。

その後も、この地区の支援団体が用意したコーヒーを手に、ところどころで立ち話をする地区民の姿が見られた。

この日の集いの目的は、この地区で亡くなった方々の慰霊だけではない。それは震災後ちりぢりになった地区民に「楽しんでもらって、また戻ってきてほしい」という願いをこめて企画された行事だった。この地区はもともと、運動会やソフトボール大会、文化祭など、お祭り以外にも多くの交流の場があり、「地区民(同士)のつながりが強かった」のだという。震災後、この地を離れた人たちにも集まってもらうため、新聞にも広告を出した。一四時四六分の慰霊祭に先立ち、さまざまな行事が企画されたのも、この意図があったからである。

三月四日の慰霊祭当日、朝一〇時過ぎになると、ぬかるむ地面を踏みしめ、少しずつ人々が集い始めた。ボランティアグループや宗教団体など、これまでこの地区を支援してきたグループが、テントやキッチンカーなどで炊き出しを始めた。校内の廊下にはひな壇が設えられ、雛人形が飾られた。廊下には一〇年前に撮影されたこの地区の航空写真が展示された。

一〇時半になると、シャンシャンという鉦《かね》の音が聞こえ、校庭に人が集まる。「七福神」の演舞が始まった。笛や太鼓の音に合わせ少年少女が舞い踊り、観客も手拍子で応える。その後、披露された「虎舞」に会場はいちだんと盛り上がる。毎年、秋祭で行われる虎舞の担い手も、このたびの震災で少なからず犠牲となった。この日は、残されたメンバーによって二頭の虎が舞いを披露した。この地区出身の女性が豚汁をすす

［写真C-1・C-2］避難所となった小学校で行われた地区主催の慰霊祭（2012年3月4日）
撮影：筆者

りつつ、他の地区の虎舞との違いを熱心に語ってくれる。

昼過ぎには体育館で上映会が始まった。体育館の床には断熱材が敷かれ、五〇人ぐらいの人々が、いくつかのストーブを取り囲むように座る。震災前の地区のお祭りの映像をともに眺める。スクリーンに映るかつての家々や、住民を指差し、ぼそぼそと思い出話が始まる。ただ黙って映像を見つめる人も多かった。その後始まったカラオケ大会では、子どもからお年寄りまで、多くの人々がマイクを握った。体育館の周りや校庭でも立ち話をする人々の姿が目につく。この日は、震災後に地区を離れた元住民も含め四〇〇人以上がこの小学校に集まった。震災以降、そこではじめて再会した住民も多かったという。

慰霊祭とは、失われてしまった人々と向き合うだけではなく、震災後の地域を生きる人々の関係を紡ぎ出す場でもある。翌年行われたこの地区の慰霊祭では、新たに慰霊塔が建てられ献花が行われた。この日も慰霊祭とともに、地区民の交歓行事が行われた。

column

D

コミュニティの再生と地域の芸能

小谷竜介
KODANI Ryusuke
&
瀧川裕貴
TAKIKAWA Hiroki

東日本大震災では、津波による沿岸部の被害と、原発事故による被害が大きくクローズアップされた。その被害の大きさや、長期にわたる避難という課題は、近年の日本では経験のない災害である。こうした東日本大震災の被災地をめぐっては、コミュニティの維持・再生ということが大きな課題として注目され、それにまつわる研究も多くなされている。

こうしたなかで、東日本大震災の被災地においては、地域に伝わる芸能がコミュニティの再生に大きく影響を与えることに注目が集まった。筆者も各地を歩き、そうした例が多々あることは理解でき、見聞きした事例の紹介を行ってきた。一方で、芸能のあり方は必ずしも一様ではなく、継続して地域の復興に関わり続ける芸能もあれば、被災直後と言ってもよい時期に芸能を行うことで初期の時期にだけ盛り上がるなど、その再開のあり方はいろいろあった。

こうした点を考えたとき、個別の調査により、芸能のあり方を明らかにしていくだけではなく、全体の傾向を把握する必要があると考え、二〇一九年より岩手県、宮城県、福島県を対象とした、アンケートによる「指定無形民俗文化財再開状況調査」を実施した。三県内で国、県、市町村により指定されている無形民俗文化財の保護団体を対象にしたアンケートでは、調査対象一一五三団体のうち六三三団体より回答があった。このアンケート結果については、「東日本大震災の影響に関する無形民俗文化財アンケート調査報告」として報告を行っている。設問では、震災前、震災直後、現在、という三つの時期を設定し、「実施回数」「実施場所」「担い手」「資金」という四項目について、震災前からの変化を見ていけるように作成した。

このアンケートで見えてきた点を簡単に紹介しよう。まず、**図D－1**に示した実施場所の変化である。震災前、震災直後、現在と比べると、それぞれのグラフが大きく変化していることがわかる。さらに、震災前と震災後の集落での実施に注目してみよう。震災前の「集落」は、震災直後、現在の「元の集落」にあたる。左から右へ集落での実施を見ると、震災直後に当該ケース数がいったん大きく減った後、現在は、震災前ほどではなくても、ある程度増えてきていることがわかる。すなわち、震災直後に実施場所が大きく変化したが、その後は震災前に戻ってきているという動きが見て取れるのである。

図D－2は、震災前と現在の実施回数の変化をバブルチャートにより可視的に示したものである。両者に変化がないと対角線上に位置し、バブルが大きいほど回答数が多いことになる。全体に対角線上にバブルが集中しており、大きな変化はないともいえそうである。ただ、対角線の左上は震災前より現在の方が実施回数が増えたケースを、右下は減ったケース数が位置するが、両者を比べると右下の方がケース数が多い。つまり、変化が見られた場合には、実施回数は減少ぎみである。このように、震災前と比べると、他の項目も含めて震災直後にはいろいろな変動が見られるが、全体としては震災前に戻っていこうとする動きを示しつつ、活動が弱まっているという結果を示している。

一方で、興味深いデータとして、津波被害と芸能・行事の中断に関する事柄がある（**表D－1**）。津波被災地では多くの団体が活動を休止せざるをえなかったことは容易に想像されるが、被害がない場合は、そうした影響が小さかったと考えられた。実際、津波被害のない地域は、被害のあった地域と比べるとたしかに影響は小さいが、被害ありの団体で中断が五割弱なのに対して、被害なしの団体でも中断が四分の一弱と大きな値となっている。その背景には、春に予定した祭りが中止となったという理由もあるが、数字を見る限り、それだけではなさそうである。

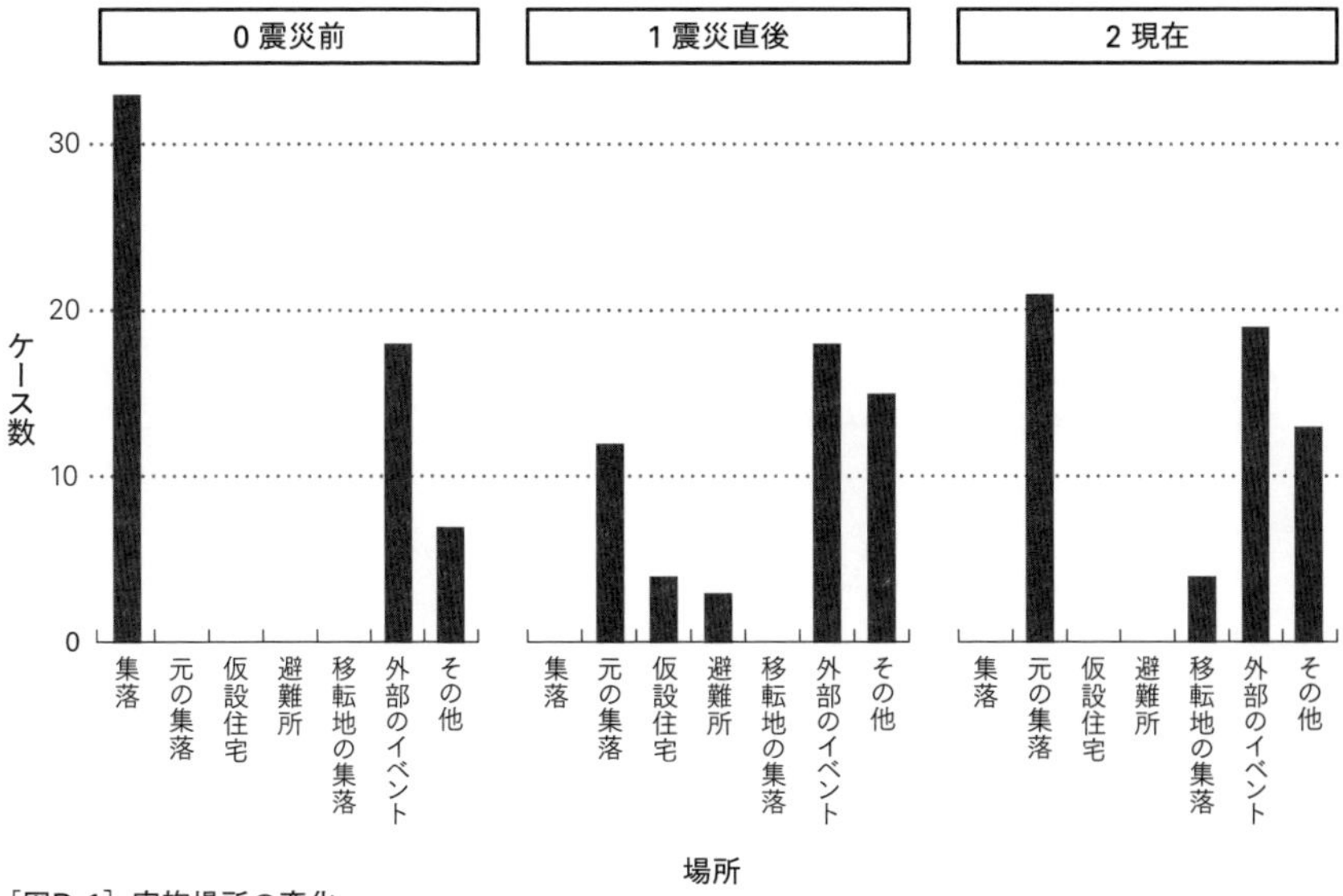

［図D-1］ 実施場所の変化
出所：筆者作成.

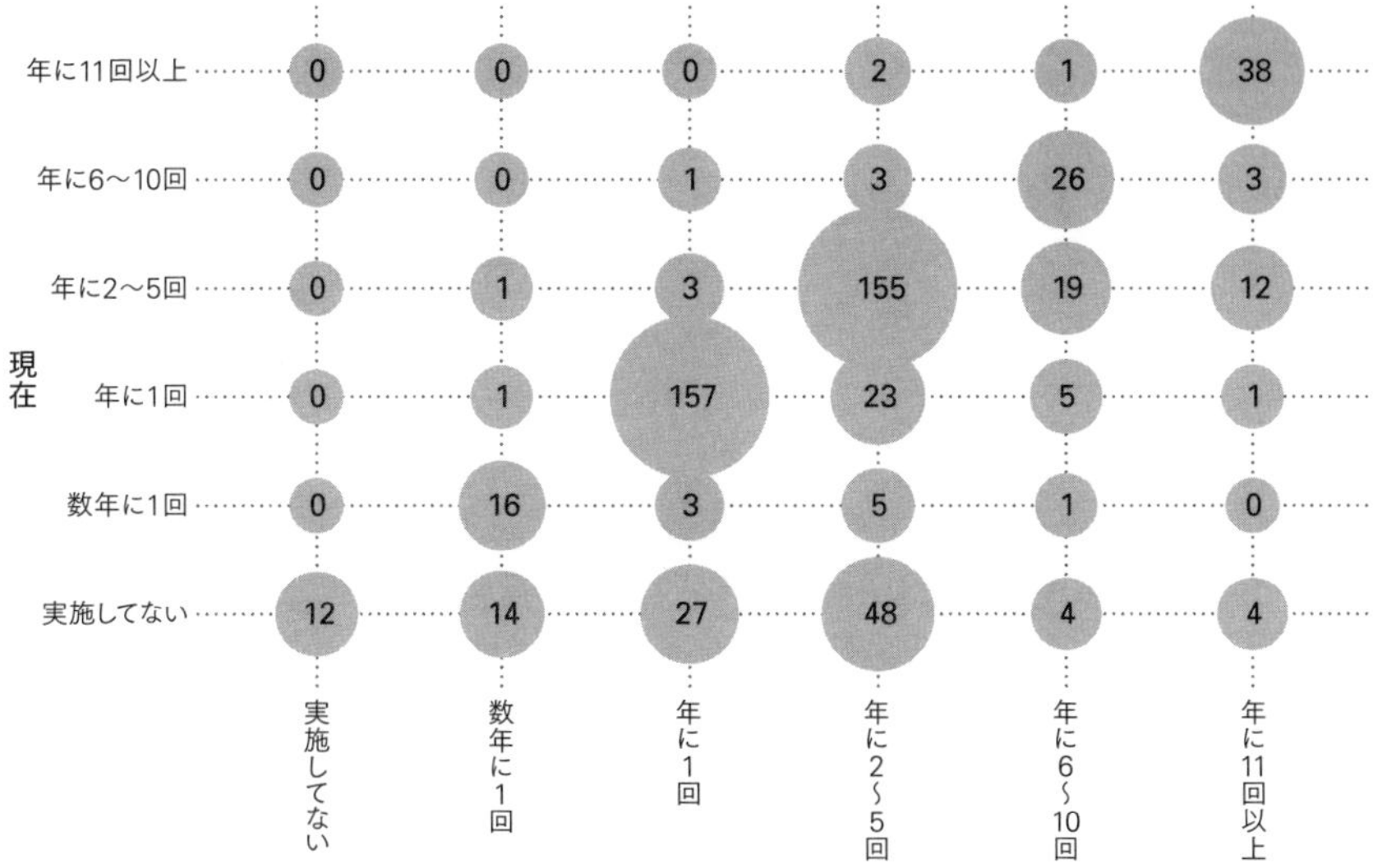

［図D-2］ 実施回数の変化
出所：筆者作成.

図D－1で紹介した場所の変化は、全体の中で実施場所に変化があったという回答を抽出して動きをみたものであるが、この実施場所に変化があったという回答を津波被害の有無で区分けすると**表D－2**のようになる。

防災集団移転が進められ、災害危険区域の設定により居住が禁止された津波被災地では、実施場所の移動が想定され、実際、四〇％強が変化したと回答している。これに対して、津波被害なしとする回答にも五％強が変化ありと回答している。その背景をアンケート調査からは読み取れないが、東日本大震災は内陸の地域社会になにがしかの影響を与えているということであろう。こうした傾向は、アンケートの他の項目でも似たような数値で表れている。もともと、この変化に関する項目は津波被害との関わりで明瞭になりそうな項目として設定したものであったのだが、内陸を含めた三県全域の調査を行った結果、こうした内陸への影響も見て取ることができたのである。

東日本大震災という最大震度七を記録した地震は、津波だけではなく、社会のさまざまな問題を浮き彫り

表D-1　津波の被害と中断の関係　（単位：団体数）

		中断		中断なし	
1	被害あり	35	（48.6％）	37	（51.4％）
2	被害なし	130	（23.8％）	417	（76.2％）

出所：筆者作成.

表D-2　実施場所の変化と津波被害の有無　（単位：団体数）

		とくに変わらない		変化あり	
1	被害あり	42	（58.3％）	30	（41.7％）
2	被害なし	488	（94.6％）	28	（5.4％）

出所：筆者作成.

にして、芸能や行事にも影響を与えていたようである。民俗芸能を中心とした民俗行事の震災前から現在に至る動きより見えてくる傾向、戻ろうとする動きと影響を受けて変化する動きの組み合わせを、今度は個別の団体の対応の中から読み取れるのか、検討する必要がある。われわれが取り組むべき次のステップを示すアンケート調査となった。

column

E

「共事者」になるということ
――山元町の神楽保存会と歩んだ六年間

呉屋淳子
GOYA Junko

私が二〇一五年の夏から通い続けている宮城県亘理《わたり》郡山元町《やまもとちょう》は、東日本大震災の大津波で壊滅的な被害を受けた地域である。山元町内にある坂元小学校では、二〇一三年度から四年生たちが「坂元こども神楽《かぐら》」に取り組んでいる。神楽の指導は、地元の中浜神楽保存会と坂元神楽保存会のメンバー六名の「センパイ」たちが担っている。

私は、二つの神楽保存会や坂元小学校の教員の方々と関わりながら、被災地における芸能の「復興」についてずっと考えてきた。しかし、「復興とは何か」ということを考えれば考えるほど、当事者でもなく、また災害復興の専門家でもない私が、彼らとどのように関わっていくことができるかという課題にも向き合うこととなった。

二〇一七年四月、私は沖縄の大学に勤務することになり、それ以降、調査研究のために沖縄から山元町に通っている。それまでは週一回、車で山形県から山元町に通っていたが、沖縄となるとこれまでと同じようにはいかない。沖縄と東北。距離にして二四〇〇キロメートルも離れ、地域的な特色も、また演じられる芸能も異なる。しかし、沖縄も東北も、それぞれの地域の芸能を未来につないでいくために、特色のある活動を行っている。それならば、沖縄と東北、それぞれの地域で芸能に携わる人たちが集い、対話の「場」をつくってみたらどうだろうか、というアイデアが浮かんだ。

沖縄島北部に位置する伊江村《いえそん》には、「伊江島の村踊」（国指定重要無形民俗文化財）という民俗芸能がある。沖縄に赴任した二〇一七年、私は、あるきっかけから「伊江島の村踊」の継承に取り組む伊江村の人たちと交流を持つようになった。

「伊江島の村踊」は、村内の八つの集落が、毎年、輪番制で発表会を行っている。集落ごとに演目も異なり、ユニークな継承形態を維持しながら受け継がれてきた芸能である。村内の二つの小学校では、山元町と同じように、地域の芸能を子どもたちが学ぶ取り組みを行っている。村内の子どもたちは、小学校の五年生になると「伊江島の村踊」をそれぞれ自分が暮らす集落の大人たちから教わり、学習発表会で披露する。子どもたちにとって、「伊江島の村踊」の学習は、村のコミュニティの一員としての意識を育む機会となっている。

沖縄と東北、それぞれの地域で芸能に携わる人たちの対話の場をつくってみたい、というアイデアは、こうした縁もあって、「山元町×伊江村のタウンミーティング：子どもたちへとつたわるコト、子どもたちから伝わるモノ〜地域の芸能を未来に繋ぐために」（二〇一八年八月二〇日実施）へと結実した。

タウンミーティングには、東北からは「坂元こども神楽」の指導者のうち、中浜神楽保存会のメンバー三名と坂元小学校の教員二名が参加した。伊江村からは、民俗芸能保存会や小学校の教員、地域住民など四〇名近くが参加した。会場の伊江村立伊江小学校の音楽室に、東北からの参加者と、ホストである伊江村の参加者が一堂に集い、グループディスカッションを通じて、それぞれの芸能を通して、子どもたちに伝えたいこと、そして大人の自分たちが子どもたちから学んでいることとは何かを話し合った。全体で各グループのアイデアを共有した後には、三年後の自分に宛てて、あるいは思いを託したい誰かに宛てて手紙を書いた。

これがきっかけとなり、大人たちの交流だけでなく、山元町、伊江村それぞれの子どもたちが、学校で学んだ地域の芸能を通して交流する「子ども芸能交流会」の企画も立ち上がった。二〇一九年三月には、第一回「子ども芸能交流会」を実施し、伊江小学校五年生と坂元小学校四年生がオンライン上で、互いの芸能を披

［写真E-2］ 中浜神楽保存会（2020年2月）
写真提供：志鎌康平

［写真E-1］ 坂元神楽保存会（2021年7月）
写真提供：志鎌康平

［写真E-3］ 坂元こども神楽の指導者6名の「センパイ」（2020年2月）
写真提供：志鎌康平

露し合い、地域の芸能の学習を通じて学んだことや地域の指導者への思いを発表した。「子ども芸能交流会」は、その後も毎年行われ、両校の交流は続いている。

二〇一八年に続き、翌二〇一九年には、坂元神楽保存会のメンバー三名も加わり、「坂元こども神楽」の指導に携わるメンバー六名全員が沖縄を訪問した。今度は、沖縄島中部の読谷村《よみたんそん》で、地域の伝統の獅子舞を子どもたちに教える「子ども獅子舞クラブ」の取り組みを行っている渡慶次《とけし》地区の人たちとタウンミーティングを行い、交流を深めた。

社会の流動性が加速度的に高まるなかで、かつては地縁や血縁で結ばれていた旧来の地域社会のあり方も大きく変容し、私たちは地域における新たな相互扶助の仕組みを模索しなくてはならない過渡期を生きている。地域とは、いうまでもなく今を生きる人々の生活の場である。と同時に、現代において、地域とは決して一枚岩なものではなく、災害や人口流出など、さまざまな脆弱性を孕んだものでもある。このような社会を生きる私たちは、互いの課題をどのように分かち合うことができるだろうか。

小松理虔《りけん》は『新復興論　増補版』（ゲンロン、二〇二一年）の中で、いま、社会の課題解決に必要なのは「共事」の心であると述べている。そして、当事者でも専門家でもなく、ある課題に対して共に共感する立場を「共事者」と称した。難しい状況にある地域の芸能の継承を当事者だけの課題にしてしまうのでもなく、専門家が出てきて自らの考えを押しつけるのでもない。課題について当事者たちと対話し、共に考え、互いに学び合う場をつくるということ。沖縄で私たちが行ってきたタウンミーティングも、そうした「共事」の試みだったと言えるかもしれない。

中浜神楽保存会は、東日本大震災以降、神楽の奉納を行っていない。しかし、子どもたちに神楽を指導することを通して、彼らの神楽への思いは生き続けている。伊江村でのタウンミーティングの後、中浜神楽保存会のメンバーから、「もし、坂元小学校が統廃合になっても、伊江島のように輪番制でやれば、『坂元こども神楽』は続けられるんじゃないか」という意見があがった。町内にある四つの小学校を、数年後には二つに統合することが検討されているという。それでも、山元町で暮らす人々は、未来に何かをつなげていきたいと願い、日々生きている。私自身もまた、彼らと「共事」することを通じて、視野を広げていく柔軟性や、多様な考え方を取り入れていく勇気を持つということを学んでいる。

二〇二一年一二月、嬉しいことに、作り直していた中浜神楽の面と衣装がもう少しで揃うかもしれないという連絡が入った。面は残り二つ、衣装はすべて完成したそうだ。次の春には、もしかしたら神楽の奉納ができるかもしれないと、電話口の向こうで、保存会の「センパイ」は声を弾ませていた。

column

F

“復興応援”から“どうほくてしごと”へ
——災害と手仕事ビジネス

山口　睦
YAMAGUCHI Mutsumi

東日本大震災の被災地となった宮城県では、女性を中心とした手仕事ビジネス団体が八〇以上、震災後に成立した。団体の設立経緯はさまざまであるが、ボランティアへのお礼として支援物資を利用した手芸品を作る、支援団体から手芸品の作成を促されるなどして始めたところが多かった。ソックモンキー（写真F－1）を作っている東松島市の小田駅前プロジェクトや気仙沼市の毛糸販売会社アトリエK（ともに仮名）などは独自の販売活動が可能だったが、販路の獲得は支援団体が徐々に引き揚げていく状況のなかで多くの手仕事団体に共通の課題だった（山口睦「被災地にみる手仕事ビジネスと新たな社会関係——宮城県を事例として」、高倉浩樹・山口睦編『震災後の地域文化と被災者の民俗誌——フィールド災害人文学の構築』新泉社、二〇一八年）。そのような独自の販売網をもたない団体に対して販売支援を行った一つの事例として「手作り商品カタログ」があった。

「手作り商品カタログ」は、みやぎ生協とNPO法人応援のしっぽが発行しており、各団体や商品の紹介、注文先の情報などが掲載されている。二〇一二年一一月から二〇二一年一月までに、おおむね年間二冊、合計一六冊のカタログが発行された。一冊あたりの掲載団体数は約三〇団体、宮城県を中心としているが、岩手県、福島県の団体も数件掲載されていた。各号によって違いはあるが、二〇〇～三〇〇〇円の商品（平均価格は一〇〇〇円弱）が約七〇～一〇〇種類掲載されている。カタログは三万部印刷され、全国の生協約八〇か所に二万部、NPO団体に一万部発送されていた。カタログ事業は、全国の生協における東日本大震災被災地に対する募金を原資としており、その呼びかけが二〇一九年度で終了したのでカタログ事業も二〇二〇年度で終了した。

改めてみやぎ生協の生活文化部の山田尚子さんにお話を伺った。このカタログは、小さい団体でも名刺のように使えるものを目指してつくったという。当時の山田さんの上司と、「生協のカタログに載っているのよ！」という自信になるようなカタログをつくろうと話した。読者の方々に手に取っていただけないのが残念だが（二〇二二年一一月現在、カタログのPDF版はみやぎ生協ウェブサイトから閲覧できる）、冊子版は厚手の紙で作られ全編カラーである。鞄の中に入れても曲がらないしっかりとしたつくりにしたため、配布先の他県の生協から「残部を返そうか？」と言われたこともあったそうだ。

［写真F-1］ソックモンキー
（靴下で作るサルの人形）
撮影：筆者

二〇一七年七月からは、「復興応援　新・手作り商品カタログ」という名称から「〜とうほくてしごとカタログ〜　FUCCO（フッコ）」という名称に変更した（写真F-2）。それまでの名称が硬く直接的だったため、手仕事団体の人たちに新しい名前を考えてもらった。「FUCCO」にしてから配布先や入手方法などの問い合わせが多くなり、山田さんは愛称の威力を感じたそうだ。

カタログの編集、受注、発送作業を担当しているNPO法人応援のしっぽのメンバーは、手仕事団体の作り手と直接やりとりがあるため、作り手たちの気持ちをより実感するという。NPO法人応援のしっぽ代表の広部《ひろべ》知森《かずもり》さんによれば、手仕事団体のメンバーにとって、自分たちの商品がしっかりとしたカタログに掲載されているということは、自尊心につながり、誇りになったという。メンバーは、カタログを「おしゃれなものにしたい」、「自分たちもおしゃれなものを作りたい」という気持ちを持つようになった。

［写真F-2］「新・手作り商品カタログ」から「FUCCO」へ

手作り商品カタログには、多様な団体が掲載されていた。仕事としてある程度の収入を得ることを目的とする団体や、収入ではなくコミュニティづくりに重きを置いている団体などがある。例えば、平均年齢八五歳、最高齢九五歳（二〇二一年一月時点）という団体は、高齢者のデイサービスのような活動内容となっている。しかし、次の活動報告に記されているように、少額であっても商品が売れることが作り手の生きがいになっている。

手作り団体の中でも特にご高齢の方が多いため、製作以外でも日々のお茶会や季節の行事などで交流し元気を生み出しています。「もう年で迷惑かとも思ったが、集まるのが楽しくて続けている」とは作り手さんの弁。製作費を大切そうに受け取り「この年になってもお小遣がもらえるのがうれしい」と話す方も。高齢になっても活躍できる場がある喜びが、生きがいになっています（「FUCCO」第六号、二四頁）。

商売の素人にとって「商品を売る」ことは大変だが、そのメリットについて、広部さんは「お金に対して人間は欲が出るので、本音が出る」と言う。また、「コミュニティ内で完結していないところがよい」とも言う。つまり、材料の調達、商品の製作、販売などをめぐって、NPO団体やメーカー、店舗、顧客など外部とのつながりが必要であることが、手仕事団体のメンバーに人や社会とのつながりをもたらす。

イベントでお客様と直接話しながら販売できる機会を通して、自分の作った商品にお金を払って購入してくれる人がいることを知ることができました。それが私たちのよろこびや自信になっています（「FUCCO」第二号、一五頁）。

応援のしっぽでは、各団体の商品の製作、販売だけでなく、手仕事商品の受注（オーダーメイド）を二〇一五年七月から始めた。大学や寺院、コープ共済などから依頼を受けてブックカバー、木製しおり、毛糸製のノベルティなどを手仕事団体のメンバーたちに製作してもらう。一団体だと受注数や納期の達成が難しいので、商品開発して参加できるメンバーを集めて受注しているそうだ。カタログの売り上げは徐々に減少しているが、二〇一九年、二〇二〇年はオーダーメイドの受注額が年間売上の約七〇％を占めるなど増加している。手作り品のオーダーメイドの受注は、手仕事団体が今後生き残るための道のひとつであるという。

東日本大震災後の宮城県において手作り、手仕事が果たした役割について、山田さんは、東北の人たちは心の内を話したり打ち解けることには慣れていないけど、物は渡しやすいため、手作り品を渡すことにより感謝やいろいろな想いを伝えていたのではないか、と述べた。他の災害と比しても長い長い仮設住宅での時間を手作りに没頭することによって乗り越えていたのではないか、と言う。広部さんは、人々の心の傷の深さを指摘する。作り手は、手仕事によって、人の役に立っている、生きていていいという実感を得られ、生きる目的にもなっているという。いつかまたやって来る〝災害後〟に、手作りや手仕事が果たす役割はきっと小さくないだろう。

column

G

災害犠牲者分析から災害人文学に問う

門廻充侍
SETO Shuji

二〇一一年三月一一日に発生した東日本大震災によって我が国は甚大な被害を受け、死者一万五八九九名、行方不明者二五二六名の人的被害が発生した[警察庁2021]。震災から四年後、二〇一五年に仙台で開催された第三回国連防災世界会議において「仙台防災枠組2015―2030」が採択された。これは、二〇〇五年に兵庫県で開催された第二回国連防災世界会議で採択された兵庫行動枠組の後継となるものである。その中の一つのターゲットとして、「二〇三〇年までに地球規模での災害死者数を実質的に減らす。二〇〇五年から二〇一五年までと比べ、二〇二〇年から二〇三〇年には一〇万人当たりの死者の減少を目指す」ことが掲げられている。

筆者は、二〇一一年の東日本大震災を契機に、津波防災の研究に携わり始めた。二〇一八年までは、津波観測機器で得られた情報を活用して、津波防災情報の高度化に資する研究を主に行ってきた。

こうしたなかで、二〇一七年、震災当時検視を行った法医学者らが、溺死に限らずさまざまな死因の犠牲者がいた点を語り始めた。この情報を見聞きし、「津波避難行動に加え、住民の命を守る新たな手法が必要である」と感じた。その後、二〇一八年一月に東北大学災害科学国際研究所に着任し、今村文彦教授の助言から「災害からの生存科学」(以下、生存科学)を構想し始めた。生存科学とは「災害から生存するためには何が必要か?」を改めて問い直し、社会に実装するものである。そして、医学の視点を踏まえ、津波災害時の亡くなり方を改めて見つめ直す研究計画を構想し、現在取り組んでいる。例えば、東日本大震災における宮城県での犠牲者情報（九五二七名分、宮城県警察本部提供）を分析した結果、同災害における死因は一二に分類できる（溺死、死因不詳、焼死、頭部損傷、頸部損傷、胸部損傷、詳細不明の多発性損傷、外傷性ショック、溺死を除く窒息、低体温症、心疾患、その他）ことが明らかになった[Seto and Imamura 2020]。また、犠牲者の位置情報（遺体発見場所）と組み合わせ、県内自治体での詳細な死因傾向、溺死者を対象とした津波外力と犠牲率の関係、低体温症犠牲者の実態分析など、精力的に研究を進めている。

前記の研究を進めながらも、「人々が生きるためには、何が必要か」を日々問い続け、①宮城県警（身元不明者捜索班）、法医学者、海上保安庁へのヒアリング、②メディアを介したご遺族の「声」の意識的な傾聴、③慰霊碑巡礼等を行ってきた。その過程で、これまで申請者が行ってきた研究（発災時の生存に資するもの）に加え、新たな研究軸（発災時生存した人々が、自身の災害経験とともに生きていく上で必要なサポート）を生存科学に加える必要があると実感した。

こうした研究過程で、この先、どのような時代が訪れ、その時代背景にはどのような防災・減災が必要とされるのかを考え始めた。現状の防災・減災技術の発展により、人的被害が減少することは、同時に、災害からの生存者が増えるということを指す。では、災害から生存し、命を守ることができれば、ハッピーエンドなのか。

それを考える上で、大変貴重な動画[1]が、二〇二一年一一月二二日に「YouTube」に投稿された。それは、気仙沼市鶴ヶ浦漁港における津波来襲直前から来襲中の様子が映し出されたものである。映像撮影者は高台に登り、命を守っている。しかし、住み慣れた故郷に津波が浸水していき、近所の家々が次々に飲み込まれていく。次に、津波は引き波となり、家々を押し流していく。生存者は、生き残ったと同時に、こうした光景と向き合う現実が待っている（写真G－1）。

従来の防災は「未来の災害と向き合う人」に焦点を当てたものだった。一方で「未来の災害」に限らず、

「過去の災害」と向き合い続ける人も存在する。自然災害は、人の命を奪い去る。身近な人が亡くなった、あるいは行方不明になった場合、その人は、その存在（喪失された人）と向き合い続ける。自然災害が奪い去るものは、命だけではない。家屋、風景、思い出、人とのつながり（写真G－2）。自然災害を経験した人は、（広義的に）何らかの喪失感を抱いていると考えられる。「災害によりもたらされた喪失感」に寄り添うこと。「災害により失われたものと向き合う人」に寄り添うことが必要となるのではないか。筆者は、こうした状

［写真G-1］津波により生じた被災物（気仙沼市，2011年4月16日）
撮影：筆者

［写真G-2］被災物の中に含まれる地域住民の思い出
（気仙沼市，2011年4月16日）
撮影：筆者

況下で、災害精神医学が専門とする心のケアに加えて、災害人文学が専門とする慰霊、追悼、グリーフケアが重要な立ち位置を担うと考えている。

一〇年を超えると、東日本大震災の追悼式典も自治体により開催方針が分かれ始めた〔河北新報 2022〕。追悼の目的は、死者の生前を偲び、その死を悼み悲しむことである。それでは、犠牲者が発生しなかった場合、追悼式典は必要ないのだろうか。もしその式典が、文字どおり追悼を目的としていた場合は、開催されないかもしれない。しかし、式典は犠牲者を悼むことに加え、震災により生じたそれぞれの喪失と向き合い、悼む場として、災害後を生きた人々の拠り所になっていくのではないか。気仙沼市は二〇二二年、震災一一年目を迎えるにあたり、これまでの追悼式に代えて、「追悼と防災のつどい」を開催することに決めた〔河北新報 2022〕。私たちは、命を守ることと同時に、災害の経験との向き合い方も考える必要があるのではないか。

註

（1） そのままちゃんねる『未公開映像』3・11東日本大震災 宮城県気仙沼市【津波】」(「With subtitles」TSUNAMI, Great East Japan Earthquake)、「YouTube」二〇一一年一一月二二日公開。

文献

河北新報［2022］「震災追悼式典、開催しない自治体も『一〇年』境に分かれる対応」二〇二二年二月六日

警察庁［2021］「平成二三年（二〇一一年）東北地方太平洋沖地震の警察活動と被害状況」

Seto, Shuji and Fumihiko Imamura [2020], "Classification of tsunami deaths by modifying ICD-10 categories in the 2011 Tohoku earthquake tsunami: A case study in Miyagi prefecture," *International Journal of Disaster Risk Reduction*, 50: 101743.

column

H

地域の記憶継承にむけた新技術

蝦名裕一
EBINA Yuichi

二〇一一年の東日本大震災の発生を受けて、われわれの災害観は大きく変化した。日常生活の中で、自然災害の危険性や防災対策が強く意識されるとともに、これに関連する技術が大きく進展した。例えば、地震時の推定震度や水害時の河川氾濫といった情報がリアルタイムで情報発信されるようになり、IT技術や地理空間情報技術の進展により災害の危険性が可視化されたハザードマップが普及するようになった。また、地域に残る災害の記録や伝承の重要性が認識されるとともに、災害発生時には全国の文化財関係者や歴史資料保全ネットワークが相互に連携しながら、被災文化遺産の救済活動を実施することが一般化しつつある。ここでは、東日本大震災以降に確立された新たな技術を取り入れた文化遺産の救済方法について紹介する。

まず、災害時の被災文化遺産レスキューに活用する文化遺産マップである。文化遺産マップとは、文化遺産の所在情報をオンラインマップ上に表示し、災害情報と重ね合わせることで、文化遺産の被害情報を推測し、実際の被災文化遺産レスキューに活用するものである。災害発生時、被災地では被災者の救助やライフラインの復旧が最優先となり、自治体の文化財関係者もこれらの活動に専念する必要が生じる。また、被災地の状況が不明のままでは、被災地外からの支援体制も始動できない。これらの課題の解決策として考案したのが、オンラインマップを活用した文化遺産マップである。

オンラインマップは、Ｇｏｏｇｌｅ社のサービスである「Google マップ」や「Google Earth」などのように、自分の指定する場所を表示させることが可能なインターネット上のマップである。まずは災害発生以前に、文化遺産の位置情報を収集し、オンラインマップ上にその位置をマッピングする。災害が発生した際、防災科学研究所が発信する「ＪーＲＩＳＱ地震速報」(https://www.j-risq.bosai.go.jp) の推定震度分布や、国土地理院が発信する防災・災害情報 (https://www.gsi.go.jp/bousai.html) などを重ね合わせ、文化遺産の被災状況を推定するとともに、被災文化遺産の具体的なレスキュー方法をシミュレーションし、救済ロジスティクスを考案していく。実際の災害発生時には、この文化遺産マップの作成を被災地外への支援活動の一環として実施することで、被災地の負担の軽減、さらには被災文化遺産レスキュー活動までに要する時間を短縮することが可能となる。現在、東北大学災害科学国際研究所では、防災科学研究所が開発した「ｅコミマップ」をプラットフォームとした文化遺産マップを開発中である（写真Ｈ－１）。

近年発生した災害では、この文化遺産マップの活用が徐々に効果をあげている。二〇一九年一〇月の「令和元年東日本台風」の際は、各地の指定文化財の位置情報と国土地理院が公開している河川氾濫による浸水段彩図と重ね合わせ、被災文化遺産の推定を行い、その所見を各地の資料保全ネットワークに提供した。宮城県においては、自治体の指定文化財に加え、ＮＰＯ法人宮城歴史資料保全ネットワーク（宮城資料ネット）が災害前の資料保全活動の一環として収集していた民間所在の歴史資料の所在情報を活用し、指定文化財と民間所在の歴史資料を網羅した文化遺産マップを作成した。ここから被災した可能性のある文化遺産を推定し、災害発生から一週間後に現地調査を実施した。その際、文化遺産マップのスマートフォン版を作成し、災害によって途絶している交通網を確認しながら被災地を巡回した（写真Ｈ－２）。また、災害発生時には被災した襖《ふすま》、屏風や民具などが被災ゴミとして廃棄される例が多いことから、自治体の被災ゴミ集積所もマッピングし、自治体関係者の許可を得た上で被災ゴミ集積所を巡回し、廃棄されていた下張り文書などをレス

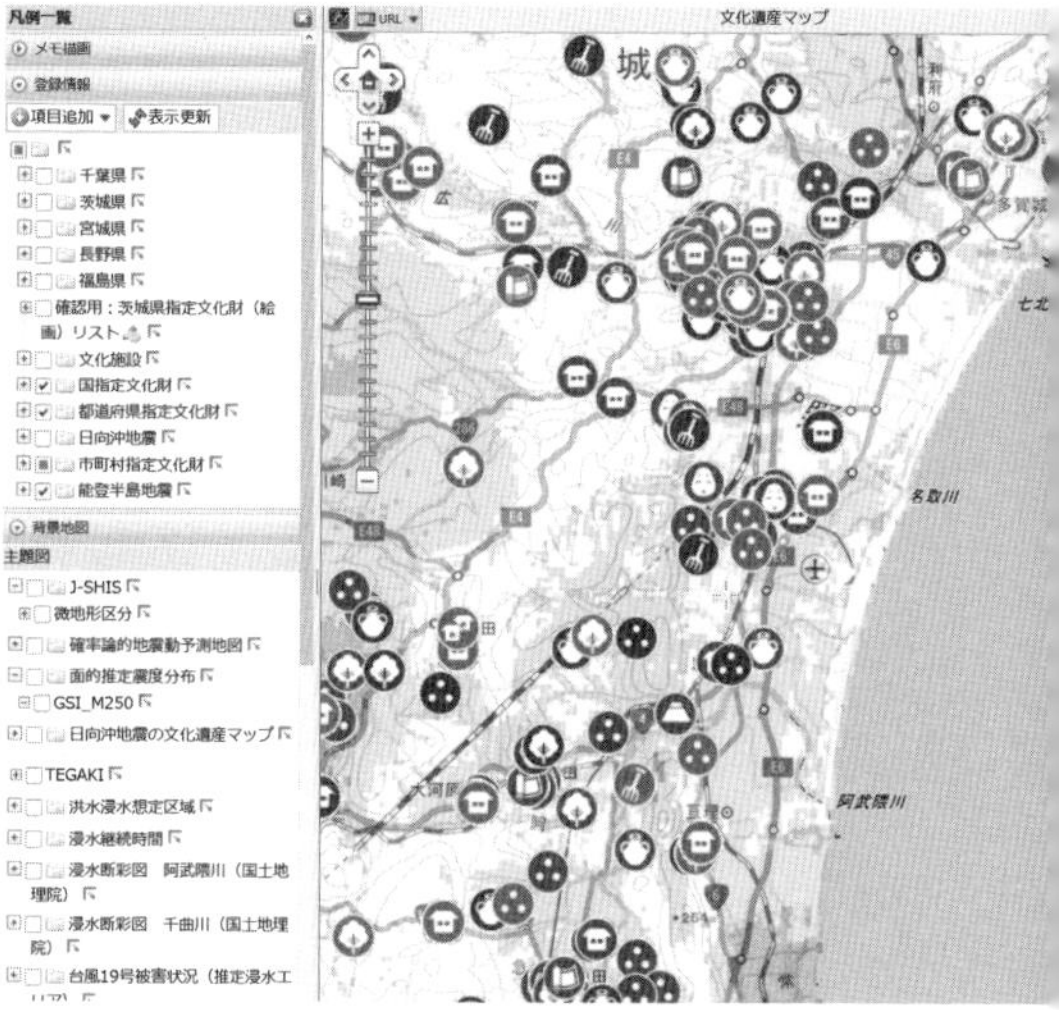

［写真H-1］eコミマップ版文化遺産マップ
（2022年の福島県沖地震の被害と重ね合わせ）

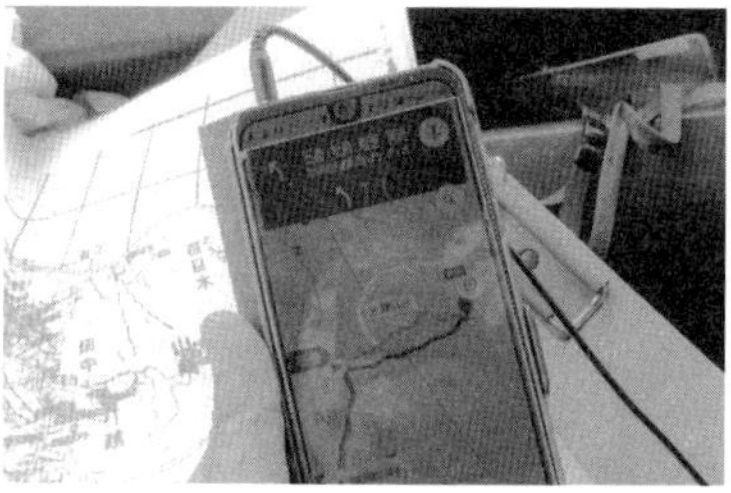

［写真H-2］スマートフォンを使用して巡回
撮影：筆者

［写真H-3］両資料ネットの合同レスキュー
撮影：筆者

キューした。

二〇二一年二月一三日と翌二〇二二年三月一六日には福島県沖地震が発生、宮城県と福島県の各地で震度六強が観測された。先述の宮城資料ネットに加えて、ふくしま歴史資料保存ネットワーク（ふくしま史料ネット）と合同で被災文化遺産レスキューを開始し、福島県内の指定文化財およびふくしま史料ネットが把握している未指定の歴史資料情報を重ね合わせた文化遺産マップを作成した。この時期、新型コロナウイルス感染症の流行に伴いオンライン会議システムが普及していたことから、宮城資料ネットおよびふくしま史料ネットの関係者によるオンライン会議の中で文化遺産マップを共有し、対応を協議するとともに、クラウドストレージを活用して歴史資料の所在データや被災地の写真データを共有し、対応を協議するとともに、合同レスキューを実施した（**写真H－3**）。文化遺産マップは、オンライン会議システムの中で活用することで、各地の資料ネットの連携を効率化し、迅速な文化遺産レスキュー体制の構築を促せるといえよう。

東日本大震災以降、地域に残る災害の記録や伝承が着目されるなかで、これを記した石碑群が注目されることとなり、二〇一九年には国土地理院が新たに自然災害伝承碑の地図記号を作成して地図上に明記することにした。しかしながら、石碑の碑文は写真のみでは文字情報を撮影するのが難しく、また古い時代の石碑は摩耗により判読が困難な場合があるなど、その情報は十分に活用しきれない状況があった。東日本大震災後、この石碑の碑文情報を短時間かつ鮮明に撮影する技術として「ひかり拓本」が開発された。ひかり拓本とは、石碑の碑文に対してライトを照射して作った影を撮影し、ライトの角度を変えて撮影した複数の影を合成し、碑文を明瞭に浮き上がらせた画像を作成する技術である（写真H－4）。これは従来の石碑拓本に用いられた湿拓に比べてはるかに短時間で作成できるとともに、石碑に対して非接触・非汚損で碑文情報を収集することが可能である。現在、東北大学災害科学国際研究所では、「ひかり拓本データベース」（https://takuhon.lab.irides.tohoku.ac.jp）を公開し、主に東北地方太平洋沿岸の津波碑の碑文情報を公開しており、新型コロナウイルス流行以後は、地域に残る疫病碑の情報も収集している。さらに、ひかり拓本技術そのものは一般市民や中高生でも使える簡便なものであり、一般的な撮影機材や照明器具で実施可能である。ゆえに、この技術が普及することで、石碑に残される地域の記憶を地域住民の手で残していくことができるようになる。

東日本大震災の発生は、甚大な被害をもたらした一方で、災害・防災に関連したさまざまな技術の進展を促した。これらの新たな技術を、文化遺産の保存や石碑情報の活用に効果的に取り入れることで、これまで以上に地域の記憶を守り、後世に継承することができるのではないかと考えている。

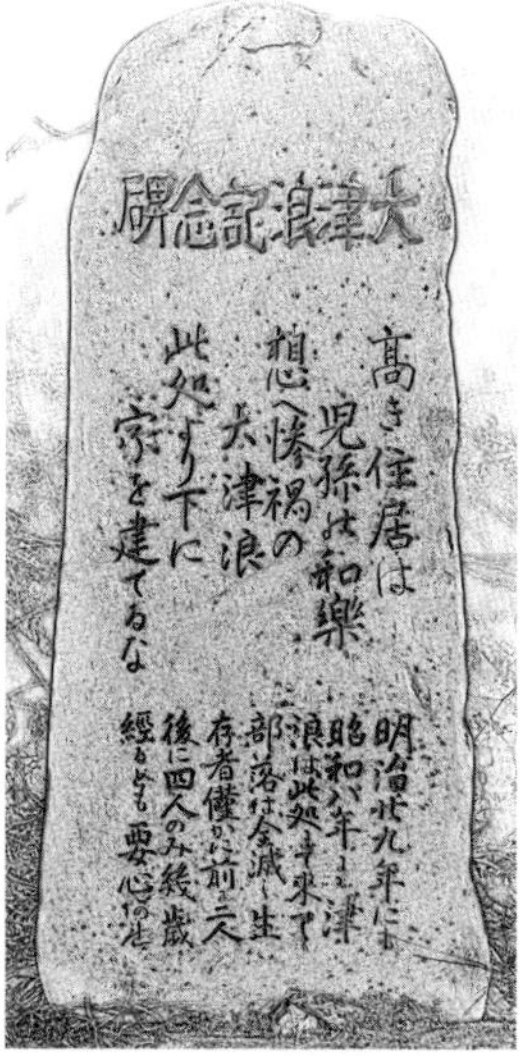

［写真H-4］石碑の碑文を鮮明に撮影した「ひかり拓本」

編者あとがき

本書の企画を考え始めたのは、二〇二〇年秋頃だったと思う。二〇一七年度から東北大学指定国立大学災害科学世界トップレベル研究拠点および東北大学東北アジア研究センターの災害人文学ユニット（以下では二つをまとめて「災害人文学事業」とする）の活動を行いながら、当初の見込みとは別に明らかに新しい研究の方向性が出現してきたことを感じ、その成果を一つのまとまった形で発信することをした方がよいだろうなと感じたからである。

序論で李善姫氏も示してくれたように、東北大学の人類学者を中心とする災害人文学グループはこれまで数多くの学術図書・論文を発表してきたが、その中心テーマは無形民俗文化財と地域社会における復興の力であった。それは代表としての私自身の災害研究への関与を反映してのものであり、またこのプロジェクトには震災復興の文化行政支援にかかわる応用的側面があったからである。後者については、国立文化財機構のアジア太平洋無形文化遺産センターとの国際シンポジウム（二〇一八年一二月）共催へとつながり、そこからUNESCO Expert Meeting on Intangible Cultural Heritage in Emergencies（二〇一九年五月、パリ）での招待講演（高倉）、UNESCO 14th Session of the Intangible Cultural Heritage Committee（二〇一九年一二月、コロンビア・ボゴタ）へのグループ参加と発展した。

残念ながら新型コロナウイルス感染症の流行のため、こちらの方向性は現在止まっている。

前記とは別に、この活動に参加してくれた研究者は、私自身も含めて、それぞれ自分の関心に基づく調査研究を進めてきた。災害人文学事業を進めながら、それぞれの参加者に自分の研究について報告してもらう研究会活動も二か月に一度程度行ってきた。そのなかで見えてきたのは、本書のテーマとなった震災記憶・慰霊・ジェンダーや多文化共生だったのである。実際に、本書の執筆者たちの中には、独自にチームをつくり、別予算を確保して共同で調査・研究会活動を行う場合もあった。

この災害人文学事業の枠組みは大学からのトップダウンでつくられたものである。科学研究費助成事業のように、明確な研究課題を設け、それに貢献できるメンバーを編成しボトムアップで臨むというものではなかった。東日本大震災以降、無形民俗文化財と震災復興を調査研究していた私や同僚の木村敏明さん（文学研究科教授、宗教学）のインフォーマルなグループが存在していることを知った大学から、理系を含めた災害研究に参加しないかとの打診があり、それを受けて形成されたのである。具体的には、二〇一七年から発足することになる指定国立大学の研究事業として災害科学構想があり、そのリーダーだった東北大学災害科学国際研究所所長の今村文彦さん（教授）から打診があったのである。災害科学拠点は、工学・医学・理学・人文学から構成する構想であり、人文学のとりまとめをしてほしいということだった。

これを受けて、私は災害人文学事業を考えたのである。東北大学の中には災害研究を行う人文学のグループは二つあった。一つはわれわれのような人類学者・宗教学者で質的社会調査・民族誌研究を行うもので、もう一つは歴史文書のレスキューを行う近世史家グループである。この二つを一つのチームにするということで、災害人文学という名前を思いついた。本書の目次構成にも現れているように、残念ながら歴史家グループとの連携は正直にいえばうまくいかなかった。しかし、人類学・宗教学グループは想像していた以上の展開があった。それが本書の執筆者となったのである。トップダウン型の研究組織であったが、予算的にも余裕があったため、研究事業を緩やかに運営し、当初の工程表とは異なる進展をみることができた。このような形で一冊の図書となったことは幸運な偶然の重なりと執筆者たちの努力の賜物である。

本書を編むにあたって、私自身は黒子に徹することを心がけた。東日本大震災からこの三月で一二年になろうとしているが、この間、次世代の研究者が育ってきており、彼らが中心となったほうがよいと判断したからである。編者としては、送付されてきた原稿を読み、修正提案をして、それを確認するという作業に力を注いだ。もともとの草案が英語のものも多かったため、それを日本語の論文の「文法」に即して提案するのは、なかなか骨の折れる作業だった。とはいえ、この作業を行うなかで、慰霊と回復というテーマが災害研究においてきわめて重要な貢献となりうることを実感したのも事実である。なお、私自身は本書に寄稿しなかったが、これまでの災害人文学事業で蓄積した研究成果を単著 *Anthropology and Disaster in Japan: Cultural Contributions to Recovery After the 2011 Earthquake and Tsunami*（Routledge）として二〇二三年春には上梓することになっている。

最後に、新泉社の編集者である安喜健人さんにお礼申し上げたい。彼と一緒に学術図書を制作するのは、これで六冊目である。私は彼に全幅の信頼をおいているが、今回も大変丁寧に校閲をしていただいた。このことに改めて感謝申し上げたい。なお、彼とともに制作した編著『震災後の地域文化と被災者の民俗誌――フィールド災害人文学の構築』（高倉浩樹・山口睦編、新泉社、二〇一八年）の韓国語版が刊行されることとなった。想定外の展開は、安喜さんの良質な仕事に負っている。

二〇二三年一月

高倉浩樹

執筆者一覧

序論……李 善姫〔イ・ソンヒ〕……編者

第一章……木村敏明〔きむら・としあき〕……東北大学大学院文学研究科教授

第二章……大村哲夫〔おおむら・てつを〕……東北大学大学院文学研究科准教授

第三章……セバスチャン・ペンメレン・ボレー〔Sébastien Penmellen BORET〕……東北大学災害科学国際研究所准教授

第四章……フラヴィア・フルコ〔Flavia FULCO〕……東北大学災害科学国際研究所元助教

第五章……坂口奈央〔さかぐち・なお〕……東北大学大学院文学研究科特任助教

第六章……アリーン・エリザベス・デレーニ〔Alyne Elizabeth DELANEY〕……東北大学東北アジア研究センター准教授

第七章……ユリア・ゲルスタ〔Julia GERSTER〕……東北大学災害科学国際研究所助教

第八章……李 善姫〔イ・ソンヒ〕……編者

コラムA……門馬 健〔もんま・たけし〕……富岡町教育委員会

コラムB……安田容子〔やすだ・ようこ〕……安田女子大学文学部講師

コラムC……福田 雄〔ふくだ・ゆう〕……ノートルダム清心女子大学文学部講師

コラムD……小谷竜介〔こだに・りゅうすけ〕……国立文化財機構文化財防災センター文化財防災統括リーダー

瀧川裕貴〔たきかわ・ひろき〕……東京大学大学院人文社会系研究科准教授

コラムE……呉屋淳子〔ごや・じゅんこ〕……沖縄県立芸術大学音楽学部准教授

コラムF……山口 睦〔やまぐち・むつみ〕……山口大学人文学部准教授

コラムG……門廻充侍〔せと・しゅうじ〕……東北大学災害科学国際研究所助教

コラムH……蝦名裕一〔えびな・ゆういち〕……東北大学災害科学国際研究所准教授

編者紹介

李善姫［イ・ソンヒ］

一九九四年来日。

東北大学男女共同参画推進センター講師。博士（国際文化学）。文化人類学専攻。

日韓の結婚移住女性の研究を通して、それぞれの社会におけるジェンダー規範や多様性について考察している。東日本大震災の際は、被災地に住む外国人住民の被害状況と復興に関する調査・分析を行った。

著書に、『東北の結婚移住女性たちの現状と日本の移民問題――不可視化と他者化の狭間で』（明石書店、二〇二三年）。共著・共編著に、『国際結婚と多文化共生――多文化家族の支援にむけて』（共著、明石書店、二〇一七年）、『復興を取り戻す――発信する東北の女たち』（共著、岩波書店、二〇一三年）、『移動の時代を生きる――人・権力・コミュニティ』（共編著、東信堂、二〇一二年）など。

高倉浩樹［たかくら・ひろき］

一九六八年生まれ。

東北大学東北アジア研究センター教授。専門は社会人類学、シベリア民族誌。

著書に、『極北の牧畜民サハ――進化とミクロ適応をめぐるシベリア民族誌』（昭和堂、二〇一二年）、『極寒のシベリアに生きる――トナカイと氷と先住民』（編著、新泉社、二〇一二年）など。

震災関連の業績に、『聞き書き 震災体験――東北大学 九〇人が語る3・11』（東北大学震災体験記録プロジェクト編、高倉浩樹・木村敏明監修、新泉社、二〇一二年）、『無形民俗文化財が被災するということ――東日本大震災と宮城県沿岸部地域社会の民俗誌』（高倉浩樹・滝澤克彦編、新泉社、二〇一四年）、『震災後の地域文化と被災者の民俗誌――フィールド災害人文学の構築』（高倉浩樹・山口睦編、新泉社、二〇一八年）、『災害ドキュメンタリー映画の扉――東日本大震災の記憶と記録の共有をめぐって』（是恒さくら・高倉浩樹編、新泉社、二〇二一年）など。

東北アジア研究専書
災害〈後〉を生きる
――慰霊と回復の災害人文学
二〇二三年三月一一日　初版第一刷発行©
編者　李善姫・高倉浩樹
発行所　株式会社　新泉社
東京都文京区湯島一丁目二番五号　聖堂前ビル
電話　（〇三）五二九六―九六二〇
ＦＡＸ（〇三）五二九六―九六二一
印刷・製本　萩原印刷
ISBN978-4-7877-2208-9 C1039
Printed in Japan

無形民俗文化財が被災するということ
——東日本大震災と宮城県沿岸部地域社会の民俗誌

高倉浩樹・滝澤克彦［編］

形のない文化財が被災するとはどのような事態であり，
その復興とは何を意味するのだろうか．

震災前からの祭礼，民俗芸能などの
伝統行事と生業の歴史を踏まえ，
甚大な震災被害をこうむった
それぞれの沿岸部地域社会における
無形民俗文化財のありようを記録・分析し，
社会的意義を考察する．

A5判　320頁　定価2,500円＋税
ISBN978-4-7877-1320-9

震災後の地域文化と被災者の民俗誌
——フィールド災害人文学の構築

高倉浩樹・山口 睦［編］

祭礼や民俗芸能の復興，
慰霊と記念碑・行事，
被災者支援と地域社会…….
暮らしの文化そのものが持つ再生への力を探究する．

被災後の人びとと地域社会はどのような変化を遂げてきたのか．
無形民俗文化財の復興・継承，
慰霊のありよう，被災者支援など，
民俗学・人類学・宗教学の立場で地域社会と人びとの姿を見つめ，
災害からの再生と減災に果たす生活文化の役割を考える．

A5判　288頁　定価2,500円＋税
ISBN978-4-7877-1801-3

災害ドキュメンタリー映画の扉
——東日本大震災の記憶と記録の共有をめぐって

是恒さくら・高倉浩樹［編］

未来との対話としての「震災映像アーカイブ」.

東日本大震災の被災地において，
ドキュメンタリー映画の撮影・制作・上映は
どのように行われてきたのか——.

映画が生み出す対話の力を制作者たちと考える，
異色のドキュメンタリー映画論.

A5判　272頁　定価2,500円＋税
ISBN 978-4-7877-2001-6

聞き書き
震災体験 ——東北大学 90人が語る3.11

とうしんろく（東北大学震災体験記録プロジェクト）［編］
高倉浩樹・木村敏明［監修］

学生，留学生，教員，研究員，職員，
大学生協，取引業者，訪問者…….

私たちの隣で，今は一見平穏な日常生活を送っている人たちは，
東日本大震災にどのように遭遇し，
その後の日々を過ごしたのだろうか.

一人ひとりの個人の声に耳を傾け，聞き書きを続けていくなかで，
はじめて知ることのできた隣人たちの多様な震災体験の記憶.

A5判　336頁　定価2,000円＋税
ISBN978-4-7877-1200-4